Bauwelt Fundamente 95

Herausgegeben von
Ulrich Conrads und Peter Neitzke

Beirat:
Gerd Albers
Hansmartin Bruckmann
Lucius Burckhardt
Gerhard Fehl
Herbert Hübner
Julius Posener
Thomas Sieverts

Andreas Schätzke

Zwischen Bauhaus und Stalinallee

Architekturdiskussion im östlichen Deutschland 1945–1955

Mit einer Schlußbetrachtung
von Thomas Topfstedt

Die Deutsche Bibliothek – CIP-Einheitsaufnahme

Schätzke, Andreas:
Zwischen Bauhaus und Stalinallee: Architekturdiskussion
im östlichen Deutschland 1945–1955 / Andreas Schätzke.
Mit einer Schlussbetrachtung von Thomas Topfstedt.
– Braunschweig; Wiesbaden: Vieweg, 1991
   (Bauwelt-Fundamente; 95)
   ISBN 3-528-08795-1
NE: GT

Erste Umschlagseite:
Hermann Henselmann: Fassadenentwurf für die Bebauung des Strausberger Platzes
im Zuge der Stalinallee, Berlin, 1951.
Anwendungsbeipiel der Methode des „sozialistischen Realismus"

Vierte Umschlagseite:
Hans Scharoun: Aus dem Entwurf für die Nachbarschaft Friedrichshain
an der Frankfurter Allee, der nachmaligen Stalinallee, Berlin, 1949.
Grundrisse eines Einfamilienhaustyps (oben) und des Laubenganghauses

Alle Rechte vorbehalten
© Friedr. Vieweg & Sohn Verlagsgesellschaft mbH, Braunschweig/Wiesbaden, 1991

Der Verlag Vieweg ist ein Unternehmen der Verlagsgruppe Bertelsmann International.

Umschlagentwurf: Helmut Lortz
Satz: Roddert, Mainz
Druck und buchbinderische Verarbeitung: Langelüddecke, Braunschweig
Gedruckt auf säurefreiem Papier
Printed in Germany

ISBN 3-528-08795-1   ISSN 0522-5094

Inhalt

Vorwort 7

1 Einleitung 9

2 Voraussetzungen einer Architekturdiskussion in der SBZ/
DDR 13

    Architektur in Deutschland bis 1933 13
    Architektur in der Sowjetunion 14
    Architektur in Deutschland 1933 bis 1945 16
    Ästhetik und Funktion von Architektur in autoritären und
    totalitären Staaten – das Problem einer Beurteilung . . 17
    Planungen der Alliierten und der deutschen Emigration für
    eine zukünftige Kulturpolitik in Deutschland 18
    Anfänge der Kulturpolitik in der SBZ 20

3 Architekturdiskussion in der SBZ/DDR 1945 bis 1955   22

    Die Quellen 22

    Die Ausgangslage 1945/1946 23
    Rahmenbedingungen – Versuche einer Standortbestimmung
    – Organisation und erste Planungen 23

    Orientierungsversuche 1947 bis 1949 29
    Tradition und Vorbilder: Denkmalpflege – Bauhaus und
    Neues Bauen – Blicke ins Ausland 29
    Positionen zu Fragen einer zukünftigen Architektur . . 35
    Die Architekturdiskussion und Entwicklungen in der Kulturpolitik 37

    Architektur „in nationaler Tradition" 1950 bis 1954 . . . 40

Programmatischer und organisatorischer Rahmen . . . 40
Leitbild Sowjetunion 42
Traditionspflege und Bruch mit der Vergangenheit . . . 45
Kampf gegen den „Formalismus" 50
Biographischer Exkurs: Architekten und Funktionäre 56
Das „Nationale Aufbauprogramm" 59
Wettbewerb der Systeme und gesamtdeutsche Architektur 63
Ästhetik und Funktion von Architektur im Licht des Marxismus-Leninismus: „Sozialistischer Realismus" und „sozialistische Architektur" 65

„Besser, billiger und schneller bauen" – Erneute Umorientierung 1954/1955 68
Neue Schwerpunkte in der sowjetischen Architekturpolitik 68
Reaktionen in der DDR 69

4 Hauptmerkmale der Diskussion – Folgen – Urteile . . . 73

Anmerkungen 78

Quellen- und Literaturverzeichnis 94

Dokumente 112

Namenregister 163

Thomas Topfstedt
Nachbetrachtungen 165

Vorwort

Sie waren längst in den Archiven verschwunden und allenfalls für einige Fachleute von Interesse: die Diskussionen um Fragen der Stadtplanung, des Wohnungsbaus oder der Denkmalpflege, die Architekten und Publizisten, Wissenschaftler und Politiker nach dem Krieg im östlichen Teil Deutschlands führten. Als im Frühjahr 1989 mit der Arbeit am Thema dieses Buches begonnen wurde, bot die Deutsche Demokratische Republik das Bild eines stabilen, in seiner Existenz nicht ansatzweise in Frage gestellten Staates. Erst nach ihrer unerwarteten und raschen Auflösung finden viele Aspekte ihrer Geschichte, vor allem auch im Westen Deutschlands, wo bis dahin Desinteresse vorherrschte, Beachtung.

Der Zeitraum, dem diese Untersuchung gilt, das erste Jahrzehnt nach dem Ende von nationalsozialistischer Diktatur und Weltkrieg, liegt genügend weit zurück, um in erster Linie unter historiographischen Gesichtspunkten betrachtet zu werden. Daß Erscheinungen aus dieser Zeit wieder in höherem Maße als von Belang für die Gegenwart empfunden werden, ist eine Folge jener Veränderungen. Wenn heute intensiv über Architektur auf dem Gebiet der ehemaligen DDR gesprochen wird, ist das selbstverständlich. Nicht selbstverständlich ist, daß manche Themen aus den vierziger und fünfziger Jahren wieder auftauchen, als hätte es die vier Jahrzehnte, die seither vergangen sind, nicht gegeben.

Ob aus der Ruine der Dresdener Frauenkirche wieder ein intaktes Bauwerk entstehen soll, diese Frage aus den ersten Nachkriegsjahren füllte monatelang die Feuilletons und die Leserbriefseiten der Zeitungen. Natürlich verläuft die Diskussion heute anders als damals. Das Thema kam, nicht zuletzt im Westen, sehr schnell auf, nachdem die veränderten politischen Bedingungen eine Wiederherstellung überhaupt denkbar werden ließen. Offensichtlich hat aber die nationale und staatliche Einheit nicht nur die Möglichkeit, sondern für manche auch erst den Anlaß gegeben, den Wiederaufbau zu fordern – der zugleich die Beseitigung eines Mahnmals wäre, wenn nicht der Versuch einer äußerlichen Revision der Geschichte.

Es sind Fragen des Umgangs mit einigen herausragenden Bauten der Vergangenheit, die die Diskussion bislang prägen. Es sind nicht, wie man sich ja auch denken könnte, die drängenden Probleme des fehlenden

Wohnraums, nicht die Frage, wie der akute und großflächige Verfall der Städte aufzuhalten ist, nicht die Suche nach zeitgemäßen städtebaulichen Maßnahmen, die die Schaffung notwendiger Infrastruktur mit umweltgerechten Lösungen verbinden. Zwar setzt man sich auch damit auseinander; in der Öffentlichkeit dominieren jedoch bislang andere, auf seltsame Weise dem Naheliegenden und Notwendigen ausweichende Vorschläge. Da wird der Wiederaufbau der Potsdamer Garnisonkirche, von der kein Stein mehr steht, gefordert. Da wird ernsthaft erwogen, das im Krieg stark zerstörte, 1950 völlig abgetragene Berliner Stadtschloß an alter Stelle, wo sich heute unter anderem der Palast der Republik befindet, neu aufzubauen. Das Ergebnis einer solchen vollständigen Rekonstruktion dort, wo nichts mehr an den einstigen Zustand erinnert, wäre eine mit ungeheurem Aufwand errichtete Attrappe – von Geschichte keine Spur.

Wenig wirklich historisches Bewußtsein und zugleich wenig Weitblick zeigt sich auch in den überstürzten Maßnahmen auf anderen Gebieten. Das Ansinnen etwa, im vierzig Jahre lang zweigeteilt entwickelten Berlin möglichst über Nacht eine „neue Mitte" zu schaffen, nahm auf eine gründliche Diskussion zunächst keine Rücksicht. Langsamkeit, die andernorts verheerend wirkt, wäre hier eine Tugend.

Es wird diskutiert über das Bauen im vereinten Deutschland, intensiv, kontrovers, umsichtig und abwegig, kleinmütig und phantasievoll. Aber während der Diskurs erst anhebt, ergreifen Wirtschaft und Politik bereits Maßnahmen, stellen die Weichen, schaffen Fakten.

So wird das Verhältnis von Politik, Wirtschaft und Kultur, so werden auch die aus unterschiedlichem Verständnis von Geschichte und unterschiedlichen Auffassungen von Gesellschaft abgeleiteten Folgerungen für die Architektur erneut als eine nicht nur nebensächliche Angelegenheit deutlich. Der von der DDR hinterlassene Zustand ist zu einer neuen Ausgangslage geworden.

Wie es zu diesem Zustand kam, kann der Blick auf die Diskussionen in der Entstehungs- und Anfangszeit der DDR zeigen. Es lassen sich dabei neben Irrwegen manche Ansätze gerade aus den ersten Jahren entdecken, die fruchtbar hätten sein können und die unverminderte Aktualität besitzen.

Bonn, im April 1991 Andreas Schätzke

1 Einleitung

1
Zu den Bereichen, denen die Geschichtswissenschaft traditionell wenig Aufmerksamkeit zuteil werden läßt, gehört die Architektur. Ihr widmen sich Historiker, der umfangreichen Forschung innerhalb der Kunstgeschichte und der Architekturwissenschaft zum Trotz und obwohl sie häufig die am deutlichsten sichtbaren Zeugnisse einer Epoche hinterläßt, nur in Ausnahmefällen. So richtete sich in der jüngeren Vergangenheit das Interesse an den Beziehungen zwischen der Architektur einer Zeit und ihrer allgemeinen und politischen Geschichte besonders auf den Nationalsozialismus. Auch die Auffassungen von Architektur, die in einer Gesellschaft bestanden, wurden bisher kaum thematisiert. Die SBZ/DDR bildet hier keine Ausnahme. Eine große Zahl von Untersuchungen zu ihrer Kulturgeschichte, die im Osten wie im Westen entstanden sind, hat verschiedene Felder monographisch und in übergreifender Darstellung zum Gegenstand. In erster Linie gilt das Interesse der Literatur, daneben auch den bildenden und darstellenden Künsten, der Musik, den Wissenschaften, dem Bildungs- und Erziehungswesen und den Massenmedien.

Absicht dieses Buches ist es, wesentliche Auffassungen über Charakter und Funktion von Architektur, die in der SBZ/DDR seit Kriegsende bis Mitte der fünfziger Jahre vertreten wurden, nachzuzeichnen. Die im Untertitel verwendete Bezeichnung „Diskussion" wird sehr weit gefaßt. Sie benennt alle Arten von öffentlichen Stellungnahmen zum Thema, die selten den Idealfall von Rede und Gegenrede erfüllten und in der Zeit nach 1949 oft nur Bestandteile einmal mehr, einmal weniger gelenkter, in jedem Fall von der SED dominierter Dispute waren, häufig nicht mehr als Oktrois der Partei oder propagandistische Verlautbarungen. Aber auch solche instrumentalisierten Formen von „Diskussion" sind aufschlußreich, und bei allen Bedrängnissen verstummte die Auseinandersetzung nie gänzlich.

Die Diskussion wird vor allem unter dem Gesichtspunkt der Funktionen von Architektur betrachtet, den vielfältigen politisch-ideologischen, gesellschaftlichen und kulturellen Möglichkeiten und Aufgaben, die der Architektur einschließlich des Städtebaus zugetraut und abverlangt wurden. In dem Versuch, die unterschiedlichen Positionen ihrer Bedeutung entsprechend zu gewichten, werden vor allem typische Auffassungen einzelner Architekten und Publizisten, von fachlichen Institutionen, der sowjetischen Besatzer, von Parteien und Regierung herangezogen. Daneben kommen auch einige eher singuläre Meinungen zur Sprache, wenn sie aufschlußreich erscheinen.

Die Auffassung des italienischen Architekturtheoretikers Renato De Fusco, Architekten hätten „nur ausnahmsweise in der Öffentlichkeit eine klare ideologische oder politische Stellung bezogen"[1], mag aus der Sicht einer Gesamtbetrachtung der Architekturgeschichte begründet sein. Auf eine Reihe von Gesellschaften, Staaten und geistig-politische Tendenzen in unserem Jahrhundert trifft sie nicht zu. Das gilt besonders für reformerische und revolutionäre Strömungen, für junge, aus tatsächlichen oder vermeintlichen gesellschaftlichen Umwälzungen hervorgegangene Staatswesen wie die frühe Sowjetunion, aber auch für die Weimarer Republik, und es gilt nach 1945 für die SBZ und DDR.

2

Die wichtigsten Positionen der Diskussion zu ermitteln, ihre Herkunft oder Originalität zu bestimmen und architektonische Leitbilder festzustellen, ist eine Absicht dieses Buches. Zum anderen sind Form und Inhalt der Diskussion als voneinander abhängige Erscheinungen von Interesse. Dominierende Tendenzen und Richtlinien, die Art von Freiräumen und Beschränkungen, die Orte und die Beteiligten der Auseinandersetzung hatten in den verschiedenen Phasen auf die Themen und ihre Behandlung ebenso Einfluß wie auf das Fehlen bestimmter Themen.

Zu den vorrangigen Gegenständen der Diskussion gehörten der Umgang mit der im Nationalsozialismus bevorzugten Architektur, das Anknüpfen an architektonische Vorbilder und ihre Ablehnung, das Verhältnis zur Besatzungsmacht Sowjetunion, die gesellschaftlichen Funktionen von Architektur und ihre sich daraus ergebende Beschaffenheit, besonders die Frage nach einer Architektur, die einer

Gesellschaft gemäß ist, die sich zunehmend als auf dem Weg zum Sozialismus befindlich versteht. Diese Themen sprachen vor allem auch die Architekten selbst an. Welcher Art die Einflüsse von Staat und Partei auf die Diskussion waren, welche materiellen, gesellschaftlichen und ideologischen Funktionen sie von der Architektur erwarteten, stellt sich als weitere Frage. Themen waren in diesem Zusammenhang vor allem die Anlehnung an die Sowjetunion, der Umgang mit dem nationalen „kulturellen Erbe", der Kampf gegen den „Formalismus", der Wettbewerb der unterschiedlichen Gesellschaftssysteme und die Suche nach einem angemessenen Ausdruck für das Selbstverständnis des neuen Staates.

Das Interesse an diesen Fragen ist ein Grund dafür, daß die Jahre von 1950 bis 1954/1955 eine starke Gewichtung erhalten. An dieser Phase wird besonders deutlich, welche Rolle der Architektur von seiten des Staates zugedacht war und welche Auswirkungen Politik allgemein und Kulturpolitik im besonderen auf architektonische Vorstellungen, Konzeptionen und Maßnahmen hatten. Diese Periode ist für die DDR insgesamt charakteristischer, als es die – für das Gesamtbild und das Verständnis der späteren Entwicklung gleichwohl wichtigen – früheren Phasen der unmittelbaren Nachkriegszeit sind.

3

Die Historiographie in der DDR hat die Kulturgeschichte des eigenen Landes meist in enger Anlehnung an die Periodisierung der allgemeinen und politischen Geschichte gegliedert. Man unterschied lange Zeit drei Hauptphasen: die Periode der „antifaschistisch-demokratischen Umwälzung" zwischen 1945 und 1949, den „Aufbau der Grundlagen des Sozialismus" von 1949 bis 1955 und die Phase zwischen 1955/1956 und 1961, als deren Kennzeichen der „Sieg der sozialistischen Produktionsverhältnisse" galt.[2] In den siebziger und achtziger Jahren trat, mit größerem zeitlichen Abstand betrachtet, an die Stelle dieser Einteilung eine Unterscheidung längerer Zeiträume: 1945 bis 1949, 1949 bis 1961 und seit 1961.[3] Bei diesen Periodisierungen, wie sie grundsätzlich auch die Geschichtsschreibung in der Bundesrepublik vorgenommen hat[4], wurde fast immer nach äußeren Daten und Zäsuren vor allem in der politischen Geschichte vorgegangen.

Kulturgeschichtliche Untersuchungen geben meist der Kulturpolitik großes Gewicht, was seine Berechtigung hat.[5] Einschränkend stellte jedoch Joachim Streisand in seiner 1981 posthum veröffentlichten „Kulturgeschichte der DDR" fest: „Gleichwohl fallen Geschichte der Kulturpolitik und Kulturgeschichte nicht miteinander zusammen. [...] Die Kulturpolitik der Partei der Arbeiterklasse ‚schafft' nicht die Kultur, wohl aber führt und nutzt sie diese Prozesse im Interesse der Arbeiterklasse und des Volkes."[6] Eine in der Konsequenz ähnliche Auffassung vertritt Manfred Jäger: „Kultur und Politik stehen [...] in einer Wechselbeziehung und durchdringen einander, so daß einseitige schematische Konstruktionen unzulässig sind, weil sie öffentlich verkündete Programme und Prinzipien als Stimulatien oder Hemmnisse der Kunstentwicklung leicht überschätzen."[7]

Wolfram Schlenker hat 1977 in seiner Untersuchung zur Kulturpolitik und zum Umgang mit dem „kulturellen Erbe" in der DDR die Meinung vertreten, daß in erster Linie an äußeren Daten orientierte Periodisierungen „nur begrenzte Bedeutung haben, vor allem in kulturgeschichtlicher Hinsicht"[8]. Schlenker sieht lediglich zwei Hauptphasen und setzt eine deutliche Zäsur um die Jahre 1956/1957, in denen er einen kulturpolitischen Einschnitt erkennt, „an dem sich neue Tendenzen bemerkbar machten und manche bisher für gesichert gehaltene Position ins Wanken geriet"[9].

Für den Bereich der Architektur hat es – wiederum von einer starken Gewichtung der Kulturpolitik bestimmt – in der DDR und in der Bundesrepublik grundsätzlich verwandte Ansätze zur zeitlichen Unterteilung gegeben. Es besteht weitgehende Übereinstimmung darin, eine erste Phase von 1945 bis 1949 zu datieren (auch wenn zahlreiche Autoren diesen Zeitraum übergehen), eine zweite von 1949 bis um 1955 und eine weitere seit Mitte der fünfziger Jahre.[10]

Auch wenn es hier, im Unterschied zu solchen Untersuchungen, nahezu ausschließlich um die Diskussion über Architektur und nicht um Architektur selbst geht, hat es seine Berechtigung, an diese Vorgehensweise anzuknüpfen. Vielleicht gerade dann: Veränderungen, zumal verordnete, vollziehen sich in der Architektur zwar oft langsamer als in anderen Bereichen – das liegt schon allein an technischen Gegebenheiten und den zwangsläufig längerfristigen Planungen –, aber um so deutlicher und unmittelbarer wurde die Diskussion in jenen Jahren von geistigen und politischen Veränderungen geprägt.

2 Voraussetzungen einer Architekturdiskussion in der SBZ/DDR

Architektur in Deutschland bis 1933

Die Meinung, daß es zwei „Revolutionen" in der deutschen Architektur gegeben habe, eine umfassende um 1900 und eine zweite nach 1918, wie Barbara Miller Lane zugespitzt formuliert hat[11], kennzeichnet die eine Auffassung von der Entwicklung der Moderne. Eine andere Richtung sieht keine derart deutlichen Zäsuren, sondern stellt eine lange Kontinuität modernen Bauens seit der Mitte des neunzehnten Jahrhunderts fest.[12] Unabhängig davon, welcher Auffassung man zuneigt, wird man eine neuartige Architektur in Deutschland in besonderem Maße mit dem Zeitraum vom Ende des Ersten Weltkriegs bis zum Beginn des Nationalsozialismus in Verbindung bringen. Rationale Architektur, Funktionalismus, Neues Bauen, Neue Sachlichkeit, Bauhausstil sind Bezeichnungen, die zwar Nuancen kennzeichnen, aber im verbreiteten Sprachgebrauch grundsätzlich dasselbe Phänomen benannten und benennen: eine Architektur, die mit der Weimarer Republik in enge Verbindung gebracht, oft sogar mit ihr identifiziert wird.[13] Zugleich war sie eine der Tendenz nach globale Erscheinung, so daß schon die Zeitgenossen – noch eher ein Ziel formulierend, als einen Zustand beschreibend – vom „Internationalen Stil" sprachen. Er entwickelte sich besonders in den Vereinigten Staaten, in Skandinavien und Deutschland, ebenso in der jungen Sowjetunion, während er in anderen, auch europäischen Staaten wie Großbritannien nur eine geringe Rolle spielte.[14]

Für eine wirklichkeitsgerechte Einschätzung der Gewichtsverhältnisse ist es jedoch wichtig festzustellen, daß das Neue Bauen im Deutschland der zwanziger und frühen dreißiger Jahre zwar mit dem demokratisch verfaßten Staat identifiziert wurde, zugleich aber keineswegs dominierte. 1929 sah Bruno Taut diese Architektur in Europa und Amerika nur als „winzige Insel in einem ungeheuren Meer"[15]. Auch Joachim Petsch kommt zu dem Urteil: „Die konservative Architektur bestimmte das Baugeschehen der Weimarer Republik."[16] Vor allem zwei traditionelle Auffassungen herrschten vor: die von einer neoklassizistischen, an wilhelminischen Monumentalbauten orientierten Architektur und die einer – von der Heimatschutzbewegung verfochtenen – bodenständigen Bauweise, die heimische Baumaterialien verwandte.[17] Die Vertreter des Neuen Bauens, die auf historische und historisierende Formen verzichteten und oft mit weitreichendem gesellschaftlichen Anspruch eine demokratischere und sozial gerechtere Ordnung anstrebten, stießen auf Kritik von konservativer Seite, vor allem reaktionärer, antidemokratischer Kräfte. Gerade die Gegner der Republik waren gleichermaßen Gegner dieser neuen Architektur – besonders der Vorwurf des Sozialismus sollte die Republik und „ihre" Architektur treffen.[18]

Die Forderung nach einem „befreiten Wohnen"[19] für die Unter- und Mittelschichten, also in erster Linie die Arbeiterschaft, verbunden mit der schlagwortartigen Propagierung von „Licht", „Luft" und „Öffnung", kennzeichnete ein vorherrschendes Ziel der neuen Architekturströmung. Der soziale Wohnungs- und Siedlungsbau war ein Schwerpunkt des Neuen Bauens. Nicht wenigen seiner Vertreter war ein ausgeprägtes Sendungsbewußtsein eigen, gerade auch am Bauhaus, wo im übrigen eine Vielfalt von Auffassungen bestand.[20] Neben dem Deutschen Werkbund wurde das Bauhaus zur wichtigsten Institution für die Entwicklung einer neuen Architektur. Über das Verhältnis von „bauhaus und gesellschaft" schrieb sein Direktor Hannes Meyer 1929: „bauen und gestalten sind uns eins, / und sie sind ein gesellschaftliches geschehnis. / als eine ‚hohe schule der gestaltung' / ist das bauhaus dessau kein künstlerisches, / wohl aber ein soziales phänomen."[21]

Eine Verbesserung der Wohnverhältnisse für breite Bevölkerungsschichten wurde jedoch nicht allein mit den Mitteln des Neuen Bauens, sondern auch in konventioneller, „bodenständiger" oder „expressionistischer" Weise, nicht selten in Mischformen, angestrebt.[22]

Architektur in der Sowjetunion

Zu den Zentren einer Architektur mit derartigen gesellschaftlichen Ansprüchen und revolutionärem Impetus gehörte, bei einer weitaus stärkeren Tendenz zur Kollektivität als in anderen Ländern, die frühe

Sowjetunion.[23] Bereits vor dem und im Ersten Weltkrieg hatte eine künstlerische Avantgarde in Rußland die Richtungen des Futurismus, des Konstruktivismus und des Suprematismus herausgebildet, die die Entwicklung in Europa vielfältig befruchteten und die nach der Revolution eine Zeitlang als geeigneter Weg zu einer auch für Agitprop-Zwecke nutzbaren proletarischen Kunst angesehen wurden.[24]

Den politischen und gesellschaftlichen Anspruch der Avantgarde in der Architektur vertrat besonders der 1925 gegründete „Verband moderner Architekten" (OSA). Er strebte einen neuen Typ des Architekten an, der neben den technischen die sozialen und politischen Aspekte des Bauens in angemessener Weise berücksichtigte.[25] Kollektiven Wohnformen und der Standardisierung des Wohnbaus wurde aus politischen, aber auch aus wirtschaftlichen Gründen große Bedeutung beigemessen. Hier gab es zahlreiche Verbindungen zur Architektur in Westeuropa und den Vereinigten Staaten, die sich auch in formaler Hinsicht äußerten.[26] Aus Deutschland gingen zu Beginn der dreißiger Jahre renommierte Vertreter des Neuen Bauens, auch unter dem Eindruck und den Folgen einer weiteren Verlagerung der politischen Gewichte nach rechts, in die Sowjetunion. Es war zunächst 1930 Ernst May, der als Frankfurter Stadtbaurat maßgebend im Siedlungsbau tätig gewesen war und nun an der Generalplanung der Stadt Magnitogorsk im Ural mitarbeitete. Später folgten Hannes Meyer, Arthur Korn und Bruno Taut. Nach 1933 emigrierten andere deutsche Architekten, wie Walter Gropius, Marcel Breuer und Ludwig Mies van der Rohe, in die USA.[27]

In der UdSSR spielte moderne Architektur bis in die dreißiger Jahre eine gewisse Rolle. Staat und Partei sahen sie noch als ein geeignetes Mittel an, um das Ziel zu erreichen, das der Architekt Moisej Ginzburg 1929 formulierte: „Wir hielten es für absolut notwendig, bestimmte Dinge einzuführen, die den Übergang zu einer sozial höherwertigen Lebensform stimulieren, *stimulieren, aber nicht diktieren.*"[28] Zu Beginn der dreißiger Jahre wandelte sich die Haltung der Partei gegenüber der Architektur mit der Folge, daß der Avantgarde in ihren vielfältigen Ausprägungen ein Ende bereitet wurde. Kenneth Frampton kommt noch 1980 zu einem bitteren Urteil über die Auswirkungen des Stalinismus auf die Architektur: „Daß Stalin keinerlei Sinn für elitären Internationalismus hatte, wurde offiziell durch Anatol Lunatscharskis nationalistischen und populistischen Kulturslogan von 1932 bestätigt, seine berühmten

‚Säulen für das Volk'. Ihnen verdankte die sowjetische Architektur jene regressive Form des Historismus, von dem sie sich bis heute noch nicht befreien konnte."[29]

Die Tendenz zu einer historisierenden Architektur, die bis weit ins zwanzigste Jahrhundert Gewicht gehabt hat, erfuhr gerade in den zwanziger und frühen dreißiger Jahren, der Blütezeit des Neuen Bauens, einen Aufschwung. Autoritäre und totalitäre Regime, aber auch demokratische Staatswesen griffen vor allem in der Repräsentationsarchitektur auf die Geschichte zurück. Das gilt für die Residenz des Vizekönigs in Neu-Delhi (1923–1931) ebenso wie für das Parlamentsgebäude in Helsinki (1926–1931). Bezeichnend sind auch viele der Wettbewerbsentwürfe zum Völkerbundpalast in Genf (1927).[30]

In der Sowjetunion war für repräsentative Bauwerke, aber auch für Wohnhäuser ein nationalromantischer, neoklassizistischer Stil vorherrschend geworden.[31] In den ersten Jahren nach dem Zweiten Weltkrieg wurde diese Demonstration staatlicher und nationaler Macht noch einmal „zu Superlativen gesteigert"[32] (Udo Kultermann). Augenfälliger Ausdruck dieser Konzeption ist das zwischen 1948 und 1952 errichtete Gebäude der Lomonossow-Universität in Moskau.

Architektur in Deutschland 1933 bis 1945

Die Architektur im nationalsozialistischen Deutschland war durch Heterogenität gekennzeichnet. Die teilweise notwendige Funktionalität und unterschiedliche Vorstellungen „verhinderten die Entstehung und Ausbildung eines einheitlich faschistischen Architekturstiles"[33], meint Petsch. Obwohl Architektur und Städtebau hinsichtlich ihrer Möglichkeiten zur Repräsentation und zur Einflußnahme auf die Bevölkerung besondere Bedeutung beigemessen wurde, fand ein vollkommener Bruch nach 1933 bei weitem nicht statt.[34]

Formal lassen sich drei architektonische Richtungen unterscheiden, die monumentalisierende Staats- und Parteiarchitektur, der Heimatschutzstil und ein sachlicher Baustil, der vor allem in der Industrie- und Ingenieurarchitektur Anwendung fand und am Neuen Bauen aus der Zeit der Weimarer Republik orientiert war.[35] Nicht selten wurden verschiedene Elemente einer Bauaufgabe in gänzlich unterschiedlichen Stilen ausgeführt.[36]

Die Monumentalbauten des Nationalsozialismus mit ihrem festungsartigen Charakter sind oft als „Stein gewordene Weltanschauung" charakterisiert worden. Ihre das Herkömmliche weit übersteigenden räumlichen Ausmaße, ein Äußeres, das den Eindruck von Kompaktheit vermittelte, symmetrische und axiale Anlagen dienten nicht zuletzt dem Ziel, ein „zeitloses Herrschaftssymbol" zu schaffen.[37]

Ästhetik und Funktion von Architektur in autoritären und totalitären Staaten – das Problem einer Beurteilung

Zur Repräsentation bedienten sich sowohl das „Dritte Reich" als auch die stalinistische Sowjetunion der Architektur. Auf der Pariser Weltausstellung 1937 standen die beiden beherrschenden Gebäude, der deutsche und der sowjetische „Pavillon", einander gegenüber. Gigantische städtebauliche Projekte, die die Umgestaltung der Metropolen vorsahen, gab es in der Sowjetunion wie in Deutschland (und auch im faschistischen Italien). Dazu gehören besonders die großen axialen Entwürfe mit symmetrisch angeordneten Monumentalbauten für Berlin (1937–1939) – die freilich geringer dimensionierte Vorläufer bis weit ins neunzehnte Jahrhundert zurück besitzen[38] – und für Moskau (1937).[39]
Eine schlichte Gleichsetzung von „faschistischer" und „kommunistischer" Architektur trägt sicher wenig zur Erhellung bei.[40] Man kann dennoch das Prinzip und die Art, wie zwei totalitäre Staaten Architektur instrumentalisiert haben, trotz den formalen Unterschieden für genügend verwandt halten, um sie in einen solchen Zusammenhang zu stellen. Allerdings waren die Architekturvorstellungen in der Sowjetunion nie derart von Weltherrschaftsobsessionen bestimmt, wie sie in den ausgreifendsten deutschen Plänen, so für die Umgestaltung Berlins zur „Welthauptstadt Germania", manifest wurden. Auch Erscheinungen, die der im Dienst nationalsozialistischer Mystik konzipierten und errichteten Architektur wie den „Totenburgen", in denen Todeskult, gepaart mit global-imperialen Ansprüchen, seinen Ausdruck erhalten sollte, vergleichbar wären, finden sich in der Sowjetunion nicht.
Daß im übrigen, wenn von Modernität und Traditionalität in der Architektur die Rede ist, wie Vittorio M. Lampugnani betont, längst

nicht in jedem Fall die einfache Formel „Die avantgardistischen Architekten sind die Guten, die traditionalistischen die Bösen"[41] gilt, anders gesagt, daß politisch-ideologische Fortschrittlichkeit oder Rückschrittlichkeit sich nicht zwingend entsprechend zu einer Bevorzugung der Moderne oder zu Traditionsorientierung verhält, läßt sich vielfach belegen.

Schließlich wird auch diese Untersuchung ihren Gegenstand in der Auffassung behandeln, daß es zwar eine Architektur im Sozialismus gibt, der sozialistische Attribute zugeschrieben wurden und werden, aber keine genuin „sozialistische Architektur", ebensowenig wie eine aus sich selbst und ausschließlich „faschistische Architektur" oder eine „demokratische Architektur". Was nicht bedeutet, daß nicht manche überzeugende Auffassung davon entwickelt werden kann, wie Architektur in einem bestimmten politischen und gesellschaftlichen System beschaffen sein soll, um diesem am besten gerecht zu werden.

Planungen der Alliierten und der deutschen Emigration für eine zukünftige Kulturpolitik in Deutschland

Für die Alliierten standen während des Krieges und bei Kriegsende andere als kulturpolitische Fragen im Vordergrund, wenn es um die zukünftige Politik gegenüber einem besiegten Deutschland ging. So werden im Kommuniqué der Potsdamer Konferenz vom August 1945 nur in sehr allgemeiner und knapper Form „Rede-, Presse- und Religionsfreiheit" und ein Erziehungswesen angesprochen, das eine „erfolgreiche Entwicklung demokratischer Ideen möglich" machen sollte.[42]

Unter den über die ganze Welt verstreuten deutschen Emigranten – selbst in den verschiedenen Zentren der Emigration – hatte es, wie auch im Widerstand, kaum zusammenhängende Pläne für eine zukünftige Kulturpolitik gegeben. Die Situation war vielmehr von geographischer und geistiger Zersplitterung gekennzeichnet. Die Exil-KPD in Moskau, in Verbindung mit kommunistischen Künstlern im sowjetischen Exil und seit 1943 mit dem „Nationalkomitee Freies Deutschland", denen die Sowjetunion Unterstützung und Organisation bot, kam jedoch zu weitergehenden Konzepten, zumal die Zusammenarbeit von KPD, KPdSU und Komintern mit der Zeit intensiver wurde.[43]

„Die geographische, ideologische und organisatorische Geschlossenheit des kommunistischen Exils", urteilt Alexander Stephan, „bildete zweifellos eine wichtige Voraussetzung für die Ausarbeitung konkreter Pläne für die nachkriegsdeutsche Kultur. Diese Geschlossenheit war es aber auch, die verkehrt in mangelnde Flexibilität, Abhängigkeit von machtpolitischen Entscheidungen und einen Überhang an Rhetorik der Konkretisierung dieser Pläne im Wege stand."[44] Eine im September 1944 eingesetzte Kulturkommission unter dem Vorsitz Johannes R. Bechers hatte die Aufgabe, „Maßnahmen zur ideologischen Umerziehung des deutschen Volkes im antifaschistisch-demokratischen Geist auszuarbeiten"[45]. Ihre noch gemäßigte und auf breiten Konsens unter Antifaschisten ausgerichtete Politik wurde schon bald durch Tendenzen an der Spitze der KPD verdrängt, die intern eine verschärfte Kulturplanung in Richtung einer kommunistischen, weniger als bisher an Volksfrontvorstellungen orientierten Politik vertrat.

Das Ende 1944 vom Zentralkomitee der KPD beschlossene „Aktionsprogramm des Blockes der kämpferischen Demokratie" stellte die Umgestaltung des Bildungs- und Erziehungswesens und seine Säuberung vom „faschistisch-imperialistischen Unrat" in den Vordergrund.[46] Als Hinweis auf das künftige nicht nur ideologisch-politische, sondern auch kulturelle Vorbild der Sowjetunion kann das folgende Postulat gelesen werden: „Volksaufklärung über die gegenseitige Verbundenheit und Abhängigkeit der nationalen Kulturen und über den Einfluß anderer, besonders auch der Kultur der slawischen Völker, auf die Entwicklung der deutschen Kultur."[47] Während die Aussagen zur zukünftigen Kulturpolitik in Deutschland insgesamt „eher dürftig"[48] (Alexander Fischer) sind, finden sich noch in einigen anderen Teilen des Programms Passagen, die für den Bereich der Architektur von Belang sind. Im Kapitel „Zum Wiederaufbau der zerstörten Städte und Dörfer und zur Behebung der Wohnungsnot" wird die „Ausarbeitung verbindlicher staatlicher Musterbauprojekte zur Sicherung eines billigen und zweckmäßigen Wiederaufbaus"[49] proklamiert.

Ein für Entwicklungen offeneres Programm, wie das von Becher für die Kulturkommission formulierte, oder gar eine Rückkehr zum kulturellen Pluralismus der Weimarer Republik schienen nach dieser internen, von der Spitze der KPD getragenen und maßgeblich von Anton Ackermann geprägten Konzeption nicht mehr wahrscheinlich. Kurz vor Kriegsende veranlaßte jedoch eine Wendung in der Politik Stalins, wohl im Hinblick auf ein gemeinsam mit den westichen Alliierten zu besetzendes Deutschland, daß diese Entwicklung zeitweilig aufgehalten wurde.

Anfänge der Kulturpolitik in der SBZ

Der einstweilige Rückzug Moskaus und der KPD von einem dezidiert sozialistischen Konzept, das Vielfalt und Kooperation auf einer breiten Basis ausgeschlossen hätte, bewirkte in der SBZ unmittelbar nach Kriegsende den Eindruck eines kulturellen Pluralismus. In der Tat bestanden nebeneinander sozialistisch-revolutionäre Vorstellungen, andere sozialistisch orientierte Richtungen und Auffassungen „bürgerlicher" Kultur, wenn sie als antifaschistisch angesehen wurden.[50]

Mit Deutschen, die sich nicht ausdrücklich gegen das nationalsozialistische Regime gestellt hatten, verfuhren die sowjetischen Besatzer oft großzügig. Dem äußerlichen Anschein von Vielfalt standen zunehmend Planungen der Sowjetischen Militäradministration (SMAD) und der KPD für eine sozialistische Kulturpolitik gegenüber. Dies waren von nun an die Rahmenbedingungen, in die sich auch die nicht aus dem sowjetischen Exil, sondern aus europäischen Staaten, den USA, Mexiko und anderen Teilen der Welt zurückkehrenden oder während des Nationalsozialismus in Deutschland verbliebenen Künstler und Intellektuellen zu fügen hatten. Das bedeutete jedoch nicht, daß es in der Sowjetischen Besatzungszone in den ersten Jahren nach Kriegsende nicht noch vielfältige Versuche gegeben hätte, im Zuge der „Bündnispolitik" integrierend und vermittelnd kommunistische und „antifaschistisch-bürgerliche" Vertreter des Kulturlebens zu einer deutschen Kultur zusammenzubringen.[51]

Es wäre für die Zeit bis zur Gründung der DDR 1949 nach den Worten Jägers „absurd gewesen, wenn die kommunistischen ‚Geistesarbeiter', eine kleine Minderheit unter den deutschen Intellektuellen, damals ausgerechnet auf dem Felde der Kultur riskante Entscheidungsschlachten zwischen marxistischer und bürgerlicher Ideologie gesucht hätten. Das Schild ‚Überparteilichkeit' kam den traditionellen deutschen Vorstellungen vom ‚Wesen der Kultur' entgegen."[52] So sagte anläßlich der Gründung des „Kulturbundes zur demokratischen Erneuerung Deutschlands" dessen Präsident, Johannes R. Becher, am 4. Juli 1945: „Wir können uns bei diesem hohen Beginnen auf die großen Genien unseres Volkes berufen, die uns ein reiches humanistisches Erbe hinterlassen haben. Dieses reiche Erbe des Humanismus, der Klassik, das reiche Erbe der Arbeiterbewegung müssen wir nunmehr in der politisch moralischen Haltung unseres Volkes eindeutig, kraftvoll, überzeugend, leuchtend zum Ausdruck bringen."[53]

Eine besondere Bedeutung für die Praxis des neuen kulturellen Lebens kam in der SBZ, wie auch in den anderen Zonen, den Kulturoffizieren der Besatzungsmacht zu. Ihnen fiel, selbst aus einem Land stammend, in dem der Stalinismus von jeder Art von Avantgarde keine sichtbaren Spuren übriggelassen hatte, der Umgang mit Künstlern und Intellektuellen, die im Nationalsozialismus verfemt gewesen waren, nicht immer leicht.[54]

Im Zuge des Kalten Krieges begann auch in der Kulturpolitik 1948/1949 eine Phase der ideologischen Verhärtung, der Konfrontation mit dem Westen und schließlich der Stalinisierung der DDR bis in die fünfziger Jahre.[55]

3 Architekturdiskussion in der SBZ/DDR 1945 bis 1955

Die Quellen

Das besonders bei Quellen, die noch nicht sehr weit zurückliegenden Jahrzehnten entstammen, gelegentlich auftretende Problem der Unzugänglichkeit oder schweren Zugänglichkeit stellt sich im vorliegenden Fall kaum. Im Vordergrund des Interesses steht die öffentliche Diskussion, das heißt eine zwar häufig gelenkte, aber in der Absicht weiter Verbreitung und Anteilnahme geführte, also großenteils publizierte Diskussion.

Aufschluß über Vorstellungen von den Funktionen, die Architektur erfüllen sollte, geben zum einen Gesetze, Verordnungen und Erlasse der SMAD, der Volkskammer und der Regierung der DDR, außerdem die meist allgemeineren Äußerungen von sowjetischen und deutschen Funktionären und Politikern, die häufig richtungsweisenden Charakter besaßen. Für diese Gruppe sind besonders Veröffentlichungen im SED-Zentralorgan *Neues Deutschland* und auch in der von der SMAD herausgegebenen *Täglichen Rundschau* von Bedeutung. Kulturpolitische und -theoretische Beiträge dieser Art zur Architektur finden sich ebenso wie solche von Architekten, Publizisten und Wissenschaftlern im *Aufbau*, der Zeitschrift des Kulturbundes.

Viele der zum Teil kurzlebigen Kunst- und Kulturzeitschriften der ersten Nachkriegsjahre enthalten Aufsätze zur Architektur. Von 1952 an steht die Zeitschrift *Deutsche Architektur* der Ende 1951 gegründeten Deutschen Bauakademie als Quelle im Vordergrund. Die vornehmlich in Architekturzeitschriften erschienenen Beiträge über Wettbewerbe, Probleme und Maßnahmen zu einzelnen konkreten Bauaufgaben werden wegen ihrer übergroßen Zahl und weil sie sich überwiegend mit speziellen Gegebenheiten befassen, nur ausnahmsweise angesprochen. Das geschieht in solchen Fällen, in denen sich aus ihnen typische, die Diskussion prägende oder weiterreichende Überlegungen ersehen lassen. Ansonsten werden in erster Linie die allgemeineren, programmatischen Aufsätze herangezogen. Neben solchen Zeitschriftenbeiträgen gibt es eine Vielzahl von Büchern, Broschüren und ähnlichen Publikationen, die vor allem zu Beginn der fünfziger Jahre veröffentlicht wurden. Ihr oft stark propagandistischer Charakter läßt naturgemäß das Element der Diskussion zurücktreten oder völlig verschwinden.

Die Ausgangslage 1945/1946

Rahmenbedingungen – Versuche einer Standortbestimmung – Organisation und erste Planungen

„Die Straßen liegen ausgestorben", notiert die Journalistin Ruth Andreas-Friedrich am 29. April 1945 im gerade von sowjetischen Truppen besetzten Berlin in ihr Tagebuch. „Es sind keine Straßen. Nur aufgerissene, schuttüberschüttete Furchen zwischen zwei Reihen von Häuserruinen. [...] Die Ordnung der Dinge hat aufgehört. [...] Wir leben! Fühlen, daß wir leben, wie niemals zuvor."[56] Und wenige Tage später: „Es gibt kein Wasser. Es gibt auch kein Gas, kein Licht und kein Telefon. Nur Chaos gibt es. Unübersehbares, undurchdringliches Chaos."[57]

„Das meistgebrauchte Wort unserer Zeit ist Aufbau"[58], beschreibt der Architekt Hugo Häring, während der zwanziger Jahre führender Vertreter des Neuen Bauens, im Januar 1948 im ersten Heft der Zeitschrift *Baukunst und Werkform* die Atmosphäre.

Beide Äußerungen charakterisieren gerade für Intellektuelle nicht untypische Empfindungen ihrer Zeit. 1945, bei Kriegsende, schildert Ruth Andreas-Friedrich nicht nur den das tägliche Leben ausfüllenden Kampf um die Erhaltung und Errichtung elementarer Lebensgrundlagen, sie formuliert auch die Mischung aus Euphorie und Resignation, die viele empfanden. Anfang 1948, zu einem Zeitpunkt, als sich in vielen Lebensbereichen die Aussichten auf eine baldige positive Veränderung noch kaum verbessert hatten, äußerten zugleich Politiker, Intellektuelle und Publizisten in allen Teilen Deutschlands den Willen zum „Aufbau".

Nicht nur, aber in besonderem Maße in der sowjetisch besetzten Zone machten Parteien und von der Militärverwaltung eingerichtete oder lizenzierte Institutionen den „Aufbau" zu einem Schlagwort. Darüber, welcher Art dieser Aufbau sein sollte, bestanden die unterschiedlichsten Meinungen, und darüber wurden auch öffentliche Kontroversen geführt. Bereits 1945 gab der Kulturbund in der SBZ seiner Zeitschrift den Namen *Aufbau* – als Metapher stand das Wort gerade im kulturellen und kulturpolitischen Bereich für einen Neuanfang.

Aufbau im buchstäblichen, nicht nur im übertragenen Sinn benannte die Notwendigkeiten, die sich aus den Zerstörungen des Krieges ergeben hatten. *Berlin im Aufbau*[59] ist der Titel eines 1946 (im Aufbau-Verlag) erschienenen Buches des Architekten Max Taut mit Planungen zur architektonischen Zukunft der ehemaligen Reichshauptstadt. Tauts Buch verwies bereits auf einen Schwerpunkt späterer Architekturdiskussionen in Deutschland, die Stadt Berlin. Mit dem Wort Aufbau verbanden sich in den ersten Nachkriegsmonaten jedoch weniger solche großangelegten Konzeptionen, sondern vor allem in den Städten fast nichts anderes als die Beseitigung von Trümmern, die Wiederherstellung von notdürftigem Wohnraum und einer halbwegs geregelten Versorgung.

Ein Jahr war der Magistrat für Gesamt-Berlin im Amt, als der Erste stellvertretende Oberbürgermeister, Karl Maron (KPD/SED), im Mai 1946 die Tätigkeit auf dem Gebiet des Bauens bilanzierte: „Allein an der Enttrümmerung arbeiten ständig 30 000 Arbeitskräfte. Hierbei machen sich insbesondere unsere Frauen verdient, die zwei Drittel der Arbeitskräfte stellen. Beinahe 5 Millionen Tagwerke wurden im Laufe des ersten Aufbaujahres allein für die Enttrümmerung geleistet. Das Ergebnis besteht u. a. im Gewinn von 110 Millionen Ziegelsteinen, die aus den Trümmern gewonnen wurden und für den Wiederaufbau bereitstehen. [...] Das entscheidende Problem bleibt jedoch trotz aller Schwierigkeiten bezüglich der Heranbildung genügend qualifizierter Bauhandwerker und der Finanzierung die Beschaffung der Baumaterialien, insbesondere von Zement, Glas, Kalk, Dachpappe, Bauholz."[60]

Architekturtheoretische Überlegungen waren 1945/1946 in Deutschland großenteils Versuche einer Bilanz und Standortbestimmung. In der sowjetischen Zone setzte sich der Architekt Hermann Henselmann, der in den folgenden Jahren, vor allem nach Gründung der DDR, eine herausgehobene Rolle im Städtebau erlangte, mit der Architektur während des Nationalsozialismus auseinander. Im

Oktober 1945 gab er im *Aufbau* eine sehr grundsätzliche und damit eher allgemeine Analyse, die aber einige wesentliche Aspekte der im „Dritten Reich" bevorzugten Architektur pointierte. Henselmann kritisierte die Art, wie „die Reaktion" von Kunst Gebrauch gemacht habe.

Er meinte vor allem das wilhelminische Deutschland, das Künstlern und Architekten gesellschaftliche Bedeutung abgesprochen und gesellschaftlichen Anspruch versagt habe, und nannte als Beispiel für die negativen Folgen einer solchen Haltung die Architektur der Hinterhausbauten in den Großstädten.[61] Eine nicht ausdrückliche, aber doch unübersehbare Verbindung zum Nationalsozialismus stellte Henselmann her, indem er ihn als sich revolutionär gebende Form der Reaktion verstand. Er habe im Bereich von Kunst und Architektur versucht, die erschütterte „bürgerliche Ideenwelt" zu beruhigen: „So sehr der Nationalsozialismus sich revolutionär tarnte, hier in der Kunst tat er es nicht. In seinen Bauten versuchte er vorzuspiegeln, daß diese Ordnung gar nicht ins Wanken geraten ist. [...] Die besondere Lebensunsicherheit der Nazis, die sich nirgends den lebendigen Kräften des Lebens auszuliefern wagt, äußert sich in einer ganz bestimmten Art von Kraftprotzentum."[62] Einziger Zweck solcherart instrumentalisierter Architektur sei die Repräsentation der Macht gewesen. Aber: „Diese Pracht erwärmte uns nicht, sie ließ uns kalt – sie war kalte Pracht."[63]

Im Umgang mit der Architektur sah Henselmann den Charakter des Nationalsozialismus symbolisiert. Seine Vertreter „stellten dem Bewegungsprinzip der modernen Kunst ihr ‚ewiges Schönheitsideal' als das Prinzip der Starre entgegen. Sie behängten und bekleisterten ihre Stahl- und Betonskelette, die sie notwendig bauen mußten, mit Dekorationen aus Kalkstein und mit den Kunstformen längst ausgestorbener Epochen. Sie stellten Säulen auf, die außen recht solide und kalksteinern aussahen und deren Kern aus Eisen und Beton war. Künstlerisch gesehen ein absoluter Schwindel, wie der gesamte Nationalsozialismus."[64]

Im Zusammenhang mit späteren Entwicklungen in der DDR gesehen, machen diese Positionen aus der unmittelbaren Nachkriegszeit deutlich, wie eine Reihe von Architekten, gerade auch Henselmann selbst, nach und nach Auffassungen aufzugeben hatte, die zunächst sehr weit verbreitet als vernünftig und politisch gegeben erschienen: die Abkehr vom Monumentalen, von einem das menschliche Maß übersteigenden, auf bloße Machtsymbolik und Repräsentation angelegten Bauen. Auf andere, weniger spektakuläre Erscheinungen wie den Wohnbau und die Industriearchitektur im „Dritten Reich" ging Henselmann, wie viele andere, nicht ein.

Auch Hans Scharoun, der sich als Vertreter des Neuen Bauens in den zwanziger Jahren dem Wohnungsbau gewidmet hatte und 1945/1946 Stadtbaurat von Groß-Berlin war, sprach im Januar 1946 an gleicher Stelle das Thema Architektur und Nationalsozialismus an. Er hielt fast das gesamte Instrumentarium der Architektur durch die jüngste Vergangenheit für korrumpiert: „Mit teuflischer Konsequenz werden nicht nur Fassaden, sondern auch z. B. Verkehrsobjekte in den Dienst des Bluffs gestellt. Größe und Organisation der Stadt werden so abgestellt, daß jederzeit die erforderliche Bevölkerungszahl als Statisten bereitgestellt werden kann. Selbst die Achsen, die auf Planungen Schinkels, auf konstruktive Forderungen des Wettbewerbs von Groß-Berlin aus dem Jahre 1910 und vor allen Dingen auf die Arbeiten Martin Mächlers, die er 1927 im Berliner Glaspalast zeigte, zurückgingen, sind zu lebensfeindlichen Bestandteilen dieser Machtdemonstrationen Hitlers geworden."[65]

Scharouns knappe Äußerungen zur Situation der Gegenwart spiegeln die Suche nach dem Zeitgemäßen: „Wir haben uns die Frage vorzulegen, ob wir bei der Bevorzugung bestimmter Materialien als Folge einer neuen Bindung von Geist und Leben zu neuen Stilen kommen können. [...] Die soziale Struktur verlangt ebenso wie die kulturelle, daß auf eine ehrliche Weise zum Ausdruck gebracht wird, was wir sind. Der Beginn nach dem Zusammenbruch und – wie es scheinen will – aus einem Nichts zwingt uns, klar die Forderungen, die um die Jahrhundertwende lebendig erhoben und behandelt wurden, wieder freizulegen."[66] Der Bezug auf Ideen der Jahrhundertwende mußte auch, ohne daß Scharoun es ausdrücklich erwähnte, zurück zum Deutschen Werkbund und zum Neuen Bauen führen.

Im Sommer 1946 publizierte der Architekt Ludwig Küttner seine Gedanken zu einer „neuen Baukunst". „Für die nächsten Jahrzehnte ist nicht das Ringen um einen Stil, sondern um den Inhalt der neuen Baukunst von wesentlicher Bedeutung"[67], lautete Küttners Prophezeiung. Er hielt die Unterordnung künstlerischer, stilistischer Fragen unter die „Sozialaufgaben" des Bauens vor allem in den Bereichen Arbeit und Wohnen für dringlich.[68] Küttner erörterte ausführlich die notwendigen Überlegungen und Maßnahmen und ließ erkennen, daß auch er eine Anknüpfung am Neuen Bauen bevorzugte. Aber: „In Nebensächlichkeiten sollte man großzügig sein; wohl erzieherisch einwirken, aber nicht künstlerisch hochwertige Lösungen dort verlangen, wo wir uns mit anständiger Baugesinnung begnügen können. Soviel hervorragende Architekten haben wir nicht. Dabei aber die Scheuklappen des Denkmalschutzes ablegen und überholtes Formgefühl nicht zu neuem Leben erwecken wollen!"[69] Ein entschiedenes Eintreten für einen Bruch mit der Vergangenheit, das diesen Beitrag kennzeichnet, spricht aus vielen Äußerungen der ersten Nachkriegszeit.

Hermann Henselmann plädierte im selben Jahr für eine überlegte Planung des Aufbaus. Er sah drei zentrale Aufgaben, den Aufbau der zerstörten Städte und Dörfer, die Unterbringung der Flüchtlinge und den Bau von Bauernhöfen im Zusammenhang mit der Bodenreform.[70] Henselmann bezeichnete es als Aufgabe der Architektur, eine Änderung des gesellschaftlichen Bewußtseins, das den revolutionären Aufgaben der Zeit entsprechen solle, zu unterstützen. „Wir sind entschlossen, diesen Weg zu gehen. Und der Baukünstler wird diesen Weg ordnend abzustecken haben, indem er ihm Raum schafft."[71] Er nannte eines der Ziele: „Unsere Städte müssen endlich frei werden von dem Geiste des Festklammerns an dem Überlebten. Zunächst müssen sie locker gebaut werden, denn Sonne, Himmel und Bäume sollen auch unsere Baustoffe sein."[72]

In seinen Überlegungen zum Aufbau Berlins sprach sich Max Taut für eine Trennung von Geschäftsvierteln und Wohnbezirken aus. „Die Forderung nach Licht, Luft, Sonne für alle Wohnhäuser sowie genügend Freiflächen ist dabei oberstes Baugesetz."[73] Auch Taut knüpfte damit an die Gartenstadtideen zu Beginn des Jahrhunderts und an Prinzipien des Siedlungsbaus der zwanziger Jahre an. Er schlug außerdem eine Serienproduktion aus vorgefertigten Teilen im Siedlungsbau vor.[74]

Diese Stellungnahmen wurden überwiegend im Bereich des Kulturbundes, also einer herausgehobenen kulturpolitischen Organisation, publiziert. Sie waren somit seitens der SMAD und der von ihr eingesetzten deutschen Funktionsträger gebilligte, wenn nicht erwünschte Äußerungen zwar in einem bestimmten Rahmen, aber in einer doch recht pluralistischen Atmosphäre (auch wenn der *Aufbau* später Ziel sowjetischer Kritik wurde).

In den übrigen Besatzungszonen gab es in dieser Zeit ähnliche Stellungnahmen. Eine sich wie der *Aufbau* an ein größeres Publikum richtende kulturpolitische Zeitschrift – in den nur einen kleinen Kreis von Spezialisten erreichenden Fachzeitschriften wurden eher technische und praktische Fragen als solche nach gesellschaftlicher, politischer und kultureller Bedeutung von Architektur behandelt – waren die einem katholischen Sozialismus verpflichteten *Frankfurter Hefte*. Im ersten Heft, das im April 1946 erschien, erklärte der Architekt Otto Bartning einen „Wiederaufbau" in jeder Beziehung für unmöglich.[75] Gegen einen bloßen Aufbau des Gewesenen sprach sich auch der Herausgeber, Walter Dirks, aus und plädierte für eine gewichtige Rolle des 1933 aufgelösten und nun in der Neugründung befindlichen Werkbundes, der seit 1907 auch ein Vorläufer für Ideen gewesen war, die später am Bauhaus vertreten wurden.[76]

Von den zahlreichen Planungen zum Neuaufbau zerstörter Städte betraf ein großer Teil Berlin. Neben den Vorschlägen Tauts und anderer, die nur geringe Beachtung fanden, erlangten zwei Pläne Bedeutung: der von einer Gruppe um Hans Scharoun seit Mitte 1945 ausgearbeitete sogenannte „Kollektiv-Plan" und der „Zehlendorfer Plan". Sie wurden in Ausstellungen auch der Öffentlichkeit vorgestellt.[77] Scharoun verteidigte die Großstadt als Lebens- und Siedlungsform und sah im Aufbau nach dem Krieg die Möglichkeit, eine „Stadtlandschaft" nach dem Vorbild Prags zu gestalten.[78]

Bereits 1946 wurde eine Reihe von Wettbewerben ausgeschrieben, unter anderem für die Stadtzentren von Chemnitz, Magdeburg, Merseburg und Rostock und einen Gesamtentwurf für Leipzig.[79] Gebaut wurde indessen wenig. Es fehlten sowohl Fachkräfte als auch Materialien, und so war die Instandsetzung beschädigter Gebäude häufig das zunächst Notwendige und Mögliche. Zusätzlich zum Aufbau der Städte wurden in der SBZ besonders Planung und Bau von „Neubauernhöfen" in den Vordergrund gestellt, die im Zuge der Bodenreform – teilweise in „Musterdörfern" – errichtet werden sollten.[80]

Ein vorherrschendes architektonisches Leitbild läßt sich für diese Zeit kaum bestimmen. Unter denen, die wesentliche Planungen vorlegten und die sich an exponierter Stelle äußerten, wird am ehesten eine Orientierung an Vorstellungen aus dem Deutschland vor 1933, besonders am Neuen Bauen, deutlich.[81] Dies hängt auch mit dem Personenkreis zusammen, der seit 1945 in der sowjetischen Zone hauptsächlich mit Architektur befaßt war, und mit der Stimmung der Zeit, in der konservative Auffassungen wenig opportun erscheinen mußten.

Daneben gab es auch Konzeptionen, die einen Wiederaufbau der historischen Struktur verfolgten und Pläne für die vollständige Neugründung von Städten.[82] Auch die „Charta von Athen" hatte Einfluß auf die Planungen. In ihr hatten die Congrès Internationaux d'Architecture Moderne (CIAM) 1933 eine Trennung der Stadtfunktionen Wohnen, Arbeit, Erholung und Verkehr propagiert. 1943 war sie von Le Corbusier überarbeitet und in einer radikaleren Fassung popularisiert worden.[83]

Orientierungsversuche 1947 bis 1949

Tradition und Vorbilder: Denkmalpflege – Bauhaus und Neues Bauen – Blicke ins Ausland

Die Denkmalpflege, deren Arbeit die Kriegszerstörungen in großem Ausmaß zunichte gemacht hatten und deren Aufgaben angesichts dieser Verluste eine neue Qualität bekommen hatten, näherte sich mit ihren herkömmlichen Ansätzen der neuen Situation.

Der Bonner Kunsthistoriker und Denkmalpfleger Paul Clemen gehörte zu den Fachleuten, die Anfang 1947 in der Leipziger *Zeitschrift für Kunst* zu Wort kamen. Clemen, der mit Blick auf das Ausmaß der Kriegszerstörungen zugestand, das Wort „Denkmalpflege" erscheine vielen wie ein Hohn, plädierte dennoch für eine weitgehende Wiederherstellung des Zerstörten. Sein Verständnis von Aufbau übertrug im Prinzip traditionelle denkmalpflegerische Konzepte in einen größeren Maßstab.[84]

Am selben Ort äußerte sich Gerhard Strauß als „Referent für bildende Kunst in der Zentralverwaltung der SBZ" mit einem anderen Akzent zu den Aufgaben künftiger Denkmalpflege in Deutschland. Sie müsse „den Willen haben, der Schaffung einer neuen Ordnung dienstbar zu sein, die nach dem Zusammenbruch des Jahres 1945 nicht mehr erstehen kann aus der Wiederherstellung eines alten Ordnungsbildes, sondern nur als das Ergebnis der Überwindung des Vergangenen"[85]. Eine „politisch unwirksame" Denkmalpflege gebe es nicht, sagte Strauß und verwies auf nationalstaatliche, patriotische, auch nationalistische Tendenzen der deutschen Denkmalpflege in der Vergangenheit. Beim Wiederaufbau müsse ein Nebeneinander von Altem und Neuem entstehen. In einem Punkt jedoch hielt Strauß Kompromißlosigkeit für angebracht, bei der „Beseitigung faschistischer und militaristischer Denkmäler"[86]. Er bezweifelte die Fähigkeit der Deutschen, nach so kurzer Zeit bereits immun gegenüber Ästhetik und Inhalt solcher Objekte geworden zu sein. Schon 1945 hatten die Sowjets Albert Speers Neue Reichskanzlei im Ost-Sektor von Berlin gesprengt. Die Denkmalpflege, so Strauß, solle eingebunden werden in die Gestaltung des zukünftigen Deutschland. Sie werde „alles tun müssen, was diesem Kommenden den Weg erleichtert, und alles unterlassen, was geschichtshemmende Wirkung haben könnte"[87].

Im Fall der Dresdener Frauenkirche plädierte in diesem Zusammenhang ein Autor dafür, „daß die Ruine stehen bleibe als Zeuge einer großartigen Bauidee und zur Mahnung an Schuld und Sühne unseres Volkes"[88]. So ist es schließlich auch geschehen. In eine ähnliche Richtung, in seiner Radikalität allerdings untypisch, ging der Vorschlag, den Eberhard Hempel 1948 machte. Er versuchte, den Kriegszerstörungen auch einen positiven Aspekt abzugewinnen, und sprach sich dafür aus, die Ruinen in den Städten weitgehend zu belassen und in die Planung des zukünftigen Stadtbildes einzubeziehen. „Manche Teile unserer Innenstädte", prophezeite Hempel, „werden dem Forum Romanum gleichen."[89] Er fand für seine Ideen auch einen Platz im Konzept einer zukünftigen Gesellschaft: „Die Zeugen der Vergangenheit dürfen unser Leben nicht beherrschen, aber sie müssen doch hineinwirken, da in ihnen das Fundament, auf dem auch unsere Gegenwart ruht, sichtbar wird."[90]

In der Praxis stand früh die Wiederherstellung solcher Bauten im Vordergrund, die als bedeutende Kulturstätten angesehen wurden. Arbeiten am Dresdener Zwinger, der Wiederaufbau des Goethehauses in Weimar (bis 1949) und des Weimarer Nationaltheaters mit einer schlichten, klar gegliederten Neugestaltung des Inneren (bis 1948) gehören zu den wichtigsten Maßnahmen dieser Zeit. Die Begründung, die der Weimarer Regierungsoberbaurat Toni Schwarzbach 1948 für den Wiederaufbau des Goethehauses gab, ist typisch für die Rhetorik im Zusammenhang mit Objekten, die als bedeutende nationale Denkmäler verstanden wurden: „Es gilt [...] in dem Erbe und Vermächtnis des großen Weimaraners für das ganze deutsche Volk die Verpflichtung zu sehen, nicht zuzulassen, daß Deutschland geteilt werde in Ost und West. Das Weimar Goethes im Herzen Deutschlands muß frei bleiben von allen Zonenbegrenzungen und Beschränkungen, allen Deutschen ein Kulturzentrum."[91] Zugleich ist diese Zeit gekennzeichnet durch den rigorosen Abriß von Gutshäusern und anderer Beispiele für den architektonischen Ausdruck sozialer Verhältnisse, die als unvereinbar mit der angestrebten Gesellschaftsordnung galten.

Unter den Architekten richtete sich ein besonderes Interesse auf das Neue Bauen der zwanziger und dreißiger Jahre und seine Weiterentwicklung in den USA und verschiedenen europäischen Staaten bis in die vierziger Jahre. Vor allem das Bauhaus schien zunächst idealtypisch die zeitgemäßen technischen, ästhetischen, gesellschaftlichen und politischen Ideen zu verkörpern.

Besonders zwei Zeitschriften, die 1949 das Erscheinen in ihrer ursprünglichen Form mit durchaus pluralistischem Charakter einstellen mußten, brachten das Bauhaus in eine Diskussion, die über die engen Fachkreise hinausging, das *Forum* und die *bildende kunst*. Die in Berlin mit sowjetischer Lizenz erscheinende *bildende kunst*, herausgegeben von den Malern Karl Hofer und Oskar Nerlinger, in deren Beirat unter anderen Hermann Henselmann, Max Pechstein und Max Taut saßen, veröffentlichte verschiedene Beiträge zum Bauhaus. Die sich besonders an Studenten wendende Zeitschrift *Forum*, zunächst auf Gemeinsamkeiten im Hochschulleben aller Besatzungszonen ausgerichtet, betonte später stärker die Konfrontation mit dem Westen, bis sie 1949 ihren unabhängigen Charakter verlor und zum Organ der FDJ wurde. Im August 1947 wagte das *Forum* einen „Blick in die Zukunft": ein „neuzeitlicher Hochschulbau" auf der Grundlage einer Zeichnung des Architekten und ehemaligen Bauhausstudenten Hubert Hoffmann erschien auf dem Titelblatt.[92] Die Redaktion würdigte das Bauhaus in künstlerischer Hinsicht – „Nachahmung historischer Stilarten, das sinnlose Ornament wurden bekämpft" – und als „wirkliche sozialistische Arbeitsgemeinschaft", als „Erziehungsstätte im Geiste der Demokratie und des Sozialismus"[93].

Diese Charakterisierungen unterstellten, auch wenn sie viel Zutreffendes besitzen, eine geschlossenere und eindeutigere Ausrichtung der Schule, als sie in Wirklichkeit bestanden hatte. Vermutlich dienten diese Formulierungen auch zur Werbung bei den politisch

Verantwortlichen, denn die Zeitschrift plädierte dafür, das Institut neu zu gründen, um „seine pädagogischen Erfahrungen für den geistigen Neuaufbau Deutschlands anzuwenden"[94]. Tatsächlich gab es in Dessau zeitweilig Überlegungen, das Bauhaus wiederzugründen, an denen Hubert Hoffmann als städtischer Baurat wesentlich beteiligt war. Die Initiative ging von dem Dessauer Anwalt Fritz Hesse (LDP) aus, der von 1929 bis 1933 Oberbürgermeister der Stadt gewesen war und dieses Amt 1945/1946 erneut versah. Hesse hatte 1925 die Übernahme des Weimarer Bauhauses nach Dessau durchgesetzt, scheiterte jedoch nach dem Krieg mit dem Plan einer Neugründung.[95] Hermann Henselmann beabsichtigte als Leiter der Kunsthochschule in Weimar ebenfalls eine auch äußerliche Anlehnung an diese Tradition, indem er seinem Institut den Namen „Bauhaus" geben wollte, was er dann mit Rücksicht auf die Dessauer Pläne unterließ.[96]

Zur geplanten Wiedergründung des Bauhauses veröffentlichte die Zeitschrift *bildende kunst* 1947 einen Beitrag von Gustav Hassenpflug. Der ehemalige Bauhausstudent gab einen Überblick über die Geschichte der Schule und verwies auf die Vielfalt der an ihr vertretenen Ideen und Praktiken. Bei einer Neugründung gelte es, nicht das alte Bauhaus „zu kopieren und kritiklos an eine Entwicklung anzuknüpfen, die 1933 abbrach"[97]. Dies traf freilich nur auf Deutschland zu. Die Weiterentwicklung von Bauhauskonzepten hatte sich nach 1933 im Ausland, namentlich mit dem „New Bauhaus" unter László Moholy-Nagy in den USA und durch andere prominente Emigranten wie Walter Gropius, vollzogen. Hassenpflug meinte, daß trotz den gegenüber der Weimarer Republik veränderten künstlerischen, politischen und wirtschaftlichen Voraussetzungen „die zwei wesentlichen neuen Prinzipien des Bauhauses, das pädagogische Prinzip der Erziehung des schöpferischen Menschen und das praktische Prinzip der Prägung des Menschen, der zwischen Kunst und Industrie, zwischen Intuition und exakter Forschung vermittelt, im neuen Deutschland zum Nutzen des Wiederaufbaues fortgeführt werden sollten"[98].

In derselben Zeitschrift gab ein Jahr später Ernst Wüsten einen Überblick über die Entstehungsgeschichte des Neuen Bauens bis hin zum Deutschen Werkbund, als dessen Ausgangspunkt er auch eine Kritik am Kapitalismus erkannte, und zum Bauhaus.[99]

Das *Forum* konnte mit seiner Forderung von 1947 wohl durchaus für einen großen Teil der Studenten sprechen. 1948 knüpften die

Studierenden der Weimarer Hochschule für Baukunst und Bildende Künste in einer Resolution ausdrücklich an das Institut, das 1919 am selben Ort gegründet worden war, und „an die Tradition seiner klarsten demokratischen und baukünstlerischen Kräfte"[100] an. Sie schlugen eine Zusammenarbeit mit dem Ausland vor: „Insbesondere denken wir dabei neben der UdSSR an die Volksdemokratien (v. a. Polen, Ungarn, die CSR) sowie die Schweiz, Frankreich, England, Schweden, Finnland und die USA."[101]

Auch der Kulturbund gab Raum für die Würdigung des Bauhauses und seiner Protagonisten. Diese Tradition wiederaufzunehmen, riet Hoffmann noch einmal 1948 im *Aufbau* aus Anlaß des 65. Geburtstages von Walter Gropius. Dessen Ideen seien nach wie vor aktuell: „Wenn man Gropius' programmatische Aufsätze und Aufrufe aus der Zeit des früheren bauhauses liest, könnte man meinen, sie seien heute geschrieben [...]."[102]

Zur Orientierung nach dem Ende der Isolation 1945 richtete sich verständlicherweise ein starkes Interesse auf das Ausland. „Der Nichtfachmann ahnt ja kaum", schrieb 1948 der junge Architekt Günther Kühne, „wie weit wir gerade im Bauen gegenüber der Welt in den Rückstand geraten sind. [...] Und 1945 war es keineswegs so, daß mit einem Ruck die Fenster in die vier Himmelsrichtungen aufgestoßen worden sind, um Weltluft einzulassen."[103] Gerade für diejenigen, die ihre Ausbildung im „Dritten Reich" erhalten hatten, sei die Kenntnis ausländischer Architektur notwendig, um den Anschluß an ein modernes Bauen zu erreichen.

Im Frühjahr 1949 war eine Wanderausstellung über schweizerische Architektur im Gespräch. Die *bildende kunst* fällte ein sehr positives Urteil, besonders über den menschlichen Maßstab der Bauten, die das Gegenteil von der im nationalsozialistischen Deutschland bevorzugten Monumentalität verkörperten. Diese Architektur wurde als gelungene Weiterentwicklung des Neuen Bauens angesehen.[104]

Zu den Ländern, deren Architektur besonderes Interesse galt, gehörten die Vereinigten Staaten. Über „Amerikanische Baugesinnung" äußerte sich 1947 Siegfried Scharfe in der *Zeitschrift für Kunst*. Er gab ein differenziertes Bild der vorherrschenden amerikanischen Auffassungen von Architektur, die er als insgesamt eher konservativ ansah. Aus einer zugespitzten Gegenüberstellung von amerikanischem und europäischem Bauen gelangte er zu dem Schluß, daß beide einen wichtigen Beitrag zur Entwicklung der Architektur leisten könnten: „Man ist versucht zu sagen, daß die technische Unerbittlichkeit des Amerikaners mit der Unerbittlichkeit des Europäers in künstlerischen Dingen eine in sich geschlossene und überzeugende Architektur der Gegenwart zu schaffen in der Lage sein müßte."[105]

Auch Hermann Henselmann thematisierte Anfang 1948 die Möglichkeit und Notwendigkeit, sich mit der Kultur des Auslands, zunächst besonders der Besatzungsmächte, auseinanderzusetzen. Der Architekt sprach am Beispiel der Literatur und der bildenden Kunst auch die daraus erwachsenden Probleme an: „Die sowjetische Kunst stellt sich uns vor mit der Vokabel ‚sozialistischer Realismus', und die Amerikaner treten mit einer besonderen Art von Verismus auf, der an die amerikanische Literatur erinnert, die großen Eindruck auf uns machte genau wie die sowjetische Literatur, bevor sie von den Nazis auf den Index gesetzt wurde. Doch wir merken bereits jetzt, daß diese Begegnung zwar notwendig ist und uns auch zur Dankbarkeit veranlaßt für die Bemühungen, auch im Menschlichen Wirkungen zu gewinnen, aber daß wir mit diesen Dingen doch unmittelbar nichts anfangen können. Wir benötigen eigene Formen, eigene Inhalte."[106] Diese recht distanzierte Haltung gegenüber der Kultur der Besatzer läßt sich bei vielen Deutschen feststellen. Auch bei Henselmann galt sie nicht nur den Amerikanern: „Der sowjetische sozialistische Realismus ist besonders der künstlerischen Jugend kein Kompaß, an dem sie sich ohne weiteres orientieren könnte, da ihr weder der Sozialismus, noch der Realismus so feste Begriffe geworden sind, daß sie aus ihnen künstlerische Inhalte entwickeln könnte. [...] Dieses sozialistische Weltbild ist seiner Natur nach optimistisch und steht im krassen Gegensatz zu dem depressiven Verismus der Amerikaner. Es ist kein Wunder, daß dieser Optimismus in der gegenwärtigen Situation der deutschen Intelligenz, besonders dort, wo sie nicht sozialistisch ist, unverständlich ist und – gestehen wir es offen – ziemlich auf die Nerven geht."[107] Henselmann zog aus seinem entschiedenen Urteil die nicht weiter präzisierte Folgerung: „Niemand wird uns die Sorge für den eigenen künstlerischen Ausdruck abnehmen können."[108]

Weit weniger skeptisch, manchmal geradezu hymnisch äußerten sich andere Autoren. Inge von Wangenheim schrieb Anfang 1948 über die Architektur in der sowjetischen Hauptstadt. In den zwanziger Jahren seien funktionalistische Bauten in der UdSSR von der Bevölkerung nicht angenommen worden. Die neue Architektur solle nun „auch das Pathos des sozialistischen Moskaus widerspiegeln, das unbeirrbare tapfere und gleichmäßige Pochen dieses großen Herzens der Sowjetunion. Der Moskauer Bürger wünscht, in seinen sozialistischen Bauten den Reichtum seiner Gesellschaft nicht nur im Reichtum der Baumaterialien, sondern auch im Reichtum der architektonischen Ausdrucksformen wiederzufinden"[109], begründete die Autorin die ornamentbeladene Monumentalarchitektur, die seit den dreißiger Jahren üblich war. In dem Bemühen, den Vorbildcharakter der Sowjetunion hervorzuheben, verschaffte sie dem Leser ein idealisiertes Bild der Wirklichkeit: „Die Menschen siedeln sich nicht mehr entsprechend ihrer sozialen Klassifikation an, sondern ausschließlich entsprechend ihren Bedürfnissen."[110]

Gelegentlich richtete sich der Blick auch auf das übrige sozialistische Ausland. 1949 gab die *bildende kunst* einen Bericht des Leiters des neu gegründeten Staatlichen Planungsinstituts in Ungarn, Imre Perényi, über die Tätigkeit dieser Einrichtung wieder. Perényi ließ hinsichtlich der Entwicklung in seinem Land viele Möglichkeiten offen: „Wie die Architektur der aus der Volksdemokratie in den Sozialismus übergehenden Gesellschaft sein wird, das wird erst die Zukunft zeigen. Eins ist aber sicher, daß uns bei unseren Plänen das Denken an die Arbeitenden dieser Gesellschaft und der Gedanke des Dienens für diese Menschen geführt hat [...]."[111]

Positionen zu Fragen einer zukünftigen Architektur

Beiträge, die sich eingehender mit Beschaffenheit und Funktionen einer zukünftigen Architektur in Deutschland befaßten, stellten verständlicherweise oft den Städtebau in den Mittelpunkt. Der Architekt Kurt Junghanns plädierte 1947 im *Aufbau* für einen „lebendigen Städtebau". Er kritisierte den meist fehlenden Bezug zur Natur, die vorrangige Ausrichtung am Straßenverkehr und Einförmigkeit und Schematismus im modernen Wohnungsbau. Junghanns formulierte das Ziel, durch eine Trennung des Wohnbereichs, wie auch anderer Lebensbereiche, vom Verkehrsbereich – hier sind ungenannt Grundsätze der „Charta von Athen" eingeflossen – „dem Menschen wieder einen Stadtraum zu schaffen, in dem allein sein Maßstab gilt"[112].

Ludwig Küttner, der sich im Sommer 1946 noch nicht näher mit Stilfragen hatte auseinandersetzen wollen, äußerte sich Anfang 1947 über den „kommenden Baustil". Seine Ausführungen blieben allgemein. Er glaubte zwar, man stehe „im Anfang einer völlig neuen Stilperiode der Baukunst"[113], die sich seit einigen Jahrzehnten weltweit mit der gewandelten Technik anbahne, aber er nannte keine Charakteristika dieses neuen Stils. Küttner verwies zwar auf Frank Lloyd Wright, Le Corbusier und Ludwig Mies van der Rohe und fügte hinzu, es sei „entscheidend für die Entwicklung der Baukunst, daß sie nicht aus Formalismus entwickelt wird"[114]. Das blieb jedoch, da es nicht weiter erläutert wurde, eine Floskel. Selbst was unter Stil zu verstehen sei, versteckte Küttner hinter Formulierungen wie „Baustil ist in seinem Kern weniger Stil (= Form), sondern mehr Haltung und zugleich Entwicklung"[115]. Das meiste blieb verschwommen, die unpräzise Kritik am „Formalismus", die gelegentlich eingefügt wurde, wirkt pflichtgemäß.

Die in vielen Äußerungen erkennbare, aber selten ausgesprochene Erkenntnis über die Einflüsse der Umwelt auf den einzelnen und die Gesellschaft formulierte 1948 Hubert Hoffmann: „Kein anderer Zweig der Kunst ist demnach auch in der Lage, den Menschen so nachhaltig zu beeinflussen wie die Kunst des Raumes."[116] Daß sich das deutsche Volk auch von der Ästhetik des Nationalsozialismus verführen ließ, „daß es sich von jenen billigen Äußerlichkeiten bestechen ließ und ‚sinnentaub' in die Katastrophe hineinrannte"[117], nahm Hoffmann als ein Beispiel für die Einflußmöglichkeiten durch Architektur. Er schloß sich auch der in dieser Zeit häufig anzutreffenden Kritik an der Großstadt an. Wie viele begriff Hoffmann die Situation als Chance, „den Strich zu ziehen zwischen der Vergangenheit einer aus egoistischer Gewinnsucht entstandenen Ballung und der kommenden, dem Wohl des Menschen dienenden Stadt"[118].

In einem eigentümlichen Mißverhältnis kennzeichnen, während die theoretischen Äußerungen über Charakter und Funktion von Architektur oft allgemein, wenn nicht verschwommen blieben, zugleich zahlreiche konkrete Entwürfe diese ebenso planungsfreudige wie bauarme Zeit. Es mag jedoch eine ganze Reihe von Architekten der Ansicht ihres Kollegen Günther Kühne gewesen sein, der 1948 hervorhob, viele Pläne seien weniger zur Ausführung bestimmt, sondern hätten in erster Linie den Charakter von Diskussionsbeiträgen.[119]

Ein Beispiel aus der baulichen Praxis sei genannt. Es steht für den Versuch, zu einer politischen Maßnahme auf dem Weg zur sozialistischen Gesellschaft, der Einrichtung der „demokratischen Einheitsschule" durch Ländergesetze im Frühjahr 1946, eine angemessene architektonische Form zu finden. Robert Lenz erläuterte 1948 anhand von Planungen für eine Zentralschule in Storkow bei Berlin und eine Einheitsschule in Gotha die Konzeption einer „Jugendstadt" im Pavillonbau. Sie sollte den Großanlagen eine differenzierte Gliederung geben. Die Schulen sollten Räume erhalten, „in denen eine natürliche Atmosphäre für eine selbstverständliche demokratische Erziehung herrscht"[120].

Die Architekturdiskussion und Entwicklungen in der Kulturpolitik

Kulturpolitische Maßnahmen im Bereich der Architektur richteten sich 1947 auf eine Erweiterung des Lehr- und Forschungsbetriebs. Neben der Hochschule für angewandte Kunst in Berlin-Weißensee, der Akademie der bildenden Künste und der Hochschule für Werkkunst in Dresden nahmen verschiedene Fachingenieurschulen den Lehrbetrieb auf. Bereits 1946 war unter anderem die Hochschule für Baukunst und Bildende Künste in Weimar wiedereröffnet worden. Einem stärkeren Einfluß der Besatzungsmacht sollten seit Februar 1947 das „Haus der Kultur der Sowjetunion" und die im Juni des Jahres gegründete „Gesellschaft zum Studium der Kultur der Sowjetunion" in Berlin dienen. Ausstellungen sowjetischer Kunst und Architektur hatten denselben Zweck.[121]

1948 kam es in der SBZ zum ersten Mal zu scharfen publizistischen Auseinandersetzungen um Charakter und Aufgaben von bildender Kunst. Besonders Äußerungen von seiten der SED richteten sich gegen zahlreiche Aspekte der Moderne.[122] Die Architektur war noch nicht Gegenstand solcher Diskussionen. Auch als der sowjetische Kulturoffizier Alexander Dymschitz im November des Jahres in der *Täglichen Rundschau* die „formalistische Richtung in der deutschen Malerei" attackierte, war die Architektur noch nicht betroffen. Dymschitz verurteilte „alogische Kombinationen monströser Seltsamkeiten und scheußlicher Naturalismen" in dem „kranken Schaffen Marc Chagalls". Bei Picasso stellte er einen „augenscheinlichen Antihumanismus" fest.[123] Von den deutschen Künstlern geriet besonders Karl Hofer, dessen Stil sich als expressiver Realismus bezeichnen läßt, an den Pranger: „Aber welcher Mensch, der wirklich in und mit der Zeit lebt, erkennt sich bei der Betrachtung dieses Karnevals der Mißgeburten in den tragischen Masken Karl Hofers?"[124] Folgen für die Architektur hatte die Anti-Formalismus-Kampagne erst in den folgenden Jahren. Das mag mit der Schwierigkeit zusammenhängen, einen „sozialistischen Realismus" in der Architektur zu definieren, und mit der Tatsache, daß bis dahin erst wenige Planungen verwirklicht worden waren.

Der Grund für eine restiktivere Kulturpolitik, die auf eine politisch zweckgerichtetere und stärker an der Sowjetunion orientierte Kunst zielte, wie sie auch auf der „Ersten Zentralen Kulturtagung der SED" im Mai 1948 deutlich wurde[125], war vor allem der beginnende Kalte Krieg. Mit der Bildung eines eigenen Magistrats für den sowjetischen Sektor Berlins während der fast elfmonatigen Blockade am 30. November 1948 und dem Ende einer einheitlichen Verwaltung der gesamten Stadt wurden mit der Zeit auch die intensiven städtebaulichen Planungen für Groß-Berlin hinfällig. Trotzdem arbeitete man noch längere Zeit im Osten wie im Westen an Konzeptionen für eine ungeteilte Metropole, während die politische Entwicklung auf absehbare Zeit eine Zukunft der Stadt als Zentrum eines einheitlichen deutschen Staates immer unwahrscheinlicher werden ließ.

1948 stand ein unter der Leitung von Karl Bonatz entwickelter Gesamtplan für Berlin im Vordergrund. Ihm lag ein zentralisierendes, damit im ganzen traditionelleres Konzept zugrunde, während der unter Hans Scharoun entwickelte Kollektiv-Plan von 1945/1946 noch eine „Band-Struktur" mit einer sich in west-östlicher Richtung hinziehenden Gliederung der Stadt vorgeschlagen hatte, die eher im Sinne der „Charta von Athen" entstanden war. 1949 billigte die Ost-Berliner Stadtverordnetenversammlung einen Gesamtaufbauplan als Weiterentwicklung der verschiedenen Vorläufer, der jedoch bis zur Wende in der Baupolitik der DDR im Jahr 1950 nur zu einem ganz geringen Teil verwirklicht wurde.[126]

Unter den zahlreichen Einzelwettbewerben betraf ein wichtiger die Gestaltung des Zentrums von Berlin in der Umgebung des Zoos. Als die Zeitschrift *bildende kunst* 1948 Wettbewerbsentwürfe vorstellte, übte die Redaktion deutliche Kritik an den Vorschlägen und Erklärungen der Architekten, die sich wenig Gedanken über Besonderheiten der Architektur in einer aufzubauenden sozialistischen Gesellschaft gemacht hätten. Moniert wurde an den Plänen, „daß keiner von ihnen auf dem gedanklichen Boden der gesellschaftlichen

Entwicklung aufgebaut ist, den wir als den allein tragfähigen Baugrund unserer Zukunft ansehen". Die Entwürfe, die das Planungsgebiet als „Zentrum eines luxuriösen Geschäfts- und weltstädtischen Vergnügungslebens" verstanden hätten, stießen auf Ablehnung, denn: „Der Geist, mit dem wir den architektonischen Neubau Berlins in allen seinen Stadtvierteln beinhaltet wünschen, muß den sozialen Bedürfnissen und Forderungen *aller* Schaffenden gerecht werden. Architektur ist gebaute Weltanschauung."[127]

Als im August 1949 in der SBZ erstmals die Nationalpreise verliehen wurden, kritisierten deutsche und sowjetische Funktionäre erneut die bildende Kunst der Zeit scharf. Gleichzeitig betonte eine große Ausstellung sowjetischer Malerei zum ersten Mal mit besonderem Nachdruck den Vorbildcharakter dieser Kunst. Die meisten Kunsthochschulen schlugen einen eng am Realismus orientierten Kurs ein.[128]

Ein Austausch zwischen Westen und Osten fand bis Ende der vierziger Jahre statt. So war auf der Ausstellung „Deutsche Architektur seit 1945", die vom 14. Mai bis 3. Juli 1949 in Köln als erste große Präsentation dieser Art im Nachkriegsdeutschland stattfand, eine Reihe von Architekten aus der SBZ vertreten.[129] Ähnliches gilt für die Beteiligung an Planungswettbewerben und für die Publikationstätigkeit in Zeitschriften. Die SBZ war bereit, auch Architekten aus dem Westen heranzuziehen, wenn sie als „fortschrittlich" und „antifaschistisch" angesehen werden konnten. Dazu zählten Otto Haesler, die Brüder Hans und Wassili Luckhardt, Ernst May, Hans Scharoun, Max Taut und Heinrich Tessenow, unter ihnen auch solche, die sich nicht ausdrücklich zum Sozialismus bekannten.[130]

Solange ein gewisses Maß an Offenheit herrschte und eine auf Deutschland als Ganzes zielende Politik nicht ausschließlich Rhetorik war, solange die Sowjetunion noch unterschiedliche Wege zum Sozialismus als möglich ansah und eine stärkere Eingliederung des östlichen der beiden entstehenden deutschen Staaten in den Machtbereich der UdSSR sich erst abzuzeichnen begann, wurde diese Praxis geübt. Um 1949, spätestens mit der Gründung zweier deutscher Staaten und der sich verschärfenden Konfrontation der Systeme, schien der ostdeutschen Führung die vergleichsweise offene Kulturpolitik nicht mehr geboten. „Verglich man sie mit der Situation im stalinistischen Mutterland", meint Jäger, „mußte sie ohnehin als systemwidrig gelten."[131] Sie wurde endgültig aufgegeben, als die führende Rolle der SED durchgesetzt war, als die Einheitspartei ihre Phase der Umgestaltung zu einer „Partei neuen Typus" abgeschlossen hatte und als die SBZ, nachdem dieser Terminus lange Zeit vermieden worden war, den Charakter einer „Volksdemokratie" anzustreben begann.[132]

Architektur „in nationaler Tradition" 1950 bis 1954

Programmatischer und organisatorischer Rahmen

Bis zur Gründung der DDR hatten sich die Besatzungsmacht und die Partei in ihren kulturpolitischen Äußerungen selten ausdrücklich mit Architektur befaßt. Es hatten sich höchstens aus allgemeineren Stellungnahmen auch Bezüge zur Architektur herstellen lassen. Die Veränderungen, die mit der Architekturpolitik nach 1949 einsetzten, werden heute nahezu einhellig als grundlegende Wende angesehen.[133] Im ganzen von sehr klaren Vorstellungen geleitet, ergriff die SED nun konsequent und mittels eines straffen Zentralismus Maßnahmen und schuf Institutionen, um sie durchzusetzen.

Mit Gründung der DDR wurde ein „Ministerium für Aufbau" unter der Leitung von Lothar Bolz eingerichtet.[134] Bolz unternahm Anfang 1950 mit einigen führenden Architekten eine Reise in die Sowjetunion, die entscheidenden Einfluß auf die zukünftigen Positionen hatte.[135]

Am 27. Juli 1950 beschloß der Ministerrat „Die sechzehn Grundsätze des Städtebaues", die am 6. September zusammen mit dem „Gesetz über den Aufbau der Städte in der Deutschen Demokratischen Republik und der Hauptstadt Deutschlands, Berlin" („Aufbaugesetz") von der Volkskammer verabschiedet wurden.[136] Sie bildeten in den folgenden Jahren die Grundlage für alle Tätigkeit auf dem Gebiet der Architektur der Stadt. „Die Stadtplanung und die architektonische Gestaltung unserer Städte", heißt es in den „Grundsätzen", „müssen der gesellschaftlichen Ordnung der Deutschen Demokratischen Republik, den fortschrittlichen Traditionen unseres deutschen Volkes sowie den großen Zielen, die dem Aufbau ganz Deutschlands gestellt sind, Ausdruck verleihen."[137] Sie formulieren ein deutliches Primat der Stadt als „wirtschaftlichste und kulturreichste Siedlungsform", die dem Anspruch der Menschen auf „Arbeit, Wohnung, Kultur und Erholung" gerecht werden müsse.[138]

Besondere Bedeutung erhielt der Stadtkern: „Das Zentrum der Stadt ist der politische Mittelpunkt für das Leben seiner Bevölkerung. Im Zentrum der Stadt liegen die wichtigsten politischen administrativen und kulturellen Stätten. Auf den Plätzen im Stadtzentrum finden die politischen Demonstrationen, die Aufmärsche und die Volksfeiern an Festtagen statt. Das Zentrum der Stadt wird mit den wichtigsten und monumentalsten Gebäuden bebaut, beherrscht die architektonische Komposition des Stadtplanes und bestimmt die architektonische Silhouette der Stadt. [...] Das Antlitz der Stadt, ihre individuelle künstlerische Gestalt, wird von Plätzen, Hauptstraßen und den beherrschenden Gebäuden im Zentrum der Stadt bestimmt (in den größten Städten von Hochhäusern). Die Plätze sind die strukturelle Grundlage der Planung der Stadt und ihrer architektonischen Gesamtkomposition."[139] Diese Auffassungen wurden sehr weitgehend, zum Teil bis in die Formulierungen übereinstimmend, von Vorstellungen im sowjetischen Städtebau geprägt.

Die „Grundsätze" waren eine Absage an die Auffassungen der CIAM aus den dreißiger und vierziger Jahren. Sie waren, wie Bolz formulierte, „eine entschiedene Erklärung gegen die Auflösung der Stadt, denn das Zentrum hält sie zusammen; gegen eine öde Gleichmacherei und falsch verstandene ‚Demokratie', gegen „Formalismus", „Konstruktivismus" und „Kosmopolitismus"[140]. Auch andere, seit Beginn des Jahrhunderts aufgekommene, sich als fortschrittlich verstehende Konzepte, besonders die Gartenstadtidee, wurden abgelehnt: „Schließlich kann man keine Gartenstadt bauen, ohne ihre Bevölkerung politisch zu demoralisieren. Nicht umsonst ist die Gartenstadt das Ideal amerikanischer und englischer Polizeipräsidenten; denn ihr Ziel ist es, den arbeitenden Menschen in einen Karnickelzüchter und Blumenkohlbauer zu verwandeln und ihn jedenfalls nicht zum Teilnehmer politischer Demonstrationen werden zu lassen."[141]

Das „Aufbaugesetz" erklärte die sechzehn „Grundsätze" zur Basis für Planung und Aufbau der Städte (§ 7). Neben Berlin waren Dresden, Leipzig, Magdeburg, Chemnitz, Dessau, Rostock, Wismar und Nordhausen als Schwerpunkte vorgesehen (§ 3). Die Erklärung umfangreicherer Flächen (von Ortsteilen bis zu Kreisen) zu „Aufbaugebieten" sollte, teilweise nach Enteignung, das Planen in einem größeren Zusammenhang möglich machen (§ 14). Das Gesetz sah außerdem die Gründung einer „Deutschen Bauakademie" vor, die dem Aufbauministerium unterstellt werden sollte (§ 12). Hervorgegangen aus dem Institut für Städtebau und Hochbau beim Ministerium für Aufbau und dem Institut für Bauwesen bei der Deutschen Akademie der Wissenschaften, wurde die Bauakademie zur zentralen Forschungs- und Planungsinstitution der DDR. Ihr erster Präsident war von 1951 bis 1961 Kurt Liebknecht. Mit der Zeitschrift *Deutsche Architektur* gab die Bauakademie von 1952 an das maßgebliche Organ im Bereich der Architektur heraus. Sie sollte, so Liebknecht im Dezember 1951, der „Entwicklung und Popularisierung eines fortschrittlichen Städtebaus und einer deutschen Architektur"[142] dienen. Neben der Bauakademie wurde der 1952 gegründete Bund Deutscher Architekten (BDA) unter seinem ersten Präsidenten Hanns Hopp zur wichtigsten Organisation auf diesem Gebiet.

Anläßlich der Eröffnung der Bauakademie sagte Walter Ulbricht am 8. Dezember 1951 Grundsätzliches zur Architektur. Sie solle als Kunst verstanden werden, in Ablehnung des „Formalismus" als eine „nationale Architektur" aus dem kulturellen Erbe entwickelt werden und zugleich die „wegweisende Rolle der Sowjetarchitektur" berücksichtigen.[143] Grundlegende Aufgabe der Architektur sei es, „dem arbeitenden Menschen im Wohnhaus, im Industriewerk, im Kulturhaus wie durch die Planung des Verkehrswesens die günstigsten Bedingungen für die Arbeit, für sein Familienleben und für die Befriedigung seiner kulturellen Bedürfnisse zu schaffen und gleichzeitig seinen Sinn für das Schöne zu entwickeln"[144].

Leitbild Sowjetunion

Als nach der Gründung der DDR das sowjetische Vorbild massiver als zuvor in der Öffentlichkeit propagiert wurde und als die Architektur im Rahmen der Propaganda für den Aufbau des Sozialismus stärkeres Gewicht erhielt, äußerte sich eine Verbindung dieser beiden Tendenzen in vielen Stellungnahmen. Nach seiner Unterrichtung in der Sowjetunion Anfang 1950 betonte der Minister für Aufbau, Lothar Bolz, die Vorbildfunktion der UdSSR, die „auf dem Gebiete der Stadtplanung und des Städtebaues das führende Land der Welt"[145] sei. Diese Charakterisierung der Sowjetunion findet sich für nahezu alle Bereiche, ist also auf die Architektur bezogen nichts Ungewöhnliches.

Bolz lobte Theorie und Praxis in der UdSSR, nannte aber „ein schematisches Nachahmen ihrer Grundsätze unmöglich". Vielmehr müßten auch „die nationalen Besonderheiten und kulturellen Traditionen unseres deutschen Volkes berücksichtigt werden"[146]. Auf die Ausschließlichkeit des sowjetischen Vorbilds neben nationalen Traditionen wies Kurt Liebknecht auf dem ersten „Deutschen Architektenkongreß" im Dezember 1951 in Ost-Berlin hin. Wie Bolz und andere bezog er sich besonders auf den Wiederaufbau zerstörter sowjetischer Städte, die Errichtung von Hochhäusern und den Bau der Moskauer Untergrundbahn. Im Unterschied zu den kapitalistischen Staaten, als deren negatives Beispiel fast immer die USA dienten, könne sich die sowjetische Architektur auf die Zustimmung des ganzen Volkes stützen.[147]

Der Vizepräsident der Bauakademie, Edmund Collein, wies auf derselben Veranstaltung darauf hin, daß der Typ der „sozialistischen Stadt" sich durch die Überwindung der „westlichen Theorien von der Auflösung der Stadt", also der „Charta von Athen", auszeichne. Die „sozialistische Stadt" nach dem sowjetischen Vorbild solle allen „echten Lebensbedürfnissen der Menschen" gerecht werden und die Bereiche Arbeit, Wohnen, Kultur und Erholung gemeinsam organisieren[148]: „Während die westlichen Städtebautheorien immer die Wohnung als das A und O des Städtebaus hinstellen, wird hier eine harmonische Befriedigung aller echten Lebensbedürfnisse des Individuums und der Gesellschaft zum Ziel des Städtebaus gemacht."[149]

Grundlegend für diese Auffassungen waren das Konzept eines „organischen Aufbaus" der Stadt, der das Zentrum betonte, und das Verständnis von Architektur als Kunst. Das ermöglichte es, traditionelle Gestaltungselemente, von zentralen Plätzen und Magistralen im großen bis zu klassizistischen Fensterformen im kleinen, aufzunehmen.[150]

Auf vielfache Weise wurde das sowjetische Leitbild sowohl Fachleuten – besonders die Zeitschrift *Deutsche Architektur* brachte zahlreiche Beiträge – als auch der breiten Öffentlichkeit durch die Massenmedien vermittelt. Der Artikel „Architektur" aus der Großen Sowjet-Enzyklopädie erschien separat in deutscher Sprache. Er war in dieser Form wohl eher für ein größeres Publikum und zur Orientierung von Funktionsträgern in der Partei und anderen Organisationen gedacht. In scharfer Form geißelt der Autor Boris P. Michailow das Bauen in der kapitalistischen Gesellschaft des neunzehnten und zwanzigsten Jahrhunderts, in der die „bourgeoise Architektur [...] das Schicksal der Gesamtkultur dieser verfaulenden kapitalistischen Gesellschaft"[151] geteilt habe. Das Neue Bauen, der „Konstruktivismus", spiegele „die völlige Ideenlosigkeit der bourgeoisen Architektur im imperialistischen Zeitalter wider"[152]. Im Gegensatz dazu habe die sozialistische Revolution eine „Ära neuer, nie erlebter Blüte des architektonischen Schaffens" eröffnet. Ohne auf Einzelheiten einzugehen, preist die Enzyklopädie diese neue Epoche: „Erst jetzt wurde die Baukunst frei von den Ketten kapitalistischer Sklaverei und konnte sich auf die unerschöpflichen wirtschaftlichen, geistigen und künstlerischen wie technischen Möglichkeiten der sozialistischen Gesellschaft stützen."[153]

Ähnlich propagandistischen Charakter hat die deutsche Ausgabe des umfangreichen und in der Zeit seines Erscheinens vielzitierten Bildbandes *Dreißig Jahre sowjetische Architektur*. Er zeichnet das Bild der erstrebten sozialistischen Stadt anhand der Projekte in der sowjetischen Hauptstadt, wie sie prinzipiell auch für Berlin ins Auge gefaßt wurden: „Die sowjetische Architektur verlieh ihr ein neues Gepräge. Sie wurde eine Stadt mit breiten, geraden Hauptstraßen, großen Parkanlagen, neuen, wohlgestalteten und gut eingerichteten Wohnvierteln, grandiosen und monumentalen öffentlichen Gebäuden, schönen Kais und Brücken als Ergebnis."[154] Die über 300 Fotografien des Bandes vermitteln ein Bild von der historisierenden, monumentalen Großstadtarchitektur, wie sie in Moskau, Leningrad, Gorki und andernorts während der dreißiger und vierziger Jahre entstand.

In einem an Fachleute gerichteten – ebenfalls aus dem Russischen übernommenen – Beitrag hob Andrej Bunin das sowjetische Verständnis von der Beschaffenheit und Funktion des Stadtzentrums als eines repräsentativen und zur Führung der Massen gedachten Ortes hervor. Es wurde als „Brennpunkt des gesellschaftlichen Lebens der gesamten Bevölkerung"[155] verstanden. „Aus diesem Grunde wird der Aufmarsch- und Paradeplatz bestimmend für das Stadtzentrum; zu diesem Platz kommt die Volksmenge an Festtagen und anläßlich großer politischer Ereignisse, um ihre Führer, Auserwählten und Helden zu sehen und zu hören. Rings um den Platz werden in der Regel Verwaltungs- und öffentliche Gebäude errichtet, deren Architektur von dem auf wirtschaftlichem und politischem Gebiet Erreichten kündet."[156] Diese Auffassungen fanden unverändert Eingang in die Vorstellungen der politischen Führung der DDR. Stereotyp tauchen im Zusammenhang mit Beiträgen zum sowjetischen Bauen zwei Formulierungen auf, die den Charakter der angestrebten Architektur kennzeichnen sollten, das Stalinsche Diktum von der „Sorge um den Menschen" und das Verständnis von einer Architektur, „die ihrem Inhalt nach sozialistisch und ihrer Form nach national ist". Auch der Bereich der Architektur sollte insgesamt wohl eher dazu beitragen, den jungen ostdeutschen Staat fester an die Sowjetunion zu binden, als daß – auch wenn es so dargestellt wurde – der Nutzen dieser Anlehnung für die Entwicklung des Bauens im Vordergrund gestanden hätte. Für andere Bereiche der Kultur, der Wissenschaft und des öffentlichen Lebens gilt ähnliches. In der Architektur war die Orientierung an der UdSSR besonders stark, auch wenn sie nur das Prinzip vorgab und die Ausführung meist in Formen geschah, die als nationale Eigenart angesehen wurden.

Traditionspflege und Bruch mit der Vergangenheit

Seit der Zeit des Exils hatte in der KPD und von 1946 an der SED ein nationales kulturelles Erbe, eine „humanistische bürgerliche Kultur" an Wertschätzung gewonnen. Gleichzeitig war die Bedeutung proletarischer Kultur für die Kommunisten geringer geworden. Diese „undialektische Orientierung auf die bürgerliche Demokratie und auf die bürgerliche kulturelle Tradition"[157] (Schlenker) in der zweiten Hälfte der dreißiger Jahre galt zunächst besonders im Bereich der Literatur. Für die spätere Kulturpolitik der DDR zeitigte sie auch Wirkungen auf dem Gebiet der Architektur. Hier griff man noch mehr als in anderen Bereichen nicht nur auf bürgerliche Errungenschaften zurück, sondern zum Teil auch auf solche, die als feudalistisch hätten verstanden werden müssen. Dieser intensive Bezug auf das klassische Erbe sollte neben anderem die Bündnispolitik gegenüber der Intelligenz erleichtern und die Politik für die Einheit Deutschlands untermauern.[158]

„Die Besinnung auf unsere nationale Kultur ist von größter aktueller Bedeutung", sagte Ulbricht im Dezember 1951. „Mit tiefer Empörung sieht die Bevölkerung in Westdeutschland, wie die amerikanischen Okkupanten ihre rechteckigen Hochhäuser in die rheinische Landschaft bauen."[159] Die Amerikaner beabsichtigten, die deutsche Kultur zu zerstören.[160]

Für die Aufgaben der Denkmalpflege bedeutete die Orientierung am Erbe nach Ansicht von Gerhard Strauß nicht, daß „Anspruch auf Erhaltung jeglicher historischer Substanz" bestehe.[161] Es bedürfe der „Parteinahme für Frieden und Zukunft und der rückhaltlosen Kritik an überholten Zuständen"[162]. In der Praxis sollten die „Geschichtsstätten der Arbeiterbewegung" stärker gewichtet, auf „Monumente des Militarismus und Faschismus" müsse dagegen verzichtet werden.[163] Das Problem bestand in der Auswahl: „So wäre es z. B. falsch, alte Stadtmauern oder ähnliche Befestigungssysteme zu vernichten, weil sie einstmals militärischen Zwecken dienten, und niemand kann an die Beseitigung des mittelalterlichen Magdeburger Reiters denken, nur weil er einen König darstellt. Dagegen sind für die Denkmalpflege Kaiserbilder der letzten Jahrzehnte oder gar Objekte des vergangenen Krieges grundsätzlich nicht erhaltenswert, da sie Manifestationen heute noch nachwirkender Volksfeindschaft sind."[164] Auch die zeitliche Distanz war also von Bedeutung, wenn es galt, den Wert überlieferter Architektur und Kunst für die aufzubauende sozialistische Gesellschaft zu bestimmen.

Strauß sprach auch den Abriß des Berliner Stadtschlosses an, der für einen großzügigen Neuaufbau des Stadtzentrums unvermeidlich gewesen sei: „Dabei konnte der Anspruch des demokratischen Deutschland, dem zerstörten Herzen der Hauptstadt ein neues Aussehen zu geben, nicht abgewiesen werden. Das schloß auch die Konservierung eines heidelbergischen Ruinenfeldes inmitten der Weltstadt Berlin aus."[165] Im September 1950 war mit der Sprengung des sehr stark zerstörten Schlosses begonnen worden. Dem Abriß war eine längere, zum Teil öffentliche Diskussion vorausgegangen. Der Ost-Berliner Kunsthistoriker Richard Hamann, der Präsident der Akademie der Wissenschaften, Johannes Stroux, und der Rektor der Humboldt-Universität, Walter Friedrich, zeitweilig auch die Berliner Landesleitung des Kulturbundes, appellierten an den Ost-Berliner Magistrat und die Regierung der DDR, das Schloß zu bewahren.[166] Aber alle Einwände konnten den inzwischen fest entschlossenen Ministerrat nicht von dem Vorhaben abbringen.[167]

In der Bundesrepublik wurde der Abriß aus politischen wie aus denkmalpflegerischen Gründen verurteilt. „Niemand kann sich auf einen schlechten baulichen Zustand berufen, um die Niederlegung des Schlosses zu begründen"[168], schrieb der Münchner Architekturhistoriker Ernst Gall im Herbst 1950. Er kritisierte die städtebauliche Konzeptionslosigkeit des Unternehmens, das keinen gestaltbaren Platz, sondern eine riesige freie Fläche hinterlasse. Mit der Zerstörung des Barockschlosses verzichte man auf „eines der gestaltreichsten baulichen Kunstwerke, die unsere Welt nach so vielen Verlusten noch ihr eigen nennen darf"[169]. 1951 ließ das Bundesministerium für gesamtdeutsche Fragen eine Dokumentation über den Abriß erstellen, die in mehreren Sprachen veröffentlicht wurde und auch im westlichen Ausland eine kulturfeindliche Haltung des ostdeutschen Staates, der keiner sein durfte, verdeutlichen sollte.[170] Freilich war auch im Westen der Umgang mit Denkmälern nicht immer eindeutig auf deren Erhalt ausgerichtet. 1946 kam im Westen Berlins der Gedanke auf, die Siegessäule zu schleifen, was dann doch unterblieb.[171] Gravierender war der, wie die Münchner Zeitschrift *Baumeister* formulierte, „schleichende Tod" durch eine zögernde Haltung beim Wiederaufbau wichtiger zerstörter Gebäude. Der Effekt sei letztlich derselbe wie in Ost-Berlin, meinte die gegenüber Entwicklungen in der SBZ und DDR selten besonders freundlich eingestellte Redaktion und fragte bezogen auf den Ost-Berliner Oberbürgermeister: „Ob da Ebert's Methode nicht doch vielleicht die sympathischere ist?"[172]

Der Abriß des zwar stark beschädigten, völlig ausgebrannten, aber durchaus nicht total zerstörten Berliner Stadtschlosses war keine zwingende Notwendigkeit. Andere, allerdings nicht in solchem Maße die preußische Geschichte verkörpernde Bauten wurden mit erheblichem Aufwand wiedererrichtet.[173] In den Jahren 1946 bis 1948 hatten sogar im weitgehend erhaltenen Westteil des Schlosses verschiedene Ausstellungen stattgefunden, darunter – ausgerechnet – die Architekturausstellung *Berlin plant*.

Die entscheidenden Gründe, das Schloß zu beseitigen, lagen wohl in der von Gerhard Strauß als Leiter des „Wissenschaftlichen Aktivs zur Überwachung des Abrisses" im August 1950 dargelegten Notwendigkeit für eine großzügige Gestaltung des Stadtzentrums. Vieles spricht dafür, auch wenn Strauß die Maßnahme besonders dadurch zu rechtfertigen suchte, daß er das Schloß als „Symbol des völligen Verfalls jener feudalistischen und imperialistischen Macht, die es einst hatte entstehen lassen"[174], charakterisierte. Im Juli des Jahres hatte Walter Ulbricht auf dem III. Parteitag der SED die städtebauliche Zukunft Ost-Berlins deutlich geschildert: „Das Zentrum unserer Hauptstadt, der Lustgarten und das Gebiet der jetzigen Schloßruine, muß zu dem großen Demonstrationsplatz werden, auf dem Kampfwille und Aufbauwille unseres Volkes Ausdruck finden können."[175]

Im Zuge einer historisierenden Bauweise nach sowjetischem Vorbild und in dem gleichzeitigen Bemühen um eine „nationale" Architektur sollte an vergangene Epochen der deutschen Baukunst angeknüpft werden. „Auch in den Schöpfungen der Architektur will das Volk seine Heimat erkennen"[176], begründete Hermann Henselmann dieses Konzept. Er wies auf die Bedeutung der Berliner Architektur des Barock, des Rokoko und besonders des Klassizismus für die Gegenwart hin. „Natürlich kann es nicht darum gehen, sich beim Aufbau des Neuen durch Kopieren des Alten behelfen zu wollen. Aber doch steht die schöpferische Verarbeitung unseres baukünstlerischen Erbes am Beginn unserer Bemühungen um ein neues Antlitz der Hauptstadt, die Kenntnis unserer Traditionen nämlich und ihre kritische Sichtung."[177] Die klassische Berliner Architektur zeichne sich durch eine Abneigung gegen „Dogmatismus", durch die „Knappheit des Ausdrucks" und die sinnvolle Beziehung zwischen Innenraum und Äußerem aus. An diese Eigenschaften könne man beim Schaffen von Neuem anknüpfen, mühte sich Henselmann, einen Bezug zur Gegenwart herzustellen.[178]

Ähnlich äußerte sich Richard Paulick: „Eine verständliche Sprache können die Architekten nur sprechen, wenn sie sich der aus dem kulturellen Erbe überlieferten Elemente bedienen, die noch lebendig und besonders mit den fortschrittlichen Perioden unserer Geschichte verbunden sind."[179] In hohem Maße eigne sich dafür Georg Wenzeslaus von Knobelsdorff, der als Baumeister Friedrichs des Großen „eines der wesentlichsten fortschrittlichen Elemente unseres kulturellen Erbes"[180] geschaffen habe. Paulick meinte jene Architektur Knobelsdorffs, die er als bereits klassizistisch ansah, nicht die teilweise von seinem König selbst stark geprägten Bauten, die heute als „friderizianisches Rokoko" bezeichnet werden. Paulick fand eine Begründung für seine Ansicht, gerade Knobelsdorff sei ein im für den sozialistischen Staat maßgeblichen Sinn fortschrittlicher Architekt, in den geistigen Einflüssen, denen der Baumeister ausgesetzt war, „der Philosophie der Aufklärung, die in England als Überbau zu einer schon mindestens im Prinzip siegreichen bürgerlichen Revolution entstand"[181].

Wie schwierig im Einzelfall der Umgang mit dem „klassischen Erbe" sein konnte, zeigt sich an Sanssouci, wo seit 1948 die Potsdamer Pädagogische Hochschule untergebracht war. Nach einer Kritik im *Neuen Deutschland* wehrte sich die Hochschule gegen den Vorwurf, sie habe im Bereich des Schloßkomplexes samt Neuem Palais „kunstwissenschaftlich nicht vertretbare Umbauten"[182] vornehmen lassen. Dagegen mußte der Denkmalpfleger Gerhard Strauß zumindest feststellen, daß unter anderem der Alte Marstall „mit einer scheußlichen grauen Farbe angestrichen"[183] worden war. Die Redaktion des *Neuen Deutschland* räumte ein, daß bei einigen Parteimitgliedern „in der Beurteilung der nationalen Bedeutung der architektonischen Schöpfungen von Sanssouci eine gewisse Unsicherheit" bestehe. Sie benannte das Dilemma, aber auch einen Ausweg:

„Die Schönheit dieser Schöpfungen empfinden sie, aber der Gedanke, daß hier ein preußischer König residiert hat, der das Volk aussaugen ließ, Eroberungskriege führte, für die nationalen Interessen des deutschen Volkes und die deutsche Kultur nichts übrig hatte und von der militaristischen Reaktion mit einem legendären Nimbus umgeben wurde, bereitet ihnen bei allem, was mit dem Begriff Sanssouci verbunden ist, Unbehagen. Hier muß man scharf unterscheiden: Friedrich II. war selbstverständlich ein antidemokratischer, antinationaler, absolutistischer preußischer Dynast. Aber Sanssouci ist nicht die Schöpfung eines Königs; sondern Sanssouci ist, wie alle großen Werke der Kunst, in erster Linie die Schöpfung bedeutender Baumeister, Kunsthandwerker, Handwerker, Arbeiter und Bauern, die durch ihr Genie, Geschick und ihren Schweiß die Errichtung dieser Werke der nationalen Baukunst ermöglichten. Sanssouci gehört unzweifelhaft zu dem Schönsten und Vollendetsten deutscher Bau- und Gartenkunst."[184]

Daß gerade die friderizianische Architektur durch eine oft entscheidende Einflußnahme des Königs gekennzeichnet ist – und in besonderem Maße gilt das für Sanssouci –, sagte das *Neue Deutschland* nicht. Der Sommerresidenz Friedrichs wurde überdies besonderer Wert beigemessen, während Richard Paulick diese Architektur kurz zuvor im *Aufbau* scharf kritisiert hatte.[185] Wer die Architekturdiskussion etwas eingehender verfolgte, konnte kaum bessere Orientierung gewonnen haben, es sei denn, er schrieb dem Parteiorgan größere Richtlinienkompetenz zu als der gelegentlich kritisierten Zeitschrift des Kulturbundes. Im übrigen würdigte auch das Präsidium der Deutschen Bauakademie Knobelsdorff anläßlich seines 200. Todestages 1953 als Schöpfer des „unvergänglichen Kleinods von Sanssouci".[186]

Kampf gegen den „Formalismus"

Die zentrale kulturpolitische Kampagne zu Beginn der fünfziger Jahre richtete sich gegen den „Formalismus". In ihr wurde zum ersten Mal auch der Architektur große Aufmerksamkeit gewidmet, die inzwischen eine wichtige Rolle in der Selbstdarstellung der DDR einnahm. Der Begriff „Formalismus", der ursprünglich einen aus sozialistischer Sicht zu kritisierenden Vorrang der Form vor dem Inhalt bezeichnet hatte, wurde nun zur Kampfvokabel gegen vielfältige Erscheinungen in der Kunst der Moderne. Mit ihm einher gingen die Begriffe der „Dekadenz" und des – ebenfalls negativ bewerteten – „Kosmopolitismus". Sie begleiteten eine Kampagne, die vorgab, sich gegen die Geringschätzung des „nationalen Kulturerbes" zu richten.[187] Des „Formalismus" bezichtigt zu werden, war für den einzelnen Künstler „ein politisch äußerst schwerwiegender Vorwurf mit erheblichen Konsequenzen"[188] (Schlenker).

Eine zweite, verschärfte Phase im Kampf gegen den „Formalismus" leitete, nachdem schon seit Ende der vierziger Jahre verschiedene Attacken geführt worden waren, im Januar 1951 ein Artikel ein, der unter dem Pseudonym N. Orlow in der *Täglichen Rundschau* erschien. Im Unterschied zu vorangegangenen ähnlichen Äußerungen wurden auch bis dahin nahezu außerhalb jeder Diskussion stehende, sehr weitgehend vom organisierten Sozialismus vereinnahmte Künstler, wie Käthe Kollwitz, kritisiert und die Bedeutung des klassischen Erbes noch deutlicher hervorgehoben. Auch die Architektur erfuhr jetzt größere Aufmerksamkeit: „Hier hat die langwährende Herrschaft der abgeschmackt-formalistischen Richtung zum Überwiegen einer grauen, trockenen, freudlosen, einförmigen und unwahrhaftigen Architektur geführt, so daß ausdruckslose und niederdrückende Häuserschachteln entstanden sind, die das Bild der deutschen Städte verunstalten. Es ist klar, daß hier viele untaugliche Kunsttraditionen des imperialistischen Deutschland revidiert werden müssen."[189]

Kritisiert wurde auch die Rolle der Leipziger *Zeitschrift für Kunst* und des *Aufbau*, die nicht entschieden genug gegen „formalistische" Tendenzen angingen, wenn nicht gar für sie einträten.[190] Orlows Artikel ergänzte einige Wochen später ein Beitrag von Wilhelm Girnus, einem der exponiertesten Publizisten im Kulturbereich, der sich im *Neuen Deutschland* unter der Titelfrage „Wo stehen die Feinde der deutschen Kunst?" ähnlich militant äußerte.[191]

Am 17. März 1951 verabschiedete das Zentralkomitee der SED auf seiner V. Tagung die Entschließung „Der Kampf gegen den Formalismus in Kunst und Literatur, für eine fortschrittliche deutsche Kultur", die das Vorgehen gegen den „Formalismus" nun auch zur parteioffiziellen Politik erhob. In ihr heißt es:

„In der Architektur, die im Rahmen des Fünfjahrplans vor großen Aufgaben steht, hindert uns am meisten der sogenannte ‚Bauhausstil' und die konstruktivistische, funktionalistische Grundeinstellung vieler Architekten an der Entwicklung einer Architektur, die die neuen gesellschaftlichen Verhältnisse in der Deutschen Demokratischen Republik zum Ausdruck bringt. An Bauwerken wie dem Wohnblock in der Stalinallee in Berlin, dem Wohnheim der Arbeiter- und Bauernfakultät der Technischen Hochschule in Dresden und verschiedenen Verwaltungsgebäuden zeigt sich, daß die künstlerische Idee einer mit dem Volksempfinden verbundenen Kunst verkümmert ist. Die meisten Architekten gehen abstrakt und ausschließlich von der technischen Seite des Baues aus, vernachlässigen die künstlerische Gestaltung der Bauwerke und lehnen das Anknüpfen an Vorbilder der Vergangenheit ab."[192]

Das ZK-Plenum empfahl unter anderem den Ausbau administrativer Maßnahmen, die eine bessere Kontrolle ermöglichen sollten.[193] Am 31. Oktober 1951 äußerte sich der stellvertretende Ministerpräsident und Generalsekretär der SED, Walter Ulbricht, in seiner Rede zum ersten Fünfjahrplan vor der Volkskammer auch zu Fragen der Architektur. Er würdigte die Pläne für die Berliner Stalinallee, kritisierte aber auch, daß sich die Mehrheit der Architekten „noch immer im Bann formalistischer Tendenzen" befinde.[194] Im Anschluß setzte sich Ulbricht mit dem „Bauhausstil" auseinander. In dieser bemerkenswert langen Passage seiner Rede heißt es unter anderem:

„Gleichzeitig mit dem Studium der nationalen Traditionen als Grundlage der Entwicklung unserer Architektur müssen wir den Bauhausstil als volksfeindliche Erscheinung klar erkennen. Es ist interessant, daß amerikanisch gelenkte Zeitungen in Westberlin sich besonders gegen die Architektur des Schönen wenden und behaupten, niemand werde in Westdeutschland auf die Idee kommen, an die Werke von Schinkel anzuknüpfen. Diese amerikanisch gelenkten Verfasser erklären, unser ideologischer Kampf gegen den Formalismus der Bauhausschule verstoße gegen die Freiheit. Wie würde aber Berlin aussehen, wenn so wie in den westdeutschen Städten jeder Kapitalist das Recht hätte, Gebäude zu bauen, wie er will, unter Verzicht auf jeden Fassadenschmuck, was zweifellos billiger ist und auch dem Mangel an Ideen mancher Architekten entspricht. [...] Der Bauhausstil hat auch nach 1945 einen großen Einfluß ausgeübt. Bauten wie die Laubenganghäuser in der Stalinallee oder die Wohnbauten in Ketzschendorf mit den Hühnerleitern als Eingangstreppen zeigen dies deutlich. Ein anderes schlechtes Beispiel ist die FDGB-Schule in Bernau, die ein Ausdruck kosmopolitischen Bauens ist und genau so in Amerika oder Afrika stehen könnte. Dieser Bau ist praktisch eine Verhöhnung der Interessen der Werktätigen, die dort zu Funktionären unserer demokratischen Ordnung erzogen werden sollen und von deren Geldern der Bau errichtet wurde."[195]

Von den Architekturorganisationen wurde dieser verschärfte Ton aufgenommen. Auf dem Architektenkongreß im Dezember des Jahres sprach Kurt Liebknecht von der Bauhausarchitektur als der „charakteristischen Erscheinungsform der verfaulenden kapitalistischen Gesellschaft", die sich „immer mehr von den Bedürfnissen des Volkes" entfernt habe.[196] „Diese Gebäude sind ohne Verbindung mit der Umwelt, es sind schmucklose primitive Kästen, die den Menschen selbst in eine Maschine verwandeln wollen", forcierte Liebknecht seine Polemik und widmete sich in ähnlicher Weise dem „kalten und brutalen ‚Weltstil'" der amerikanischen Architektur.[197]

In dieser besonders repressiven Phase der Kulturpolitik kam es dennoch über verschiedene Themen zu einzelnen öffentlichen Auseinandersetzungen, die mehr waren als einseitige Angriffe der Partei und bloße Zurechtweisung von Künstlern. Man wird etwa an die Stellungnahme der bildenden Künstler Hans und Lea Grundig in der *Täglichen Rundschau* gegen den Orlow-Artikel (1951) denken, an die Debatten um Paul Dessaus Oper *Das Verhör des Lukullus* (1951) und um Bertolt Brechts Gorki-Dramatisierung *Die Mutter* (1951), an den Streit Brechts und Eislers mit der SED um die Oper

Johann Faustus (1952/1953) oder an die Meinungsverschiedenheiten um die Ost-Berliner Barlach-Ausstellung (1952). Auch auf dem Gebiet der Architektur gab es Auseinandersetzungen um – auf dem Boden gemeinsamer Grundüberzeugungen geäußerte – Einwände von Künstlern und Architekten, die allerdings mit der Niederlage der „Abweichler" endete.

Wenn die SED sich entschloß, eine Diskussion mit Vertretern abweichender oder gar konträrer Meinungen öffentlich und an prominenter Stelle, das heißt in erster Linie im *Neuen Deutschland,* zu führen, dann versprach sie sich davon, so kann man annehmen, außer der Demonstration einer offenen Diskussion auch, überzeugend die Auffassungen der Partei darlegen zu können. Anfang 1951 nahm der Schriftsteller Ludwig Renn, einer der Autoren, mit denen die junge DDR repräsentierte, im *Neuen Deutschland* in scharfer Form gegen die Ablehnung des Neuen Bauens und die Bevorzugung des Klassizismus Stellung. Renn bestritt den kurz zuvor von Kurt Liebknecht beschworenen vorbildhaften Charakter gerade des Berliner Klassizismus[198], der „von besonders stumpfsinnigen absolutistischen Herrschern"[199] erbaut worden sei. Der Klassizismus sei „eine formalistische und kosmopolitische Richtung"[200].

Auch Renn sah Möglichkeiten, am „nationalen Erbe" anzuknüpfen, allerdings andere als Liebknecht: „Gibt es in Deutschland eine nachahmenswerte Architekturtradition? Nein, die gibt es in keinem Lande. Man soll überhaupt nicht primitiv nachahmen, sondern sich anregen lassen und Neues gestalten. Anregen können uns fast alle alten Stile, wenn sie nur gehörig analysiert werden. Am anregendsten ist die Periode des Bauhauses. Wir können doch nicht diese vielleicht wichtigste Periode unserer deutschen Architekturgeschichte, die einzige Periode, in der Deutschland einen eigenen Stil schuf, einfach totschweigen. Einige der Bauhaus-Meister und ihrer Mitstrebenden sahen außerdem bereits einen Teil der gesellschaftlichen Probleme, die heute von uns fordern, eine neue Architektur zu schaffen."[201]

Das Zentralorgan der SED nutzte seine Antwort auf Renns Artikel dazu, ein weiteres Mal grundsätzlich die herrschenden Auffassungen über Charakter und Funktion von Architektur darzulegen. Es war eine auch dem Ton nach scharfe Auseinandersetzung. Renn kritisierte Liebknechts „rechthaberischen Ton" und riet ihm, „nicht abstrakt und ohne Sachkenntnis"[202] zu diskutieren; das *Neue Deutschland* sah in Renns Auffassungen, die „eine Reihe typischer Fehler" enthielten, „wenig Ansätze für eine produktive Weiterentwicklung unseres Kulturerbes"[203].

Renn wurde erklärt, der Klassizismus sei als „ein Produkt der Großen Französischen Revolution und ihrer ideologisch-politischen Ausstrahlungen" zu bevorzugen. „Er entwickelte sich im Kampf gegen den barocken Schwulst und das die Raumform erstickende, üppig wuchernde Ornament des Rokoko."[204] Zwar ist die kausale Beziehung zwischen Französischer Revolution und klassizistischer Architektur nicht nur inhaltlich, sondern schon chronologisch unhaltbar, aber das Nebeneinander und die gleiche Wertschätzung von Spätbarock, Rokoko und frühem Klassizismus als Erscheinungen der zweiten Hälfte des achtzehnten Jahrhunderts kamen nicht zur Sprache. Und: „Daß absolutistische Fürsten vielfach die Auftraggeber dieser klassizistischen Bauten waren, ändert nichts an ihrem grundlegenden gesellschaftlichen Inhalt." Der Klassizismus „ist in seinem Inhalt bürgerlich, in seinen Formen national. Geboren aus der Auseinandersetzung mit der Kunst des sterbenden Feudalismus, ist er zugleich der letzte, wirklich große architektonische Höhepunkt, zu dem sich die bürgerliche Baukunst seit der Renaissance aufschwang. Keineswegs bedeutet dies, daß er nicht auch konservative Züge trägt, aber sie bilden nicht das Wesen dieses Stils."[205]

Das deutliche Wort, das Renn für die Tradition des Bauhauses eingelegt hatte, wurde mit dem Hinweis abgewiesen, daß seine Vertreter „durchweg reformistischen Theorien huldigten"[206]. Die Wortwahl, in der die SED es ablehnte, die Gegnerschaft der Nationalsozialisten zum Neuen Bauen als Argument für das Bauhaus zu nehmen, markiert einen Höhepunkt der Anti-Formalismus-Kampagne: „Man darf sich nicht dadurch in Verwirrung bringen lassen, daß die Nazis die gesunde Abneigung des Volkes gegen diese amerikanischen Kulturbarbareien für ihre chauvinistischen Zwecke zur Entfachung einer Pogromhetze gegen die Kommunisten mißbrauchten, denen sie diese Entartungserscheinungen in die Schuhe schoben."[207] Der gesamte Artikel verfolgte den Zweck, noch einmal unmißverständlich vor jedem Sympathisieren mit solchen Architekturtraditionen zu warnen: „Der Bauhaus-Stil ist eben ein waschechtes Kind des amerikanischen Kosmopolitismus und seine Überwindung unerläßliche Voraussetzung für die Entwicklung einer neuen nationalen deutschen Baukunst."[208]

Diese Auseinandersetzung gehörte zu den Beispielen, die der Philosoph Wolfgang Harich in seinem aufsehenerregenden Artikel „Es geht um den Realismus"[209] anführte, der am 14. Juli 1953 in der *Berliner Zeitung* erschien. Harichs Polemik im Zuge größeren Freiraums für Intellektuelle durch den „Neuen Kurs" und nach dem 17. Juni richtete sich gegen die repressive „Staatliche Kommission für Kunstangelegenheiten". Er griff vor allem einzelne Personen, wie Kurt Magritz und Wilhelm Girnus, an. Es sei Girnus, der „ohne jede Differenzierung das Erbe Ernst Barlachs schmäht, in der Architekturdiskussion einen Schriftsteller vom Range Ludwig Renns mit trotzkistischen Verbrechern auf eine Stufe stellt[210], im Falle des Buchenwald-Ehrenmals schikanöse Methoden der Auftragserteilung gegenüber Fritz Cremer auslöst usw., usw., ohne daß es möglich wäre, ihm öffentlich zu erwidern"[211].

Eine andere wichtige Auseinandersetzung spielte sich in der zweiten Hälfte des Jahres 1951 ab. Sie war allerdings kaum mehr als die öffentliche Zurechtweisung eines Architekten, der daraufhin selbstkritisch seine Position überprüfte und veränderte. Der Chefredakteur des *Neuen Deutschland*, Rudolf Herrnstadt, kritisierte am 29. Juli 1951 in einem ganzseitigen Artikel vor allem Hermann Henselmann. Der Anlaß für diesen Angriff war die verhaltene Kritik, die Henselmann kurz zuvor an der neuen, von sowjetischen Architekten entworfenen Botschaft der UdSSR in Ost-Berlin geübt hatte. Herrnstadt rügte Henselmanns unvollständige Abkehr vom Neuen Bauen und empfahl ihm eine Wandlung seiner Ansichten, um „den Anschluß" wiederherzustellen.[212]

Henselmann, der sich schon vorher bedingt vom Neuen Bauen losgesagt hatte[213], reagierte im Dezember 1951 auf diese Vorwürfe. Seine bis dahin noch zur Differenzierung neigende öffentliche Einschätzung des Neuen Bauens, namentlich des Bauhauses, war nun vollständiger Ablehnung gewichen. Diese Richtung trete „im Gewande einer pseudo-revolutionären Theorie gegen den angeblichen Akademismus früherer Epochen auf"[214]. Selbstkritisch bekannte Henselmann: „Ich selbst habe die dringliche Aufgabe des Übernehmens des Kulturerbes und damit auch die Rolle der Sowjetarchitektur unterschätzt. Ich habe die kritische klassenmäßige Betrachtung des Konstruktivismus nicht zu Ende geführt. Es ist jedoch klar, daß wir nicht von einem Reformieren des Funktionalismus und seiner Vervollkommnung hinsichtlich der ideellen Seite sprechen können. Das Anknüpfen an die architektonischen Traditionen kann nicht in dem Sinne verstanden werden, daß einfach an die letzten Verfallserscheinungen in der Architektur der imperialistischen Epoche angeknüpft wird."²¹⁵

Die überwiegende Befürwortung des Neuen Bauens, das hieß vor allem der deutschen Tradition des Bauhauses, in der ersten Nachkriegszeit hatte sich bis zum Beginn der fünfziger Jahre und mit der nun umfassend gewordenen und bis in Details reichenden staatlichen Kontrolle in eine kompromißlose Ablehnung gewandelt. Erst in den sechziger Jahren besann sich die DDR zögernd wieder auf das Bauhaus als ein wertvolles Erbe. Später war man in Weimar und besonders in Dessau vermehrt bemüht, seine Ideen aufzunehmen und seine Lokalitäten zu pflegen. Gropius' Dessauer Gebäude wurde restauriert und 1976 wiedereröffnet.²¹⁶

Auch im Westen Deutschlands gab es in den fünfziger Jahren von seiten einiger durchaus seriöser und maßgeblicher Architekten und Publizisten gegenüber dem Bauhaus ablehnende Stimmen, die oft von Antikommunismus nicht frei waren.²¹⁷ Der früheste und bedeutendste Versuch in der Bundesrepublik, Ideen des Bauhauses aufzunehmen und zeitgemäß weiterzuführen, war die trotz vielfachen Anfeindungen auf Dauer sehr weitreichende Wirkungen entfaltende Hochschule für Gestaltung in Ulm. Sehr entschieden demokratische Zielvorstellungen und ein umfassender gesellschaftlicher Anspruch verbanden sich im Selbstverständnis und in der Arbeit der 1955 eröffneten „HfG" mit oft unkonventionell und radikal anmutenden Ideen und Methoden bis zu ihrer Schließung im Jahr 1968.²¹⁸

Biographischer Exkurs: Architekten und Funktionäre

An dieser Stelle scheinen einige Hinweise zur Biographie verschiedener Protagonisten der Architekturdiskussion sinnvoll. Auch in der DDR, die besonders im Städtebau eine zentralisierte Planung und ein Kollektivwesen praktizierte, verlor der einzelne Architekt als Persönlichkeit nicht völlig seine Bedeutung. Es gab zwar nicht, wie Dittmar Machule und Hans Stimmann bemerken, den „selbständigen Künstlerarchitekten", aber der Architekt war auch mehr als ein bloß „anonymes Element"²¹⁹.

Lothar Bolz (1903–1986) wurde 1949 der erste Minister für Aufbau der DDR, 1953 ihr Außenminister. Als promovierter Jurist war er der einzige in der Spitze derer, die die bauliche Entwicklung der frühen DDR administrativ und planend prägten, der nicht von der Architektur her kam. Bolz war nach dem Krieg aus der Sowjetunion zurückgekehrt, wo er bis 1945 Assistent am Marx-Engels-Lenin-Institut in Moskau und entscheidend am „Nationalkomitee Freies Deutschland" beteiligt gewesen war.

Der erste Präsident der Deutschen Bauakademie, Kurt Liebknecht (Jahrgang 1905), ein Neffe Karl Liebknechts, war Mitarbeiter von Ludwig Mies van der Rohe und Hans Poelzig gewesen, bevor er von 1931 bis 1948 in der Sowjetunion, zeitweise an der Moskauer Akademie für Architektur, arbeitete. Er war also besonders eng mit der historisierenden sowjetischen Architektur vertraut, aber zuvor in Deutschland und zunächst auch noch in der UdSSR war seine Arbeit vom Neuen Bauen bestimmt gewesen.

Auch der gleichaltrige Edmund Collein, Liebknechts Stellvertreter, entstammte dieser Richtung. Er war am Bauhaus Schüler von Walter Gropius und Hannes Meyer gewesen.

Richard Paulick (1903–1979), ebenfalls Bauhausschüler, war Mitarbeiter von Gropius gewesen und hatte in den späten zwanziger Jahren im Wohnungsbau gearbeitet. Er emigrierte 1933 nach China und war nach seiner Rückkehr 1950 an den Planungen für die Stalinallee in Berlin beteiligt.[220]

Direkten Einfluß auf Liebknecht, Collein und Henselmann, die drei Männer an der Spitze, nahm Walter Ulbricht. Der Generalsekretär der SED interessierte sich persönlich für Architektur und schaltete sich häufig, besonders bei den Planungen zur Stalinallee, bis in die Details ein.[221] „Genosse Walter Ulbricht führte seine Diskussion mit uns mit aller Schärfe und Parteilichkeit. Er duldet keine Kompromisse"[222], berichtete Liebknecht 1953 in der Zeitschrift *Deutsche Architektur*. 1952, anläßlich der Verleihung der Ehrenmitgliedschaft der Bauakademie an Ulbricht und Bolz, hob die Zeitschrift das enge persönliche Verhältnis hervor, das Ulbricht zur Baukunst habe, „von der man mit Recht sagen kann, daß sie unter allen Künsten am engsten und unmittelbarsten mit der Politik der Staatsführung verbunden ist"[223].

Daß Liebknecht, Collein und Henselmann, wie Klaus von Beyme annimmt, angesichts ihrer Ausbildung und Herkunft „über ihren Schatten springen [mußten], um sich auf die wütenden Attacken gegen das Neue Bauen einschwören zu lassen"[224], gilt wohl für Hermann Henselmann in besonderem Maße. Henselmann, Jahrgang

1905, kam ebenfalls vom Neuen Bauen. Während des Nationalsozialismus vorübergehend aus der Reichskammer der bildenden Künste ausgeschlossen, erhielt er 1941 eine eingeschränkte Berufserlaubnis und war Mitarbeiter der reichseigenen Gesellschaft „Bauernsiedlung Hohensalza". Zwischen 1945 und 1949 war er Direktor der Staatlichen Hochschule für Baukunst und Bildende Künste in Weimar, 1951 Direktor des Instituts für Theorie und Geschichte der Baukunst an der Deutschen Bauakademie. 1953 wurde er erster Chefarchitekt von Ost-Berlin.[225]

Unter dem Druck der Partei hat Henselmann, obwohl er – zurückhaltend formuliert – beweglich und anpassungsfähig war, anscheinend gelitten. „Professor Henselmann hatte es nicht leicht", heißt es sogar in einer offiziösen Schrift zum Bau der Stalinallee. „Schonungslos, offen, unumwunden war die Kritik seiner Partei an seinem bisherigen Schaffen gewesen. Klar und unumwunden mußte er seine Wahl treffen."[226] Alfred Kantorowicz schildert ihn in seinem *Deutschen Tagebuch*, das bei aller verständlichen wie manchmal irritierenden großen Subjektivität und Unversöhnlichkeit doch interessante Einblicke bietet. Für ihn war Henselmann „ein umgänglicher, musisch begabter, Geselligkeit liebender Bruder Leichtfuß, der später durch den Zwang, seinem obersten Bauherrn Ulbricht zu willen sein zu müssen, und gegen seine fachliche Überzeugung, für die Stalin-Allee verantwortlich zu zeichnen, innerlich zerbrach – auch wenn er es durch Witzeleien und Geistreicheleien zu verdecken suchte."[227]

Henselmann, der 1980 bekannte, in den fünfziger Jahren „sehr unwillig mit konservativen architektonischen Mitteln gestaltet"[228] zu haben, erscheint als schillernde und umtriebige Gestalt des öffentlichen Lebens. In seinem Roman *Das Impressum* läßt Hermann Kant die Fotografin Franziska Groth etwas mißmutig an den „Ideenhecker Henselmann"[229] denken. Er war zudem sehr publikationsfreudig, weshalb man in der Architekturdiskussion über Jahre hinweg regelmäßig auf seine Beiträge trifft, an denen sich sein Wandel – oder seine Wandlungsfähigkeit – ablesen läßt. An solch exponierter Stelle stehend, mußte Henselmann neben Drangsalierungen im eigenen Land auch noch Schmähungen aus der Bundesrepublik über sich ergehen lassen. Das „PZ-Archiv", als polemisches Sprachrohr auch vom Bundesministerium für gesamtdeutsche Fragen vertrieben, widmete ihm nach seinem Konflikt mit der Partei im Jahr 1951 ein hämisches Portrait als einem „Mann der dritten Garnitur, der als charakterloser Opportunist typischer Mitläufer des Sowjetzonen-Regimes ist"[230].

Henselmanns Fall ist zwar auf manche Weise eine Ausnahme, er zeigt aber doch exemplarisch, unter welchen Bedingungen auf seiten der Architekten die Auseinandersetzung um das Bauen in der DDR oft vor sich ging.

Das „Nationale Aufbauprogramm"

Das wichtigste Projekt im Bereich des Bauens in der ersten Hälfte der fünfziger Jahre war das „Nationale Aufbauprogramm".[231] Zunächst auf Berlin bezogen, wurde es offiziell am 25. November 1951 als „Vorschlag" des Zentralkomitees der SED initiiert.[232] Das Programm diente dazu, einen möglichst großen Teil freiwilliger, „überplanmäßiger" Arbeitskraft und materieller Mittel zu mobilisieren. Es sollte dazu beitragen, in der Bevölkerung ein Gefühl solidarischen Handelns hervorzurufen, das Nationalbewußtsein zu stärken und im Wiederaufbau der „Hauptstadt des einheitlichen, demokratischen Deutschlands"[233] gesamtdeutsche Politik zu betonen. Sein Zweck war es schließlich auch, die führende Rolle der SED beim Wiederaufbau zu demonstrieren und die Position der Partei weiter zu festigen.[234]

Organisatorisch war das Programm in das auf dem III. Parteitag der SED im Juli 1950 angekündigte Aufbaukonzept und den dort vorgelegten ersten Fünfjahrplan, den die Volkskammer am 1. November 1951 verabschiedete, eingefügt. Den programmatischen Rahmen bildete der auf der II. Parteikonferenz im Juli 1952 beschlossene „planmäßige Aufbau des Sozialismus". „Dieser Beschluß", so hieß es, „leitete in der Entwicklung der Architektur und des Bauwesens eine neue, eine höhere Etappe ein."[235] Walter Ulbricht hatte auf der Konferenz verkündet: „Die Stalinallee ist der Grundstein zum Aufbau des Sozialismus in der Hauptstadt Deutschlands, Berlin."[236] Auf der Grundlage des Aufbaugesetzes von 1950 beschloß der Ministerrat am 28. August 1952 außerdem den Aufbau von Leipzig, Dresden, Magdeburg und Rostock.

Ein oft hervorgehobenes Projekt war überdies das Entstehen von Stalinstadt.[237] Ursprünglich sollte die „erste sozialistische Stadt" der

DDR beim Eisenhüttenkombinat Ost den Namen Friedensstadt tragen; seit 1961 heißt sie Eisenhüttenstadt. Ihre gesamte Anlage ist auf das Hüttenwerk ausgerichtet, zu dem eine Magistrale führt. Ein zentraler Platz bildet ihren Mittelpunkt. 1982 beurteilte Ullrich Kuhirt das Konzept: „Diese einfache, auf Radialsysteme des barocken Städtebaus zurückgehende Struktur macht die Wechselbeziehungen zwischen Stadt und Werk, die gesellschaftlich-kommunikativen Konzentrationspunkte architektonisch-städtebaulich erlebbar."[238] In der Tat könnte man sagen, daß der wesentliche Unterschied dieser Anlage zu mancher europäischen Residenzstadt des siebzehnten oder achtzehnten Jahrhunderts darin besteht, daß sich an der Stelle des Schlosses ein Hüttenwerk befindet.

In Berlin stand der Aufbau der Stalinallee (bis 1950 Frankfurter Allee, seit November 1961 Karl-Marx-Allee und zum Teil wieder Frankfurter Allee) im Mittelpunkt des Programms.[239]

1951 wurde ein Planungswettbewerb veranstaltet, an dessen Ergebnissen die SED wie an weiteren Entwürfen manches auszusetzen hatte. Nicht nur Hermann Henselmann wurde auch öffentlich angegriffen, andere an der Stalinallee beteiligte Architekten ebenfalls. Richard Paulick legte, nachdem Vertreter des Zentralkomitees seine Pläne für Wohnhäuser abgelehnt hatten, bereits am Tag darauf neue Entwürfe vor. Das *Neue Deutschland* gab seinen Lesern das Gespräch zwischen Paulick und den Parteifunktionären, das am 26. Juli 1951 stattfand, so wieder:

„Die Mitglieder des ZK: ‚Wie vereinbaren Sie diese fortschrittlichen Entwürfe, an denen Sie arbeiten, mit dem Eierkistenmodell, das Sie gestern vorlegten?' Antwort: ‚Gar nicht...' ‚Wenn wir nun gestern Ihren Eierkisten zugestimmt hätten – hätten Sie sie gebaut? Oder hätten Sie gegen Ihre eigenen Modelle protestiert?' ‚Wenn die Partei beschlossen hätte, es soll gebaut werden – hätte ich gebaut.' ‚Verstehen Sie, daß Ihre Haltung inkonsequent ist?' ‚Natürlich verstehe ich das. Aber verstehen auch Sie, daß man sich nur allmählich entwickelt, daß ich im Verlaufe des vergangenen Jahres viel gelernt habe, daß man nicht alle Eierschalen auf einmal abwirft.' ‚Da haben Sie recht.'"[240]

Die abgelehnten Entwürfe waren offenbar noch zu „formalistisch" ausgefallen und entsprachen nicht dem Wunsch, den Charakter der neuen Gesellschaftsordnung auch dadurch zum Ausdruck zu bringen, daß man Arbeiter in palastähnlichen Gebäuden an der Magistrale der Hauptstadt wohnen lassen wollte und nicht in „Kästen mit horizontalen Fenstern, oben flach, unten ohne Sockel, Fassaden ungegliedert"[241]. Nachdem bereits 1949/1950, im *Neuen Deutschland* ebenfalls als amerikanische „Eierkisten" verurteilte, erste Wohnhäuser in einem schlichten, funktionalen Stil errichtet worden waren, wollte die Partei nun keine Kompromisse mehr eingehen. Zur Rettung des Gesamtbildes wurde beschlossen, diese Bauten hinter dreißig bis vierzig Jahre alten Bäumen verschwinden zu lassen.[242]

Das erste Gebäude, das dem gewünschten Stil nahekam, war ein Wohnhaus von Henselmann an der südlich der Stalinallee gelegenen Weberwiese. Das Hochhaus, dessen Grundstein am 2. September 1951 gelegt wurde, verbindet in noch zurückhaltender Weise letzte Reste eines funktionalen Bauens mit historisierenden Formen und Schmuckelementen. Dazu gehören Säulen im Eingangsbereich, Akrotere, vier Eckrisalite, ornamentierte Keramikplatten an den Außenwänden und sich nach oben verjüngende Geschosse.[243]

Das Aufbauprogramm für Berlin begleitete ein massiver Propagandaeinsatz. Es wurden vielfältige Schriften für die Gesamtbevölkerung und für einzelne Organisationen, wie Gewerkschaften und FDJ, verbreitet, eine „Aufbaulotterie" eingerichtet, freiwillige Arbeitseinsätze propagiert, Architektenkollektive mit Nationalpreisen geehrt, „Aufbauhelfer" mit Ehrennadeln und Urkunden ausgezeichnet.[244] Broschüren mit zahlreichen Abbildungen zeigen nicht nur Entwürfe, Enttrümmerungs- und Bauarbeiten und die begeisterte Tatkraft der Massen, sondern auch die Spitzen von Staat und Partei, Ministerpräsident Grotewohl, SED-Generalsekretär Ulbricht, Aufbauminister Bolz und Oberbürgermeister Ebert, beim Arbeitseinsatz auf den Baustellen. In vielem war die dokumentierte Anteilnahme der Bevölkerung sicher echter Begeisterung und freiwilligem Entschluß entsprungen – eine Beteiligung solcher Art entsteht nicht ohne eine grundsätzliche Zustimmung, obwohl der gesellschaftliche Druck eine Rolle spielt –, manch einer hätte insgeheim aber wohl auch dem distanzierten Kommentar Alfred Kantorowicz' zugestimmt, der am 30. April 1952 über das Haus an der Weberwiese notierte: „Daß doch alles bei uns bramarbasierend vor sich gehen muß – der Bau eines Wohnhauses ein ‚bahnbrechendes' Ereignis! Auch anderswo in der Welt baut man Häuser und Siedlungen, mehr Häuser, bessere Häuser, ohne daß wer danach fragt, bis auf die Mieter. Bei uns aber muß der Bau eines Mietshauses von einem

Getöse begleitet werden, als sei damit eine neue Epoche der Baukunst, der Städteplanung angebrochen."[245]

Das Vorbild für die Stalinallee, deren Grundstein Otto Grotewohl am 3. Februar 1952 legte, und weitere Magistralen, die, oft an lokale Stiltraditionen angelehnt, in Magdeburg, Rostock, Stalinstadt und andernorts entstanden, war die Moskauer Gorkistraße. Die Stalinallee sollte „der Beginn einer grundsätzlichen Neugestaltung der Hauptstadt"[246] sein. Sechs Architektenkollektive waren an der Planung des ersten Teils zwischen Strausberger Platz und Frankfurter Tor beteiligt. Unter der Leitung von Hermann Henselmann, Egon Hartmann, Richard Paulick, Kurt W. Leucht, Hanns Hopp und Karl Souradny entwarfen sie jeweils die Bebauung eines Abschnitts. Zusammen mit ihrer Umgebung war die Stalinallee als Wohngebiet mit Schulen, Kindergärten, Geschäften und Waschhäusern geplant, das zugleich durch Spezialgeschäfte, Kinos, Kulturhäuser und die „Deutsche Sporthalle" eine „überörtliche Bedeutung" erhalten sollte. Der Repräsentationscharakter des bis zu 80 Meter breiten Boulevards wurde ausdrücklich hervorgehoben.[247] Diese Mischung der Funktionen sollte Kennzeichen der „sozialistischen Stadt" sein.[248]

Für die SED war das Aufbauprogramm ein Projekt zum Vorzeigen, das in verschiedener Form Eingang in die Medien fand. Auch von der bildenden Kunst wurde erwartet, daß sie es in angemessener Weise thematisierte. Anläßlich der „III. Deutschen Kunstausstellung" 1953 in Dresden monierte Wilhelm Girnus in der SED-Monatsschrift *Einheit* – nachdem sogar die neu gegründete, von der Staatlichen Kunstkommission mitherausgegebene Zeitschrift *Bildende Kunst* den Beitrag als in seiner Kritik „vernichtend" abgelehnt hatte[249] – die Art, wie Maler sich mit dem Aufbauwerk auseinandersetzten. „Was ist denn das Wesentliche am Aufbau der Stalinallee?" fragte Girnus. „Nur die Gerüste, Kräne, Loren, Baubuden? Gibt es die etwa nicht auch zum Beispiel bei den Kasernenbauten der imperialistischen Kriegsbrandstifter in Westdeutschland? Wollte man also den wesentlichen Unterschied herausarbeiten, so hätte man in diesem Falle den humanistischen Charakter der Architektur der Stalinallee deutlich in Erscheinung treten lassen müssen."[250]

Bei der Eröffnung der Kunstausstellung widmete sich Ministerpräsident Grotewohl den positiven Aspekten des Themas und erging sich in hymnischen Lobpreisungen über den Aufbau der Stalinallee und die Rolle, die die SED dabei spielte: „Wie aber kam es zu dieser herrlichen Schöpfung? Die Partei, die Partei der deutschen Arbeiterklasse, die Sozialistische Einheitspartei Deutschlands, stellte vor dem ganzen Volk und den Baumeistern die Aufgabe und die Frage: Das neue Deutschland braucht eine neue Hauptstadt, die unserer großen Kulturnation zur Ehre gereicht, eine Hauptstadt, die ein würdiger Spiegel der großen Ideen ist, die unser werktätiges Volk zu den höchsten Taten begeistern, eine Hauptstadt, die in ihrer neuen architektonischen Gestalt der Werke Schlüters, Schinkels und Knobelsdorffs würdig ist. Wollt ihr eine solche Hauptstadt bauen? Und das Volk antwortete mit einem millionenfachen Ja!"[251] Daß gerade auch Arbeiter, die an dem von so viel Propaganda begleiteten Bau der „ersten sozialistischen Straße Berlins" mitwirkten, im Juni 1953 streikten und demonstrierten, mag die Führung der DDR neben allen anderen Erschütterungen jener Tage noch zusätzlich getroffen haben.[252]

Wettbewerb der Systeme und gesamtdeutsche Architektur

Die gleichzeitige entschiedene Frontstellung gegenüber dem westdeutschen Staat – nicht seiner Bevölkerung – und dort wirksamen amerikanischen Einflüssen einerseits und eine ausgeprägte gesamtdeutsche Rhetorik andererseits charakterisierten Anfang der fünfziger Jahre auch die kulturpolitischen Stellungnahmen in der DDR.[253] Im Prinzip gilt das umgekehrt ebenso für die Bundesrepublik. Das taktische Bekenntnis der DDR zu einer solcherart nationalen, gegen die Integration des Westens gerichteten Politik, das aber „der realen strategischen Orientierung (Vollendung der sozialen und politischen Integration in den Ostblock) widersprach"[254] (Dietrich Staritz), prägte auch den kulturellen Bereich.

Äußerungen Ulbrichts über das „Bauwesen, wie es von den reaktionären Machthabern in Bonn gefördert wird", die „einfach die konstruktivistische amerikanische Bauweise, den Bau von Kästen", übernähmen[255], oder Liebknechts über einen von den USA vertretenen „Formalismus" als „Mittel des räuberischen Imperialismus, dessen Ziel es ist, die nationale Würde der Völker zu vernichten"[256], waren ständiger Bestandteil der Architekturdiskussion. Darüber hinaus gab es Beiträge, die sich gezielt mit dem Bauen in der Bundesrepublik auseinandersetzten.

Über „Die Tragödie der westdeutschen Architektur" äußerte sich Kurt Magritz 1952. Er kritisierte den amerikanischen Einfluß, der die historischen Zentren westdeutscher Städte ihrer Identität beraube und durch „minderwertige formalistische Bauwerke"[257] das nationale Erbe vernichte. Besondere Kritik erfuhr unter anderem ein von Sep Ruf entworfenes Bankgebäude in Nürnberg: „Einige Architekten vertreten die Auffassung, daß sich das Gebäude der Bayerischen Staatsbank durch gute Proportionen auszeichnet. [...] Sie übersehen, daß die klassischen und nationalen Formen: Gesimse und Lisenen, Säulen und Risalite, Kapitelle, Fenstergewände und Türumrahmungen Grundelemente der künstlerischen Gestaltungsmethode bilden, die dazu dienen, die Hauptproportionen eines Gebäudes zur vollen künstlerischen Entfaltung zu bringen."[258]

Ähnlich äußerte sich Edmund Collein im selben Jahr in einem Beitrag über die „Amerikanisierung des Stadtbildes von Frankfurt am Main"[259]. Lob erhielt demgegenüber ein Wiederaufbau, wie er in Freudenstadt vorgenommen wurde, wo ein historisierendes, von lokalen Traditionen bestimmtes einheitliches Gesamtbild der Innenstadt entstand.[260]

Die propagierte „nationale" Architektur wurde nicht nur als notwendig zur Wahrung der Identität bezeichnet, sondern auch als „einer der mächtigsten Hebel für die Annäherung und die Wiedervereinigung unseres durch die imperialistische Besatzung gespaltenen Vaterlandes"[261]. Man sei sicher, schrieb die Zeitschrift *Deutsche Architektur* 1952, „die große Mehrheit der westdeutschen Architekten zu überzeugen, daß der Weg, den wir beschritten haben, für die Entwicklung der deutschen Architektur der einzig richtige Weg und von schöpferischer Bedeutung für ganz Deutschland ist"[262].

Auch in der entgegengesetzten Richtung fielen die Urteile nicht zurückhaltend aus. War in den Westzonen und später in der Bundesrepublik anfangs, wenn überhaupt, nur die Architektur in der Sowjetunion Gegenstand von Kritik gewesen[263], so rückte zu Beginn der fünfziger Jahre auch die DDR in den Blick. Nicht nur die denkmalpflegerischen Versäumnisse im Umgang mit bedeutenden historischen Bauwerken[264], auch die am sowjetischen Vorbild orientierte Wiederaufbautätigkeit wurde attackiert.[265]

Ein großer Teil der Beiträge zog Parallelen von der Baupolitik, den architektonischen Leitbildern und ihrer Verwirklichung während des Nationalsozialismus zur Sowjetunion und zur DDR.[266]

Walter Dirks und Hermann Mäckler stellten 1950 eine „gesonderte politische Funktion" fest, die faschistische wie bolschewistische Architektur besäßen.[267]

Deutliche Kritik, besonders an äußeren Erscheinungen, formulierten nicht nur manche Fachzeitschriften, sondern auch die Massenmedien. „Der Rote Zar braucht Super-Schlüter"[268], bemerkte der *Spiegel* 1951 in dem ihm schon damals eigenen Stil über die historisierende Bauweise in Stalins Sowjetunion und in der DDR. Gelassener war dagegen oft die Einstellung der Architekten selbst. „*Eine* Stalinallee tut uns noch nicht weh", meinten West-Berliner Stadtplaner, „die zweite muß man verhindern."[269]

Ästhetik und Funktion von Architektur im Licht des Marxismus-Leninismus: „Sozialistischer Realismus" und „sozialistische Architektur"

Schon 1948 hatte Kurt Magritz einen Ausgangspunkt marxistischer Betrachungsweise von Architektur und ihrer Stellung zu der Gesellschaft, in der sie entsteht, angedeutet. Er hatte im Zusammenhang mit Überlegungen zu einer soziologischen Betrachtung antiker Architektur die Möglichkeit angesprochen, für das ästhetische Gefühl „objektive Kriterien" zu ermitteln, „die in der wirklichen Entwicklung der gesellschaftlichen Verhältnisse wurzeln"[270]. Diese Position läßt sich auch als Ausgangspunkt für die Vorstellungen von einer Architektur und ihren Funktionen in der sozialistischen Gesellschaft ansehen. In der Diskussion in der frühen DDR wurde allerdings das Verständnis von einer Existenz oder Entwicklung objektiver ästhetischer Kriterien selten deutlich ausgesprochen.

Ein anderes Element ausgeprägt marxistisch-leninistischer Herkunft auch in dieser Diskussion ist die „Parteilichkeit". Hinzu kommen – nur von einem Standpunkt außerhalb dieses Denkgebäudes betrachtet, paradox erscheinend – der zumindest proklamierte Anspruch einer umfassenden Diskussion und das Prinzip der „Kritik und Selbstkritik". So konnte die SED in der Öffentlichkeit eine sehr offen erscheinende Auseinandersetzung mit den Auffassungen der von ihr betrauten Architekten führen und zugleich ihren Standpunkt als allein mögliche Interpretation der Lehre eines als wissenschaftlich verstandenen Marxismus-Leninismus vertreten. Und so konnte es auch in dem maßgebenden Lehrwerk, dem von der Deutschen Bauakademie herausgegebenen *Handbuch für Architekten* (1954), über die Sowjetunion der zwanziger und dreißiger Jahre heißen: „Durch eine konsequente, von Parteilichkeit getragene Auseinandersetzung mit dem anfangs in Erscheinung tretenden Formalismus entwickelte und festigte sich die Methode der sowjetischen Kunst, der sozialistische Realismus."[271]

Der „sozialistische Realismus" wurde mit der II. Parteikonferenz der SED 1952 zur „einzigen Methode, nach der unsere Künstler ihre Aufgaben bei dem planmäßigen Aufbau des Sozialismus lösen können"[272]. Dieser „sozialistische Realismus", wie er auf allen Gebieten der Kunst gefordert wurde, erfuhr im Bereich der ausdrücklich auch als Kunst verstandenen Architektur die ungenausten, oberflächlichsten und formelhaftesten Definitionen. Das hängt sicherlich zum Teil damit zusammen, daß es – vom Realismus-Begriff im herkömmlichen Sprachgebrauch ausgehend – Schwierigkeiten bereitet, plausibel zu erklären, wie man „realistisch" bauen kann und vor allem, denn sonst wäre die Charakterisierung zur Unterscheidung von anderem unnötig, wie man *nicht* „realistisch" bauen kann. Für Literatur, Malerei oder Plastik, also Künste mit der Möglichkeit, ein Abbild der Wirklichkeit zu schaffen, konnte der in diesem Zusammenhang maßgebende Satz Stalins „Der sozialistische Realismus ist die wahrheitsgetreue, historisch konkrete Darstellung der Wirklichkeit in ihrer revolutionären Entwicklung"[273] eine umsetzbare Anleitung sein. Die Bauakademie interpretierte ihn für die Architektur folgendermaßen:

„Daraus folgt, wie Stalin weiter lehrt, daß die Kunst ihrem Inhalt nach sozialistisch und ihrer Form nach national sein muß. Das gilt auch für die Baukunst. Sie ist dann ihrem Inhalt nach sozialistisch, wenn sie die Ideen der sozialistischen Gesellschaft, die die materiellen und ideellen Bedürfnisse des ganzen Volkes befriedigen, widerspiegelt und damit gleichzeitig die Weiterentwicklung der Gesellschaft fördert. Die nationale Form der Baukunst entwickelt sich durch die kritische Aneignung und schöpferische Weiterbildung des kulturellen Erbes unter besonderer Berücksichtigung der nationalen Tradition. Nur eine solche Baukunst entspricht der psychischen Eigenart eines Volkes. Sie befriedigt sein Schönheitsempfinden und wird ihm in ihrem Inhalt verständlich."[274]

Der „sozialistische Realismus" in der Architektur wurde nicht mit bestimmten Gestaltungsformen in Verbindung gebracht, außer einer generellen Ablehnung des „Formalismus" und einer Befürwortung des „nationalen Erbes". So sagte Hermann Henselmann noch 1980, „sozialistische Architektur" lasse sich nicht an einzelnen Formen erkennen. Sie werde „vor allem an der Gesamtheit der Stadt ablesbar sein, an einer spezifischen Wesensart ihrer räumlichen Organisation, an der Lebenszugewandtheit und Zukunftssicherheit, welche von der Furcht ihrer Bewohner vor Hunger, Arbeitslosigkeit und Krieg befreit ist"[275]. Auch zahlreiche Äußerungen der Zeit ließen sich auf eine genauere Charakterisierung eines „sozialistischen Realismus" im Bauen und einer „sozialistischen Architektur" kaum ein.[276]

Jäger sieht darin auch ein bewußt eingesetztes Mittel: „Gerade das Undefinierte (oder sogar Undefinierbare) erweist sich als besonders gut handhabbar in sich ständig verändernden politischen Konstellationen."[277] Eine Begründung für den Vorrang einer historisierenden Architektur erkennt Hermann Heckmann darin, daß mit „sozialistischem Realismus" nicht allein die Widerspiegelung der jeweiligen Wirklichkeit, sondern auch „deren Wesen an sich" gemeint war. Als wertvoll betrachtete Errungenschaften könnten im marxistisch verstandenen Ablauf der Geschichte in spätere Formationen übernommen und weiterentwickelt werden.[278]

In einem ausführlichen Beitrag ging Ernst Hoffmann 1952 auf „Ideologische Probleme der Architektur" ein. Zwischen „realistischer" und „formalistischer" Architektur bestünden fundamentale Gegensätze. Eine Begründung des Konstruktivismus als die dem „technischen Zeitalter" gemäße Form lehnte Hoffmann ab. Die Beschaffenheit der Technik sei im Kapitalismus und im Sozialismus gleich, eine in erster Linie auf der Technik fußende Ästhetik der Architektur also nicht logisch. Nach dem marxistischen Verständnis vom Ablauf der Geschichte bewirke eine veränderte Basis einen veränderten Überbau, zu dem die Architektur gehöre. „So kommt es, daß dieselbe Technik im Kapitalismus vermittels der kapitalistischen Basis der imperialistischen, formalistischen Bauweise und im Sozialismus vermittels der sozialistischen Basis der realistischen sozialistischen Architektur dient. Die Konzeption einer ‚technischen Idee' als einer neuen ästhetischen Idee entbehrt also jeder historischen Grundlage."[279] Insgesamt ist auch Hoffmanns Artikel eine ausführliche Begründung für den Kampf gegen den „Formalismus", die Orientierung an der Sowjetunion und die Aneignung und Weiterführung des „nationalen Erbes". An gleicher Stelle, in der Zeitschrift

Deutsche Architektur, versuchte 1953 der sowjetische Architekt G. Minerwin, aus der „materialistischen Widerspiegelungstheorie" Lenins Folgerungen für die Architektur zu ziehen. Er benannte die Problematik eines „sozialistischen Realismus" in der Architektur, die darin liege, daß sie Erscheinungen oder Gegenstände „nicht direkt darstellen" könne.[280] Dennoch traute er der Architektur Besonderes zu: „Jedes beliebige künstlerisch wertvolle Werk der Architektur gestattet, solche Seiten des kulturellen und ideellen Lebens der Epoche mit großer Kraft zu fühlen und zu begreifen, die widerzuspiegeln die Kräfte jeder anderen Kunst übersteigt."[281]

Einen Versuch, dem Anspruch eines „sozialistischen Realismus" in der Praxis nachzukommen, beschrieb Hermann Henselmann anhand seiner Konzeption für den Strausberger Platz als Teil der Stalinallee. Er habe versucht, „durch architektonische Bilder, die unserem Volke vertraute Symbole ihres [richtig: seines] gesellschaftlichen Lebens sind, die Ideen des Sozialismus auszudrücken und gleichzeitig von der Einheitlichkeit der gesamten städtebaulichen, künstlerischen Konzeption auszugehen, von der die Stalinallee ein Teil ist. Das ist die tragende Idee dieser Bauten: Die schöpferischen Kräfte des Menschen tragen den Sieg über Trümmer, Krieg und Elend davon. Diese Idee soll durch ein Pathos wirken, das den Glauben an die eigenen Kräfte stärkt und den Willen zum Handeln weckt."[282] Henselmann nannte Turm und Tor als hierfür geeignete architektonische Elemente.

Der Bauakademie erschienen schließlich 1953 nicht mehr bestimmte Bauformen, sondern allein die räumlichen Ausmaße der Architektur schon ausreichend, ihren Charakter zu vermitteln: „Der neue Inhalt der deutschen Architektur drückt sich in den gewaltigen Abmessungen und dem grandiosen Raumprogramm der Stalinallee aus."[283]

„Besser, billiger und schneller bauen" – Erneute Umorientierung 1954/1955

Neue Schwerpunkte in der sowjetischen Architekturpolitik

Mit den Veränderungen nach dem Tod Stalins im März 1953 begann sich auch in Architektur und Städtebau eine Wende anzubahnen. Sie wurde zuerst öffentlich und von höchster Stelle mit der Rede Chruschtschows auf der „Unionskonferenz der Baufachleute der UdSSR", die im Dezember 1954 in Moskau stattfand, manifest. Chruschtschow sprach vor allem über notwendige Verbesserungen in der Bauindustrie und eine wirtschaftlichere Bautätigkeit. Unter dem Motto „Besser, billiger und schneller bauen" forderte er, „das Bautempo wesentlich zu steigern, die Qualität zu verbessern und die Baukosten zu senken. Für die Lösung dieser Aufgabe gibt es nur einen Weg – die weitestgehende Industrialisierung des Bauwesens."[284]

Deshalb sollten die Typenprojektierung und eine Montagebauweise mit vorgefertigten Elementen die bevorzugten Methoden werden.[285] Die in erster Linie technischen Veränderungen mußten auch eine ästhetische und damit in Ansätzen auch schon, in beginnender, wenngleich noch kaum merklicher Abkehr von Stalin, eine politischideologische Veränderung mit sich bringen. „In unserer Bautätigkeit kommt es oft vor, daß Mittel verschwendet werden", sagte Chruschtschow, der in den dreißiger Jahren selbst als Erster Sekretär der Parteikomitees der Stadt Moskau für den Ausbau der sowjetischen Hauptstadt zur Metropole, die Errichtung ihrer repräsentativen Monumentalbauten und der Untergrundbahn verantwortlich gewesen war. „Das liegt zum großen Teil an den Architekten, die eine übermäßige architektonische Ausstattung der nach individuellen Entwürfen errichteten Gebäude bevorzugen."[286] Er kritisierte jene Architekten, die „sich einer unnötigen Verziererei der Fassaden hingaben und letztere mit überflüssigem Dekor versahen"[287].

Ein altes Feindbild durfte nun nicht mehr jede historisierende und ornamentbeladene Architektur rechtfertigen: „Der Kampf gegen den Konstruktivismus soll mit vernünftigen Mitteln geführt werden. Man darf sich nicht für architektonische Dekorationen und ästhetische Verzierungen begeistern und völlig unbegründet auf Gebäude Türme aufsetzen bzw. Skulpturen aufstellen. Wir sind nicht gegen Schönheit, jedoch gegen alle Arten von Überflüssigkeiten."[288]

Reaktionen in der DDR

Chruschtschows Rede erregte in der Fachwelt auch außerhalb der Sowjetunion Aufsehen. „Alles, was er an jenem denkwürdigen Tag sagte, scherte sich nicht um die zwanzig Jahre lang herrschende Lehre und Praxis"[289], kommentierte die amerikanische Zeitschrift *Problems of Communism*. In der DDR bereitete die Rede der Partei und den mit Architektur befaßten Organisationen einige Probleme. Zwar hatte Kurt Liebknecht bereits 1954 darauf hingewiesen, es müsse „endlich die Wirtschaftlichkeit" im Bauwesen gewährleistet werden.[290] Größere Sparsamkeit und „komplexes" Planen und Bauen seien notwendig: „Das komplexe Bauen hat eine große Bedeutung für die Anwendung der industriellen Bauweisen."[291] Aber noch im Juni 1955 verteidigte die Bauakademie die bisher praktizierte Bauweise als eine notwendige Etappe und wollte die Kritik an Eklektizismus, an übertrieben aufwendiger Gestaltung und bloßer Nachahmung des sowjetischen Vorbilds nicht gänzlich akzeptieren.[292] Es wurde jedoch eingeräumt, daß die Äußerungen Chruschtschows auch auf die Gestaltung und nicht nur auf die technische Fertigung zu beziehen seien: „Der Hauptfehler auch in unserer Entwicklung besteht in einer Überbetonung der ideellen Seite der Architektur gegenüber der materiellen Seite."[293] Die Bauakademie gestand in ihrer Stellungnahme, die insgesamt den Charakter eines beginnenden Rückzugs hat, ein, daß klassische Bauformen zum Teil schematisch übernommen worden seien und technische Mängel bestünden. Wichtig seien aber weiterhin die Grundsätze des „sozialistischen Realismus", und gewarnt wurde vor falschen Auslegungen der Rede Chruschtschows, die die „Wiederherstellung der konstruktivistischen und funktionalistischen Architektur" bezweckten.[294] Von besonderer Bedeutung, hieß es, sei nun die Verbindung von Architektur und bildender Kunst, nachdem zeitweise befürchtet worden war, man müsse aus der Rede des sowjetischen Parteichefs den Schluß ziehen, Malerei und Plastik am Bau sollten reduziert werden.[295]

Schon zuvor, im April 1955, hatte Walter Ulbricht auf der ersten „Baukonferenz der Deutschen Demokratischen Republik" die Losung ausgegeben: „Die Grundaufgabe, die auf dieser Konferenz beraten werden soll, heißt: ‚Besser, schneller und billiger bauen!'"[296] Das Motto war im übrigen nicht neu. Es hatte bereits 1952 als Losung für den Aufbau der Stalinallee gegolten; die Forderungen nach einem erhöhten Bautempo und einer größtmöglichen Wirtschaftlichkeit hatte Ulbricht schon auf der II. Parteikonferenz der SED im Juli 1952 aufgestellt.[297] 1955 bezeichnete Ulbricht die Industrialisierung des Bauens als vordringlichste Aufgabe.[298] Er sah aus der Moskauer Baukonferenz „wertvolle Lehren" zu ziehen: „In der Architektur wird oft noch die Weiterentwicklung der Traditionen falsch verstanden, und wir haben es in vielen Fällen mit einem äußerlichen Dekorieren der Bauten zu tun."[299]

Die Abkehr vom Bauen „in nationaler Tradition" verlief jedoch eher zögernd. Das Präsidium der Bauakademie beharrte noch auf der „prinzipielle[n] Richtigkeit unseres Weges"[300], und Liebknecht mochte „Überladenheit" oder die „unkritische Übernahme von Bautraditionen" als Vorwurf gegenüber den großen Projekten in der DDR nicht akzeptieren.[301] Aber die Richtung zu einer funktionaleren Architektur war eingeschlagen, und sie sollte sich in den nächsten Jahren durchsetzen – nicht nur, weil die Orientierung am sowjetischen Vorbild es verlangte, sondern auch, weil die wirtschaftliche Situation es nahelegte. Die Befürchtung, mit einer Aufgabe des „nationalen Bauens" die Identität der DDR zu gefährden, verlor erst allmählich ihr Gewicht. Während in der Sowjetunion diese Wende auch ein Bestandteil der beginnenden Entstalinisierung war, konnte in der DDR die Abkehr von einem Bauen, das zugleich als national – zur Abgrenzung von der Bundesrepublik als eigentlich deutsch verfochten – und als sozialistisch – also dem überlegeneren Gesellschaftssystem gemäß – verstanden wurde, eine viel größere Gefährdung des ideologischen Fundaments bedeuten – dies besonders, da es erst seit wenigen Jahren, die kurze Geschichte des neuen Staates aber von Beginn an begleitend, praktiziert wurde.[302]

Zur Orientierung in einer veränderten Situation wurden auch Stimmen aus dem Ausland, vor allem natürlich aus den sozialistischen Staaten herangezogen. 1956 gab die Zeitschrift *Aufbau* eine Rede des sowjetischen Schriftstellers Ilja Ehrenburg über die Kultur in der Sowjetunion nach dem XX. Parteitag der KPdSU wieder. Ehrenburg sprach über eine gewisse Öffnung im Bereich von Literatur und bildender Kunst, aber wie für diese Bereiche erhellten auch seine knappen Bemerkungen zur Architektur noch eher die sowjetische Beurteilung der Vergangenheit als den Weg in die Zukunft. Die bis dahin harsche Ablehnung des Neuen Bauens war jedoch einer bedingten Anerkennung gewichen:

„Zwischen 1920 und 1930 waren die ‚Konstruktivisten', die Schüler von Le Corbusier und die glühenden Verehrer des ‚Bauhauses' die herrschende Richtung. Diese Konstruktivisten und die ausländischen Architekten, die wir zu uns eingeladen hatten, errichteten ultramoderne Gebäude. Was ist der Grund für ihren Mißerfolg? Wir hatten damals nicht genug gute Baumaterialien. Nun verlangt aber der ‚nackte' Gegenstand ein Material von hoher Qualität. Die billigen Zigarettenetuis zum Beispiel sind stets mit Ornamenten überladen. [...] So war, als Rückwirkung hierauf, eine gewisse Zeitlang der Weg frei für eine eklektische Architektur von erbärmlichem Geschmack. Diese Periode kann als abgeschlossen betrachtet werden. Und jetzt können wir sehen, wie der Geschmack der Gesellschaft sich entwickelt hat. Es geht nicht nur darum, daß die Regierung gewisse Gebäude wegen der übermäßigen Verschwendung unnötiger Elemente verurteilt hat. Es geht auch um die Tatsache, daß die Menschen kultivierter und anspruchsvoller geworden sind. Sie fordern eine Architektur, die nüchterner ist und den Bedürfnissen unserer Zeit entspricht."[303]

Die nun in der DDR angebrochene Periode war wesentlich weniger von einem eindeutigen architektonischen Leitbild gekennzeichnet als die erste Hälfte der fünfziger Jahre. Bis Mitte der sechziger Jahre bestanden nebeneinander mit sich veränderndem Gewicht Auffassungen von „nationaler", historisierender Architektur und funktionalem, industrialisiertem Bauen. Ebenso gab es in der Praxis zahlreiche Übergangsformen, die versuchten, beides zu verbinden, auch frühe Formen einer erst später etablierten Architektur und späte Erscheinungen einer schon nicht mehr maßgebenden Bauweise.[304] So konnte Manfred Ackermann für die fünfziger Jahre insgesamt die Charakterisierung als „Gemisch aus Tradition und Umwälzung"[305] treffen. Erst recht gilt dies für die Diskussion um Architektur. Die Phase des „nationalen Bauens" bis um 1955 allerdings war eine in sich abgeschlossene, homogene und keine wesentlichen Alternativen zulassende Periode. Das seit Mitte der fünfziger Jahre verfolgte Konzept des „industrialisierten Bauens" hat in der Praxis vor allem mit der Plattenbauweise bis in die Gegenwart seine – umstrittenen – Wirkungen entfaltet.

4 Hauptmerkmale der Diskussion – Folgen – Urteile

Am Anfang schien alles möglich. Als 1945 das Ende von Krieg und Diktatur in Deuschland auch das Ende einer Architektur im Dienst des Nationalsozialismus bedeutete, glaubten viele an die Chance eines von Grund auf neuen Bauens.
In der ungeordneten und wenig überschaubaren Ausgangslage der ersten Nachkriegsmonate standen Äußerungen zur Architektur, sofern sie sich mit theoretischen und programmatischen Fragen beschäftigten, im Zeichen einer Bilanz und Standortbestimmung. Die Auseinandersetzung mit der Architektur im „Dritten Reich", besonders den nationalsozialistischen Repräsentationsbauten, ließ viele Autoren Erkenntnisse über Möglichkeiten der Instrumentalisierung und des Mißbrauchs von Architektur aussprechen.
Erste Überlegungen für die Zukunft orientierten sich besonders an deutschen Traditionen aus den zwanziger Jahren, an der Gartenstadtidee und am Neuen Bauen. In einer Reihe von Beiträgen kommt Kritik an der herkömmlichen Großstadt zum Ausdruck. Beginnende Planungen, die in erster Linie dem Wiederaufbau der zerstörten Städte galten, richteten sich häufig nach Vorstellungen von einer Stadt, wie sie in der „Charta von Athen" formuliert worden waren. Insgesamt läßt sich für diese pluralistische Zeit noch kein vorherrschendes architektonisches Leitbild feststellen.
Das Neue Bauen, namentlich das Bauhaus, rückte bald stärker in den Blickpunkt. Es erschien einer Mehrheit derjenigen, deren Äußerungen öffentlich wiedergegeben wurden, als Anknüpfungsmöglichkeit besonders geeignet. Konventionellere Auffassungen von Architektur kamen in der öffentlichen Diskussion dieser Jahre zwar auch, aber wesentlich seltener zur Sprache.
Nach dem Ende der Isolation während des Nationalsozialismus diskutierten Architekten auch die Möglichkeiten, die das Ausland zur Orientierung bot. Eindeutige Präferenzen zeichnen sich nicht ab. Eine Mehrheit favorisierte offenbar einen internationalen Stil,

wie er in den USA und verschiedenen europäischen Staaten verbreitet war. Sowjetische Architektur der dreißiger und vierziger Jahre erfuhr, von einzelnem überschwenglichen Lob abgesehen, eher eine kritisch-distanzierte Betrachtung.

Spätestens mit Gründung der DDR im Oktober 1949 fand die Vielfalt ein Ende. Nach dem Entstehen zweier deutscher Staaten und der sich verschärfenden Ost-West-Konfrontation schien der Führung der DDR Offenheit in der Kulturpolitik nicht mehr angebracht. Der Kalte Krieg ließ das sowjetische Vorbild zum allein verbindlichen werden. Die Stadt trat in den Mittelpunkt der von seiten des Staates und der SED forcierten Konzeptionen. Befürwortet als „kulturreichste Siedlungsform", sollte sie durch einen zentralen Aufbau und eine Mischung der Funktionen einen Charakter erhalten, der bewußt in einen Gegensatz zur „Charta von Athen" gestellt wurde.

Mit der Abkehr von der Moderne, militant im Kampf gegen den „Formalismus" und damit gegen jede Form des Neuen Bauens durchgesetzt, ging die Anknüpfung am „kulturellen Erbe" einher. Eine als Kunst verstandene, historisierende, häufig am Klassizismus orientierte Architektur wurde zum alleinigen Leitbild. Die Partei ließ nun, bis auf einzelne, von ihr lancierte öffentliche Auseinandersetzungen, keine Diskussion mehr zu, die über den engen vorgegebenen Rahmen hinausgegangen wäre. Der einzelne Architekt war, wie Künstler und Intellektuelle auch, in seinen Initiativen beschränkt und gänzlich von der Kritik der Einheitspartei abhängig. Die Architekten, die nach Gründung der DDR führende Positionen einnahmen, kamen in der Mehrzahl vom Neuen Bauen der zwanziger Jahre. Auf Druck der SED schworen sie ihren alten Idealen rasch, vollständig und zum Teil öffentlich ab.

Eine aufwendige Propaganda, die das Streben nach einer „sozialistischen Architektur" formulierte, kennzeichnet diese Jahre ebenso wie ein ambivalenter Umgang mit Kulturdenkmälern, ohne daß eine strikt antipreußische Haltung bestanden hätte. Es fällt auf, daß nach 1949 in der DDR, die einen wesentlichen Teil ihrer Identität aus dem Antifaschismus bezog, die Auseinandersetzung mit der Architektur im Nationalsozialismus nahezu verschwand. Ob hier konzeptionelle oder formale Ähnlichkeiten bewußt waren, läßt sich kaum sagen. Stattdessen traten die Feindbilder des „Formalismus" und des „Kosmopolitismus", besonders als Kennzeichen und Mittel eines amerikanischen Imperialismus attackiert, in den Vordergrund. In diesem Zusammenhang findet sich auch oft eine gesamtdeutsche Rhetorik mit stark nationalem Ton. Eine in der Weimarer Republik von der extrem konservativen Seite angegriffene, von ihren Vertretern häufig als sozialistisch verstandene Architektur wurde nun von Sozialisten als bourgeois und kapitalistisch abgelehnt.

Das sowjetische Vorbild galt dem Prinzip nach, die praktische Ausführung sollte jedoch von nationalen, möglichst lokalen Traditionen bestimmt sein. Die Forderung an die Architekten, einen „sozialistischen Realismus" zu schaffen, blieb vage. Versuche, eine „sozialistische Architektur" zu kennzeichnen, Planungen und ausgeführte Objekte als ausgeprägt sozialistisch zu charakterisieren, wirken meist sehr bemüht und sind selten präzise. Trotzdem überdauerte das Leitbild einer „sozialistischen Architektur" die Anfangsphase der DDR.[306]

Diese Periode des Bauens „in nationaler Tradition", die 1950 sehr abrupt und entschieden begonnen wurde, endete langsam. Mit der 1954 in der Sowjetunion eingeleiteten Wende zu einem funktionaleren und weniger kostspieligen Bauen vollzog sich auch in der DDR eine allmähliche Umorientierung. Die Abkehr von einer bis dahin mit solcher Ausschließlichkeit verfochtenen Konzeption fiel der Staatsführung nicht leicht. Dies gilt um so mehr, als sie der Architektur nach 1949 besondere Bedeutung beimaß. Zum einen sollte Architektur selbst Einfluß auf die Bevölkerung ausüben und Ausdruck der angestrebten neuen Gesellschaftsordnung sein. Zum anderen wurden Propaganda und „Diskussion" um Architektur stark ideologisch befrachtet.

Der Anspruch einer zugleich „sozialistischen" und „nationalen Architektur", die sich an der Sowjetunion orientierte und – im Gegensatz zur Bundesrepublik – auf dem „kulturellen Erbe" aufbaute, die verbal besonders gegen die USA geführte Anti-Formalismus-Kampagne – dies alles, propagandistisch aufgenommen, richtete sich auch nach außen, aber in besonderem Maße nach innen. Es sollte zur Stiftung nationaler Identität im Teilstaat und zur Einbindung möglichst großer Bevölkerungsteile beitragen und dem sowjetischen Vorbild auch auf diesem Gebiet Gewicht verschaffen. Die Architektur erwies sich auch hier aufgrund ihrer tatsächlichen oder vermeintlichen Fähigkeiten, unterschiedlichsten Auffassungen angemessenen und besonders deutlich sichtbaren Ausdruck zu verleihen, als ein Bereich, der besonders „ideologiegefährdet"[307] (Walter Gottschall) ist.

Gemessen an der Vielfalt und Qualität der Möglichkeiten, die in den ersten Nachkriegsjahren diskutiert wurden, erscheint die spätere Entwicklung mutwillig eingeengt. Die Chancen, das Ziel einer Stadtlandschaft zu verfolgen, für eine Abkehr von der verkehrsdominierten Stadt und für ein in hohem Maße zugleich funktionales und den menschlichen Bedürfnissen gerechtes Bauen, wie sie zumal in der DDR hätten verwirklicht werden können, wurden ausgeschlagen. Stattdessen herrschte eine Haltung, die Eklektizismus begünstigte und eine anachronistische, zudem, gemessen an den Erfordernissen der Zeit, erstaunlich aufwendige Kulissenarchitektur favorisierte, wo Großzügigkeit und Offenheit etwas wirklich Neues hätten entstehen lassen können. Hier ist die Architektur nur ein Symptom für Entwicklungen in größerem Maßstab. Damit darf auch in diesem Bereich die Möglichkeit, daß die Sowjetunion weitgehende eigenständige Entwicklungen in der DDR zugelassen hätte, nicht allzu hoch eingeschätzt werden. Die Beschaffenheit der SED-Führung in jenen Jahren läßt überdies den tatsächlich bestehenden Spielraum als gering erscheinen.

Machule und Stimmann haben darauf hingewiesen, daß die bisherige Kritik an der Architektur der frühen DDR zu wenig zwischen Architektur und Städtebau unterscheide.[308] Während auch sie die historisierende Architektur ablehnen, sehen sie im Städtebau zu würdigende Leistungen: „Architekturgeschichtlich ein vielleicht vermeidbarer Irrweg, war diese Übergangsperiode für die in der DDR angestrebten Verhältnisse städtebaulich nach unserer jetzigen Kenntnis kein Rückschritt und auch kein Umweg, sondern der erste unsichere Schritt in eine prinzipiell richtige städtebauliche Entwicklung."[309] Unabhängig davon, ob sich Architektur und Städtebau gerade hier so ohne weiteres trennen lassen, scheint diese Auffassung doch in manchem fragwürdig. Die Diskussion jener Zeit zeigt den Willen der Staatsführung, Architektur politisch zu instrumentalisieren und – gleichviel, ob mit Erfolg oder nicht – die Massen auch durch die Gestalt der Stadt zu lenken. Sie zeigt die mutwillige Unterdrückung von Alternativen, wie sie zunächst vielfach in ernst zu nehmender Weise diskutiert worden waren zugunsten in jeder Hinsicht unzeitgemäßer Maßnahmen. Diese Sachverhalte sollten bei einer Beurteilung nicht unberücksichtigt bleiben, ebensowenig wie die Gängelungen und Schikanen, unter denen die schließlich verwirklichten Konzepte zustande kamen.

Dies verdunkelt die fraglos auch vorhandenen positiven Aspekte, wie das – heute vielleicht naiv anmutende – Bemühen, mit einer Mischung von Funktionen der Innenstadt einen spezifisch sozialistischen Charakter zu geben, oder die großangelegten Planungen zum Wiederaufbau der Städte mit ihrem Anspruch eines Vorrangs öffentlicher vor privaten Interessen.

Manche Chance in Architektur und Städtebau hat die DDR nicht genutzt. Möglichkeiten solcher Art vertan zu haben, gilt freilich, unter ganz anderen Bedingungen, auch für den deutschen Staat westlich der Grenze.

Anmerkungen

1 De Fusco, Renato: Architektur als Massenmedium. Gütersloh 1972, S. 26
2 Überblicke bei Fischer, Alexander/Hermann Weber: Periodisierungsprobleme der Geschichte der DDR. In: 30 Jahre DDR. Köln 1979 [Deutschland Archiv. 12. 1979. Sonherh.], S. 17–26; Glaeßner, Gert-Joachim: Schwierigkeiten beim Schreiben der Geschichte der DDR. In: Deutschland Archiv. 17. 1984, S. 638–650. Zum Problem der Periodisierung für die Geschichtswissenschaft in der DDR s. Buxhoeveden, Christina v.: Geschichtswissenschaft und Politik in der DDR. Köln 1980; auch dies./Mechthild Lindemann: Das Problem der Periodisierung in der Geschichtswissenschaft der DDR. In: Alexander Fischer/Günther Heydemann (Hg.): Geschichtswissenschaft in der DDR. Bd. I. Berlin (West) 1988, S. 363–394
3 Vgl. Glaeßner, S. 641; Weber, Hermann: Die DDR 1945–1986. München 1988, S. 112–115
4 Vgl. Glaeßner, S. 643–647; zur Vorgehensweise in der westdeutschen Forschung s. zuletzt Weber, DDR 1945–1986; für die Anfangsjahre der DDR Staritz, Dietrich: Die Gründung der DDR. München ²1987
5 S. Gransow, Volker: Kulturpolitik in der DDR. Berlin (West) 1975, S. 44; Jäger, Manfred: Kultur und Politik in der DDR. Köln 1982, S. 205; Kultur in unserer Zeit. Kollektivarbeit unter Leitung v. Horst Keßler u. Fred Staufenbiel. Berlin (Ost) 1965. Zur kulturpolitischen Entwicklung aus Sicht der SED s. auch die Einführung zu Schubbe, Elimar (Hg.): Dokumente zur Kunst-, Literatur- und Kulturpolitik der SED. Stuttgart 1972, S. 54
6 Streisand, Joachim: Kulturgeschichte der DDR. Köln 1981, S. 71
7 Jäger, Kultur, S. II
8 Schlenker, Wolfram: Das „Kulturelle Erbe" in der DDR. Stuttgart 1977, S. 6
9 Ebd.
10 S. u. a. Ackermann, Manfred: Architektur. In: Handbuch zur deutsch-deutschen Wirklichkeit. Hg. v. Wolfgang Langenbucher, Ralf Rytlewski u. Bernd Weyergraf. Stuttgart 1988, S. 57–63; Architektur und Städtebau in der DDR. Hg. v. d. Deutschen Bauakademie, Institut für Städtebau und Architektur. Leipzig 1969; Beyme, Klaus v.: Der Wiederaufbau. München 1987, S. 286; Hoscislawski, Thomas: Städtebau in der DDR. Berlin (West) 1985 (neigt zur Periodisierung nach Jahrzehnten); Krenz, Gerhard: Architektur zwischen gestern und morgen. Berlin (Ost) ²1975, S. 16–24; Kuhirt, Ullrich (Hg.): Kunst der DDR 1945–1959. Leipzig 1982; Städtebau. Hg. v. Institut für Städtebau und Architektur der Bauakademie der DDR. Berlin (Ost) 1979, S. 42–46; Topfstedt, Thomas: Grundlinien der Entwicklung von Städtebau und Architektur in der Deutschen Demokratischen Republik 1949 bis 1955. Diss. Leipzig 1980; Werner, Frank: Gebaute Kultur. In: Kultur und Gesellschaft in der DDR. Köln 1977 [Deutschland Archiv. 10. 1977. Sonderh.], S. 79–88; ders.: Stadt, Städtebau, Architektur in der DDR. Erlangen 1981

11 Lane, Barbara M.: Architektur und Politik in Deutschland 1919–1945. Braunschweig, Wiesbaden 1986, S. 23
12 Vgl. Huse, Norbert: „Neues Bauen" 1918 bis 1933. München 1975, S. 9
13 Zum Neuen Bauen in Deutschland s. u. a. Frampton, Kenneth: Die Architektur der Moderne. Stuttgart 1983; Huse; Lampugnani, Vittorio M.: Architektur und Städtebau des 20. Jahrhunderts. Stuttgart 1980; Lane; Pehnt, Wolfgang: Architektur. In: Erich Steingräber (Hg.): Deutsche Kunst der 20er und 30er Jahre. München 1979, S. 13–114; Tafuri, Manfredo/Francesco Dal Co: Architektur der Gegenwart. Stuttgart 1977
14 S. bereits 1932 Hitchcock, Henry-Russell/Philip Johnson: Der Internationale Stil 1932. Dt. Braunschweig, Wiesbaden 1985
15 Zit. nach Huse, S. 126
16 Petsch, Joachim: Kunst im „Dritten Reich". Köln ^{2}1987, S. 18
17 Vgl. ebd.
18 Vgl. Huse, S. 126; Lane, S. 123–141; Petsch, Kunst, S. 16–18
19 So der Titel eines Buches des Architekturhistorikers Sigfried Giedion aus dem Jahr 1929: Befreites Wohnen. Neuausg. Frankfurt a. M. 1985; vgl. Huse, u. a. S. 64–103
20 Vgl. u. a. bauhaus utopien. Hg. v. Wulf Herzogenrath. Stuttgart 1988, S. 256–293; Hübner, Herbert: Die soziale Utopie des Bauhauses. Diss. Münster 1963; Hüter, Karl-Heinz: Das Bauhaus in Weimar. Berlin (Ost) 1976; Wünsche, Konrad: Bauhaus. Berlin (West) 1989
21 Meyer, Hannes: bauhaus und gesellschaft. In: bauhaus. 3. 1929, H. 1, S. 2, zit. nach Pehnt, Wolfgang: Das Ende der Zuversicht. Berlin (West) 1983, S. 336
22 S. z. B. Huse, S. 91–103
23 Zum Neuen Bauen in der Sowjetunion s. u. a. Chan-Magomedow, Selim: Pioniere der sowjetischen Architektur. Wien, Berlin (West) 1983; De Feo, Vittorio: URSS architettura 1917–1936. Rom 1963; Frampton, S. 145–153; Kasus, J.: Architekturwettbewerbe von 1920 bis zum Beginn der 30er Jahre. In: Konzeptionen in der sowjetischen Architektur 1917–1988. Hg. v. Comenius-Club. Berlin (West) 1989, S. 41–62; Kunst in der Revolution. [Katalog Frankfurter Kunstverein.] Frankfurt a. M. 1972; Parkins, Maurice F.: City Planning in Soviet Russia. Chicago 1953, S. 13–29; Rjabusin, A. V.: Die avantgardistische Architektur der 20er und 30er Jahre. In: Konzeptionen, S. 11–39; Tafuri/Dal Co, S. 204–220; Vogt, Adolf M.: Russische und französische Revolutionsarchitektur 1917 1789. Köln 1974; Voyce, Arthur: Russian Architecture. New York 1948, S. 117–150
24 Vgl. Chan-Magomedow, u. a. S. 61–73; Frampton, S. 145–148
25 Vgl. Chan-Magomedow, S. 193 f.; Frampton, S. 150
26 Vgl. Chan-Magomedow, v. a. S. 273–348; Huse, S. 87
27 S. Frampton, S. 123
28 Zit. nach Frampton, S. 151 (Hervorhebung im Original)
29 Frampton, S. 153; s. auch Tafuri/Dal Co, S. 204; Totalitäre Architektur. Zusammengest. v. Helmut Spieker. Stuttgart 1981, S. 134–143
30 S. Frampton, S. 181 f.
31 S. Lampugnani, Architektur und Städtebau, S. 133–143; Ikonnikow, A. V.: Der Historismus in der sowjetischen Architektur. In: Konzeptionen, S. 65–107
32 Kultermann, Udo: Zeitgenössische Architektur in Osteuropa. Köln 1985, S. 13

33 Petsch, Kunst, S. 20
34 Zur Rolle der Architektur im Nationalsozialismus s. u. a. Bartetzko, Dieter: Zwischen Zucht und Ekstase. Berlin (West) 1985; Dülffer, Jost/Jochen Thies/Josef Henke: Hitlers Städte. Köln, Wien 1978; Durth, Werner: Deutsche Architekten. Braunschweig, Wiesbaden 1986, bes. S. 76–245; Hinz, Manfred: Massenkult und Todessymbolik in der nationalsozialistischen Architektur. Köln 1984; Inszenierung der Macht. Hg. v. d. Neuen Gesellschaft für Bildende Kunst. Berlin (West) 1987; Lane, S. 161–176 u. bes. 177–205; Merker, Reinhard: Die bildenden Künste im Nationalsozialismus. Köln 1983, bes. S. 180–238; Petsch, Joachim: Baukunst und Stadtplanung im Dritten Reich. München, Wien 1976; ders., Kunst; Teut, Anna: Architektur im Dritten Reich. Berlin (West), Frankfurt a. M., Wien 1967; Totalitäre Architektur, S. 124–134; Wulf, Joseph: Die bildenden Künste im Dritten Reich. Neuausg. Frankfurt a. M., Berlin (West) 1989, S. 246–269
35 S. Petsch, Kunst, S. 20; zur funktionalistischen Architektur im Nationalsozialismus s. Fehl, Gerhard: Die Moderne unterm Hakenkreuz. In: Hartmut Frank (Hg.): Faschistische Architekturen. Hamburg 1985, S. 88–122
36 S. Frampton, S. 186
37 Vgl. Bartetzko, bes. S. 59–103; Petsch, Baukunst, S. 206–210; ders., Kunst, S. 25; Taylor, Robert: The Word in Stone. Berkeley, Los Angeles, London 1974
38 S. Lampugnani, Vittorio M.: Eine Leere voller Pläne. In: ders.: Architektur als Kultur. Köln 1986, S. 140–170
39 S. Pehnt, Ende, S. 188 f.
40 Petsch sieht in ihr eine unangemessene Folgerung aus der Totalitarismustheorie (Baukunst, S. 220).
41 Lampugnani, Vittorio M.: Die entnazifizierte Baugeschichte. In: ders., Architektur als Kultur, S. 229–257, hier S. 240
42 Zit. nach Fischer, Alexander (Hg.): Teheran, Jalta, Potsdam. Köln ^{2}1973, S. 395
43 Vgl. Stephan, Alexander: Frühgeschichte der DDR-Kulturpolitik. In: Kultur und Gesellschaft in der DDR. Köln 1977 [Deutschland Archiv. 10. 1977. Sonderh.], S. 18–31
44 Ebd., S. 21
45 Notiz von Wilhelm Pieck, zit. nach Laschitza, Horst: Kämpferische Demokratie gegen Faschismus. Berlin (Ost) 1969, S. 97; s. Fischer, Alexander: Sowjetische Deutschlandpolitik im Zweiten Weltkrieg 1941–1945. Stuttgart 1975, S. 83–103
46 Zit. nach Laschitza, S. 206; vgl. Fischer, Deutschlandpolitik, S. 116 f.
47 Zit. nach Laschitza, S. 207
48 Fischer, Deutschlandpolitik, S. 118
49 Zit. nach Laschitza, S. 203
50 Vgl. das Vorwort zu Um die Erneuerung der deutschen Kultur. Zusammengest. v. Gerd Dietrich. Berlin (Ost) 1983, S. 5–49; Gransow, S. 49–55; Jäger, Kultur, S. 1–11; ders.: Literatur und Kulturpolitik in der Entstehungsphase der DDR 1945–1952. In: Aus Politik und Zeitgeschichte. B 40–41/1985, S. 32–47, hier S. 33–42; Kultur in unserer Zeit, S. 68–87; Stephan, S. 29 f.; Streisand, S. 71–82
51 Vgl. Jäger, Kultur, S. 1; ders., Literatur; Schlenker, S. 73–84; Stephan, S. 29–31
52 Jäger, Kultur, S. 2 f.
53 Zit. nach Jäger, Kultur, S. 2

54 S. Richter, Rolf: Kultur im Bündnis. Berlin (Ost) 1979, S. 20–26; vgl. Jäger, Literatur, S. 34 f.
55 Vgl. Jäger, Kultur, S. 25–64; ders., Literatur, S. 42–46
56 Andreas-Friedrich, Ruth: Schauplatz Berlin. Frankfurt a. M. ²1985, S. 12; s. z. B. auch die Aufzeichnungen von Margret Boveri: Tage des Überlebens. München 1968
57 Andreas-Friedrich, S. 19
58 Häring, Hugo: Neues Bauen. In: Baukunst und Werkform. 1. 1948, H. 1, S. 30–36, hier S. 30
59 Taut, Max: Berlin im Aufbau. Berlin 1946
60 Probleme des Neuaufbaus Berlins (Aus dem Rechenschaftsbericht des 1. stellv. Oberbürgermeisters Karl Maron: Ein Jahr Magistrat Berlin). In: Berlin im Neuaufbau. Hg. im Auftrage des Magistrats der Stadt Berlin. Berlin 1946, S. 13–24, hier S. 21 f.
61 Henselmann, [Hermann]: Nazibauten. In: Aufbau. 1. 1945, S. 129–136, hier S. 131 f.
62 Ebd., S. 133
63 Ebd., S. 132
64 Ebd., S. 135
65 Scharoun, Hans: Fragen des Bauens vor, während und nach der Naziherrschaft. In: Aufbau. 2. 1946, S. 40–44, hier S. 43
66 Ebd., S. 44
67 Küttner, Ludwig: Vor einer neuen Baukunst. In: Aufbau. 2. 1946, S. 778–789, hier S. 778
68 Ebd.
69 Ebd., S. 788 f.
70 Henselmann, Hermann: Planung des Aufbaus. In: Aufbau. 2. 1946, S. 265–277, hier S. 266
71 Ebd., S. 266 f.
72 Ebd., S. 276
73 Taut (unpaginiert)
74 Ebd.
75 Bartning, Otto: Ketzerische Gedanken am Rande der Trümmerhaufen. In: FH. 1. 1946, H. 1, S. 63–72
76 -s. [d. i. Walter Dirks]: Die Stunde des Werkbundes. In: FH. 1. 1946, H. 2, S. 88 f.; s. auch Hofmann, Ursula: Wunsch an die Städteplaner. In: FH. 1. 1946, S. 593–600; Leitl, Alfons: Erwägungen und Tatsachen zum deutschen Städte-Aufbau. In: FH. 1. 1946, H. 4, S. 60–67
77 S. Ausstellung Berlin plant. Katalog. Berlin 1946; Durth, Werner/Niels Gutschow: Träume in Trümmern. Bd. 1. Braunschweig, Wiesbaden 1988, S. 207–213; Frank, Hartmut: Trümmer. In: Grauzonen, Farbwelten. Hg. v. Bernhard Schulz. Berlin (West), Wien 1983, S. 43–83, hier S. 44–47; Geist, Johann F./Klaus Kürvers: Das Berliner Mietshaus. Bd. 3. München 1989, v. a. S. 180–250; Kuhirt, S. 87 f.; Trebbi, Giorgio: La ricostruzione di una città. Mailand 1978, S. 54–64; Werner, Frank: Stadtplanung Berlin. Teil I. Berlin (West) 1976, S. 74–101
78 S. u. a. Scharoun, Hans: Berlin. In: Baukunst und Werkform. 1. 1948, H. 1, S. 24–26; ders. [Eröffnungsrede zur Ausstellung „Berlin plant" vom 22. 8. 1946]. In: Der Bauhelfer. 1. 1946, H. 5, S. 1–5; ders.: Gedanken zur neuen Gestalt der

Stadt. In: bk. 1. 1947, H. 6, S. 10–15; s. auch Ebert, Wils: Planung des Raumes Berlin. In: Der Bauhelfer. 1. 1946, H. 11, S. 1–8; Lingner, Reinhold: Die Stadtlandschaft. In: Neue Bauwelt. 3. 1948, S. 83–86

79 S. Kuhirt, S. 84–86
80 S. ebd.
81 Zu diesem Urteil gelangen mit Nuancen fast alle Autoren in und außerhalb der DDR. Vgl. u. a. Durth/Gutschow, Bd. 1, S. 133–140; Hoffmann-Axthelm, Dieter: Deutschland 1945–80 – Der Architekt ohne Architektur. In: Arch+. Nr. 56, 1981, S. 13–21, hier S. 15; Hoscislawski, Städtebau, S. 24; Kuhirt, S. 87 f. (versucht eine genauere Bestimmung von Leitbildern); Kultermann, S. 122; Topfstedt, Grundlinien, S. 20; Werner, Stadt, S. 29. Christoph Hackelsberger übergeht in seiner – allerdings vor allem den Westen Deutschlands behandelnden – Untersuchung mit der Behauptung, in der SBZ sei auf Druck der Besatzungsmacht ein Anknüpfen an die moderne Architektur der zwanziger Jahre nicht möglich gewesen, die Entwicklung der ersten Jahre (Die aufgeschobene Moderne. München, Berlin (West) 1985, S. 25).
82 Vgl. Kuhirt, S. 87
83 Zit. in: CIAM. Hg. v. Martin Steinmann. Basel, Stuttgart 1979, S. 160–163. Die Fassung Le Corbusiers dt. zuerst in: Le Corbusier: An die Studenten. Die „Charte d'Athènes". Reinbek 1962, S. 53–130; Neuausgabe: Le Corbusiers „Charta von Athen". Hg. v. Thilo Hilpert. Braunschweig, Wiesbaden 1984
84 Clemen, Paul: Aufgaben der Denkmalpflege von heute und morgen. In: ZfK. 1. 1947, H. 1, S. 36–44
85 Strauß, Gerhard: Erneuerte Denkmalpflege. In: ZfK. 1. 1947, H. 1, S. 44–48, hier S. 44
86 Ebd., S. 47
87 Ebd., S. 46; s. auch ders.: Denkmalpflege in der Ostzone. In: Die Kunstpflege. 1948, S. 79–86
88 Hirzel, Stephan: Wiederaufbau der Dresdner Frauenkirche. In: ZfK. 1. 1947, H. 1, S. 48–50, hier S. 50
89 Hempel, Eberhard: Ruinenschönheit. In: ZfK. 2. 1948, S. 76–91, hier S. 90
90 Ebd.
91 Schwarzbach, Toni: Das Goethehaus am Frauenplan in Weimar. In: Forum. 2. 1948, S. 252–255, hier S. 255
92 Forum. 1. 1947, H. 8/9
93 Zu unserem Titelbild. Ebd., vor S. 273
94 Ebd.
95 S. Hesse, Fritz: Erinnerungen an Dessau. [Bd. 1:] Von der Residenz zur Bauhausstadt. Bad Pyrmont o. J. [1963], S. 258 f.; Hoffmann, Hubert: die wiederbelebung des bauhauses nach 1945. In: Eckhard Neumann (Hg.): Bauhaus und Bauhäusler. Erw. Neuausg. Köln 1985, S. 369–375; Durth/Gutschow, Bd. 1, S. 135 f.
96 S. Hesse, Bd. 1, S. 259
97 Hassenpflug, Gustav: Kunst – im Menschlichen verankert. In: bk. 1. 1947, H. 7, S. 20–23, hier S. 23
98 Ebd.
99 Wüsten, Ernst: Der Kampf um die moderne Architektur. In: bk. 2. 1948, H. 7, S. 20–22

100 Resolution, die die Studentenschaft der Staatlichen Hochschule für Baukunst und Bildende Künste Weimar anläßlich des Weltstudententages gefaßt hat. In: Forum. 3. 1949, S. 31
101 Ebd.; zu studentischer Kritik an rein konventioneller, die Moderne vernachlässigender Architekturlehre an den Hochschulen s. Orendt, W.: Ältestes bewahrt mit Treue ... In: Forum. 3. 1949, S. 143; Schopp, Friedrich: Klarheit und reine form. Ebd., S. 143 f.
102 Hoffmann, Hubert: Architektur als soziale Aufgabe. In: Aufbau. 4. 1948, S. 435 f.
103 Kühne, Günther: Planung und Wirklichkeit. In: bk. 2. 1948, H. 9, S. 20 f. Zur Situation der Architekten s. auch Henselmann, Hermann: Eine Fülle neuer Aufgaben. In: bk. 3. 1949, S. 9–13; Leyendecker, Karl: Die Stadt der besseren Zukunft. In: bk. 2. 1948, H. 5, S. 14–17
104 Jardon, Rudolf: Schweizerische Architektur. In: bk. 3. 1949, S. 86–89. Welchen Eindruck ein jüngerer Schweizer Architekt, der der dort vorgestellten Richtung angehörte, im Jahr 1947 von einer Ausstellung sowjetischen Bauens im östlichen Sektor Berlins erhielt, schildert Max Frisch in seinem „Tagebuch 1946–1949". Frankfurt a. M. 1950, S. 211 f.
105 Scharfe, Siegfried: Amerikanische Baugesinnung. In: ZfK. 1. 1947, H. 2, S. 34–43, hier S. 43
106 Henselmann, Hermann: Kunst und Gesellschaft. In: Forum. 2. 1948, S. 46–53, hier S. 53
107 Ebd.
108 Ebd.
109 Wangenheim, Inge v.: Moskau im Umbau. In: bk. 2. 1948, H. 2, S. 18–22, hier S. 20
110 Ebd., S. 22; s. auch Liebknecht, Kurt: Neuaufbau in der Sowjetunion. In: Bauplanung und Bautechnik. 3. 1949, S. 107 f. Daß auch im Westen Deutschlands Architektur in der Sowjetunion nicht gänzlich unbeachtet blieb, zeigen die – nahezu unkommentierten – Bildseiten „Bilder aus Sowjetrußland" und „Bilder aus Moskau" in: Die Neue Stadt. 2. 1948, S. 285 u. 350 f.
111 Die neue Bautätigkeit in Ungarn. In: bk. 3. 1949, S. 120–124, hier S. 122
112 Junghanns, Kurt: Lebendiger Städtebau. In: Aufbau. 3. 1947, H. 6, S. 488–491, hier S. 490
113 Küttner, Ludwig: Vom kommenden Baustil. In: Aufbau. 3. 1947, H. 12, S. 386–392, hier S. 388
114 Ebd., S. 389
115 Ebd., S. 392
116 Hoffmann, Hubert: Der Raum als Aufgabe. In: Aufbau. 4. 1948, S. 288–292, hier S. 288
117 Ebd., S. 291
118 Ebd.
119 Kühne, Planung und Wirklichkeit, S. 20
120 Lenz, Robert: Probleme der neuen Schule. In: bk. 2. 1948, H. 10, S. 17–19, hier S. 17
121 S. Kuhirt, S. 86; Stationen eines Weges. Zusammengest. v. Günter Feist. Berlin (West) 1988, S. 11 f.

122 Eine Verteidigung und Verurteilung der Moderne fand 1948 jeweils in beiden Zeitschriften, in „bildende kunst" und in dem vom Parteivorstand der SED hg. Organ „Einheit", statt.
123 Dymschitz, Alexander: Über die formalistische Richtung in der deutschen Malerei. In: Tägliche Rundschau. 19. und 24. 11. 1948, zit. nach Schubbe, S. 100 f.
124 Ebd., S. 99; s. auch den Bericht über eine öffentliche Diskussion an der Humboldt-Universität im Frühjahr 1949, „Formalismus und Realismus in der Kunst", in: Forum. 3. 1949, S. 142 f. Dymschitz' Äußerungen gegen „die dekadente formalistische Kunst" stehen z.T. sehr distanzierte Stellungnahmen von Studentinnen und Studenten gegenüber. Zur neueren Sicht dieser beginnenden Auseinandersetzung in der DDR s. Kuhirt, S. 90-104
125 S. Ackermann, Anton: Marxistische Kulturpolitik. [Rede auf der Kulturtagung]. In: ND. 8. 5. 1948; und die Entschließung zur Kulturpolitik. Auszüge in: ND. 11. 5. 1948 (beide auch in: Um die Erneuerung, S. 266–301 bzw. 302–308, u. in: Schubbe [Auszüge], S. 84–90 bzw. 91)
126 S. u. a. Bonatz, Karl: Der Plan Berlin. In: Die Neue Stadt. 3. 1949, S. 98–109. Dazu Geist/Kürvers, v. a. S. 250–271; Trebbi, S. 64 f.; Werner, Stadtplanung, S. 102–110 u. 119–124
127 Um die künftige Gestaltung Berlins. In: bk. 2. 1948, H. 9, S. 17–19, hier S. 17 (Hervorhebung im Original)
128 S. Stationen, S. 14–16. Kritik an der die Vertreter der Moderne bereits ignorierenden Auswahl der Nationalpreiskandidaten übte Hermann Exner: Welcher Architekt ist nationalpreiswürdig? In: ND. 18. 8. 1949
129 S. Werkbund-Ausstellung Neues Wohnen. Deutsche Architektur seit 1945. Köln 1949; dazu Schoberth, Louis: „Deutsche Architektur seit 1945". In: Baukunst und Werkform. 2. 1949, H. 2, S. 47–56; außerdem Eckstein, Hans: Deutschland baut. In: ZfK. 4. 1950, S. 87 f.
130 S. z. B. Exner, H[ermann]: Am Zeichenbrett der Zukunft. [Interview.] In: ND. 8. 9. 1949 (zu Haesler); vgl. Beyme, S. 274 f.; Hoffmann-Axthelm, Deutschland, S. 15; Kuhirt, S. 87
131 Jäger, Literatur, S. 42f.
132 Vgl. Geschichte der Deutschen Demokratischen Republik. Von einem Autorenkollektiv unter Leitung v. Rolf Badstübner. Berlin (Ost) 1981, u. a. S. 93–99; Staritz, S. 147–163
133 Vgl. z. B. Kuhirt, S. 104; Werner, Stadtplanung, S. 125
134 Zu den Aufgaben des Ministeriums s. das Interview mit Lothar Bolz: Fragen an den Minister für Aufbau. In: National-Zeitung. 31. 12. 1949, zit. in: Bolz, Lothar: Von deutschem Bauen. Berlin (Ost) 1951, S. 5–14
135 S. Bolz, S. 32 u. 63–67; vgl. Geist/Kürvers, S. 311 f.; Hoscislawski, Städtebau, S. 22
136 Die sechzehn Grundsätze des Städtebaues. Zit. in: Bolz, S. 87-90; Gesetz über den Aufbau der Städte in der Deutschen Demokratischen Republik und der Hauptstadt Deutschlands, Berlin. Zit. ebd., S. 91–97
137 Grundsätze, S. 87
138 Ebd.
139 Ebd., S. 88 f.

140 Bolz, Lothar: Die sechzehn Grundsätze des Städtebaues. Erläuterungen. In: Bolz, S. 43; s. auch Junghanns, Kurt: Zwei interessante städtebauliche Dokumente. In: Planen und Bauen. 5. 1951, S. 39 f. S. Geist/Kürvers, S. 310-319; Topfstedt, Grundlinien, S. 36–41; Werner, Stadtplanung, S. 135; auf theoretisch z. T. konsensfähige Punkte der „Grundsätze" und der CIAM verweist Beyme, S. 283.
141 Bolz, Grundsätze, S. 49
142 Liebknecht, Kurt: Fragen der deutschen Architektur. In: Fragen der deutschen Architektur und des Städtebaus. Hg. v. d. Deutschen Bauakademie. Berlin (Ost) 1952, S. 7–49, hier S. 49; s. auch: An unsere Leser. In: DA. 1. 1952, S. 1; u. den Grundsatzartikel v. Liebknecht: Deutsche Architektur. Ebd., S. 6–12. Zur Organisation des Bauwesens seit 1950 s. Plönies, Bartho: Planen und Bauen in der Sowjetischen Besatzungszone und im Sowjetsektor von Berlin. Bonn 1953, bes. S. 11–14; Topfstedt, Grundlinien, S. 25–28; auch Balluseck, Lothar v.: Zur Lage der bildenden Kunst in der sowjetischen Besatzungszone. Bonn 1952, S. 32–38
143 Ulbricht, Walter: Nationales Aufbauwerk und Aufgaben der deutschen Architektur. In: ND. 9. 12. 1951, zit. nach Schubbe, S. 220–223
144 Ebd., S. 222
145 Über das Bauwesen in der Sowjetunion. [Interview.] In: National-Zeitung. 5. 5. 1950, zit. nach Bolz, S. 29
146 Ebd., S. 31; s. auch Collein, Edmund: Städtebau in der Sowjetunion. In: Planen und Bauen. 4. 1950, S. 248 f.
147 Liebknecht, Fragen, S. 10 f.
148 Collein, Edmund: Fragen des deutschen Städtebaus. In: Fragen der deutschen Architektur und des Städtebaus. Hg. v. d. Deutschen Bauakademie. Berlin (Ost) 1952, S. 61-87, hier S. 64 f.
149 Ebd., S. 67
150 Ebd., S. 68 f.; vgl. Liebknecht, Fragen, S. 12; ders.: Die Erfahrungen der Sowjetunion bei der kritischen Verarbeitung des kulturellen Erbes auf dem Gebiete der Architektur. In: Das große Vorbild und der sozialistische Realismus in der Architektur und in der Malerei. Zusammengest. u. hg. v. Haus der Kultur der Sowjetunion. Berlin (Ost) 1952, S. 5–16
151 Michailow, B[oris] P.: Große Sowjet-Enzyklopädie. Architektur. Hg. v. d. Deutschen Bauakademie. Berlin (Ost) 1951, S. 89. Im „Aufbau" hob Heinz Lüdecke die Bedeutung dieser Publikation für die „Schulungs- und Popularisierungsunternehmungen" hervor, die Architektur als „Sache des Volkes" deutlich machen sollten (Über realistische Baukunst. In: Aufbau. 8. 1952, S. 183–186).
152 Michailow, S. 89 f.
153 Ebd., S. 90
154 Verwaltung für Architekturangelegenheiten beim Ministerrat der RSFSR: Dreißig Jahre sowjetischer Architektur in der RSFSR. Hg. d. dt. Ausg.: Deutsche Bauakademie. Leipzig o. J. [1951], S. 11
155 Bunin, A[ndrej]: Errungenschaften im sowjetischen Städtebau. [Beiheft Nr. 57 zur Zeitschrift Bauplanung und Bautechnik.] Berlin (Ost) 1953, S. 13
156 Ebd.; zu Einzelfragen des sowjetischen Städtebaus s. auch Galaktionow, A[lexander] A./D. M. Sobolew/J. P. Lewtschenko: Probleme des sowjetischen Städtebaues. Berlin (Ost) 1953; außerdem zu verschiedenen Fragen: Sowjetische Architektur. [DA. 2. 1953. Sonderh. Dezember 1953]; und reine Propagandaschriften

wie: Großbauten des Kommunismus. Hg. v. Amt für Information der Regierung der Deutschen Demokratischen Republik. Berlin (Ost) o. J. [1951]
157 Schlenker, S. 60
158 Vgl. ebd., S. 73–97
159 Ulbricht, Aufbauwerk, S. 221
160 Ebd., S. 222
161 Strauß, Gerhard: Aufgaben unserer Denkmalpflege. In: Aufbau. 7. 1951, S. 636–640, hier S. 636
162 Ebd.
163 Ebd., S. 637
164 Ebd.
165 Ebd., S. 638 f.; s. auch ders.: Denkmalpflege an der Schloßruine in Berlin. In: Planen und Bauen. 4. 1950, S. 384 f.
166 S. Zuchold, Gerd-H.: Der Abriß der Ruinen des Stadtschlosses und der Bauakademie in Ost-Berlin. In: Deutschland Archiv. 18. 1985, S. 178–191; ders.: Der Abriß des Berliner Schlosses. Ebd., S. 191–207
167 Zum Beschluß des Ministerrats vom 23. 8. 1950 s. Zuchold, Abriß der Ruinen, S. 180
168 Gall, Ernst: Das Schicksal des Berliner Schlosses. In: Kunstchronik. 3. 1950, S. 205–207, hier S. 205
169 Ebd., S. 207
170 Das Berliner Schloß und sein Untergang. Im Auftrage des Bundesministeriums für gesamtdeutsche Fragen hg. v. Karl Rodemann. Berlin (West) 1951
171 S. Frank, S. 53
172 P [d. i. evtl. Rudolf Pfister]: München und Berlin zerstören Kunstdenkmäler! In: Baumeister. 47. 1950, S. 744
173 Als Beispiel für die Würdigung eines wiederzuerrichtenden Baudenkmals s. den – unpolitischen – Beitrag des Dresdener Baurats Hubert G. Ermisch: Der Zwinger. In: Jahrbuch zur Pflege der Künste. 1. 1951, S. 30–40
174 Thesen des Leiters des „Wissenschaftlichen Aktivs zur Überwachung des Abrisses", des Kunsthistorikers Dr. Strauß, zur Begründung der Abtragung des Berliner Schlosses, August 1950. Zit. nach Zuchold, Abriß des Berliner Schlosses, S. 202 f.
175 Ulbricht, Walter: Der Fünfjahrplan und die Perspektiven der Volkswirtschaft. In: Protokoll der Verhandlungen des III. Parteitages der Sozialistischen Einheitspartei Deutschlands. Bd. 1. Berlin (Ost) 1951, S. 338–416, hier S. 380. S. auch Geist/Kürvers, S. 320–327
176 Henselmann, Hermann: Berliner Baukunst. In: Aufbau. 8. 1952, S. 121–124, hier S. 121
177 Ebd., S. 123
178 Ebd., S. 123 f.
179 Paulick, Richard: Knobelsdorff und unser kulturelles Erbe. In: Aufbau. 8. 1952, S. 125–132, hier S. 126. Bejahung einer kritischen Nachfolge in der Architektur und Betonung der Notwendigkeit von Denkmalpflege auch bei Liebknecht, Fragen, S. 14–17, 24–37 u. 46 f.
180 Paulick, Knobelsdorff, S. 126
181 Ebd., S. 131
182 Gibt es einen Fall Sanssouci? In: ND. 12. 2. 1952

183 Ebd.
184 Ebd.
185 Paulick, Knobelsdorff, S. 129 f.
186 Das Präsidium der Deutschen Bauakademie [ohne Titel]. In: DA. 2. 1953, S 209
187 S. u. a. Balluseck, Lage, bes. S. 5–23; Crips, Liliane: La politique culturelle de la RDA 1950–1953: L'offensive antiformaliste. In: Allemagne d'aujourd'hui. H. 43, 1974, S. 88–106; Gransow, S. 73–76; Jäger, Kultur, bes. S. 30–33; Kuhirt, S. 122–127; Schlenker, S. 87–93; Schmitt, Hans-Jürgen: Formalismus. In: Handbuch zur deutsch-deutschen Wirklichkeit, S. 206 f.; Streisand, S. 85 f.
188 Schlenker, S. 88
189 Orlow, N.: Wege und Irrwege der modernen Kunst. In: Tägliche Rundschau. 20./21. 1. 1951, zit. nach Schubbe, S. 161. N. Orlow war laut Kuhirt Pseudonym für „ein sowjetisches Verfasserkollektiv" (S. 122), Günter Feist u. Eckhart Gillen vermuten dahinter Kurt Magritz (Stationen, S. 19).
190 Orlow, S. 161 f.
191 Girnus, Wilhelm: Wo stehen die Feinde der deutschen Kunst? In: ND. 13. u. 18. 2. 1951, zit. in: Schubbe, S. 170–177
192 Der Kampf gegen den Formalismus in Kunst und Literatur, für eine fortschrittliche deutsche Kultur. In: Einheit. 6. 1951, S. 579–592, zit. nach Schubbe, S. 181
193 Ebd., S. 184–186; s. auch Lauter, Hans: Der Kampf gegen den Formalismus in Kunst und Literatur, für eine fortschrittliche deutsche Kultur. Berlin (Ost) 1951
194 Ulbricht, Walter: Kunst und Wissenschaft im Plan. Zit. nach Aufbau. 7. 1951, S. 1071
195 Ebd., S. 1072
196 Liebknecht, Fragen, S. 9; vgl. Collein, Fragen, S. 57–63; ders.: Zu einigen Problemen des Städtebaus. In: Aufbau. 8. 1952, S. 117–120
197 Liebknecht, Fragen, S. 9
198 Liebknecht, Kurt: Im Kampf um eine neue deutsche Architektur. In: ND. 13. 2. 1951, auch in: Für einen fortschrittlichen Städtebau für eine fortschrittliche deutsche Architektur. Hg. v. d. Deutschen Bauakademie. Leipzig 1951, S. 31–40
199 Renn, Ludwig: Im Kampf um eine neue deutsche Architektur. In: ND. 14. 3. 1951, zit. nach Für einen fortschrittlichen Städtebau, S. 42
200 Ebd., S. 43
201 Ebd., S. 44. Ein anderer renommierter Schriftsteller, der sich – in damals offenbar unveröffentlichten Notizen – mit Charakter und Funktion von Architektur in der DDR auseinandersetzte, war Bertolt Brecht. Im Unterschied zu Renn sprach er sich tendenziell gegen den Funktionalismus, für eine intensive Berücksichtigung des nationalen Erbes und für ein Verständnis von Architektur als Kunst aus. S. Wovon unsere Architekten Kenntnis nehmen müssen. In: B. Brecht: Gesammelte Werke. Bd. 19. Frankfurt a. M. 1967, S. 517–519; Notiz über eine neue Architektur. Ebd., S. 516. Vgl. auch Henselmann, Hermann: Brecht und die Stadt. In: Die Weltbühne. 68. [XXVIII]. 1973, S. 1225 ff., auch in: H. Henselmann: Gedanken, Ideen, Bauten, Projekte. Berlin (Ost) 1978, S. 157–159
202 Renn, S. 40 u. 42
203 Stellungnahme des ND zu Renns Artikel, 14. 3. 1951, zit. nach Für einen fortschrittlichen Städtebau, S. 46 u. 52
204 Ebd., S. 50

205 Ebd., S. 50 f.
206 Ebd., S. 52
207 Ebd., S. 54
208 Ebd., S. 55. Dieser Auseinandersetzung wurde offenbar ein so hoher Wert für die Verbreitung des gewünschten Verständnisses von Architektur beigemessen, daß sie später auch als Broschüre der Deutschen Bauakademie erschien (s. Anm. 198).
209 Harich, Wolfgang: Es geht um den Realismus. In: Berliner Zeitung. 14. 7. 1953
210 S. Für einen fortschrittlichen Städtebau, S. 47
211 Harich, zit. nach Schubbe, S. 293
212 Herrnstadt, Rudolf: Über den Baustil, den politischen Stil und den Genossen Henselmann. In: ND. 29. 7. 1951
213 Henselmann, Hermann: Aufgaben unserer Baukunst. In: Aufbau. 6. 1950, S. 622–629; ders.: Formalismus und Realismus. In: Planen und Bauen. 4. 1950, S. 244–248 u. 282–287
214 Henselmann, Hermann: Der reaktionäre Charakter des Konstruktivismus. In: ND. 4. 12. 1951, zit. nach Schubbe, S. 217
215 Ebd., S. 219
216 S. u. a. Herzogenrath, Wulf: Zur Rezeption des Bauhauses. In: Beiträge zur Rezeption der Kunst des 19. und 20. Jahrhunderts. Hg. v. Wulf Schadendorf. München 1975, S. 129–139; Hoscislawski, Thomas: Das Bauhaus und seine Rolle in der DDR. In: Bauwelt. 81. 1990, S. 1434–1439; Jäger, Falk: Die Bauhausbauten in Dessau als kulturhistorisches Erbe in der sozialistischen Wirklichkeit. In: Deutsche Kunst und Denkmalpflege. 39. 1981, S. 159–186; Junker, Wolfgang: Das Erbe des Bauhauses ist in der DDR in guten Händen. In: Architektur der DDR. 26. 1977, S. 4–6
217 S. Borngräber, Christian: Stilnovo. Frankfurt a. M. 1979, S. 23 f.; Durth, S. 367–370
218 Die jüngste und umfassendste Publikation ist Hochschule für Gestaltung Ulm. Hg. v. Herbert Lindinger. Berlin (West) 1987
219 Machule, Dittmar/Hans Stimmann: Auf der Suche nach der Synthese zwischen heute und morgen. In: Bauwelt. 72. 1981, S. 2165–2172, hier S. 2165
220 Biographisches bei Beyme, S. 287 (zu Liebknecht und Collein); Kultermann, S. 122–124 (zu Paulick); Liebknecht, Kurt: Mein bewegtes Leben. Berlin (Ost) 1986; Müller, Manfred: Das Leben eines Architekten. Porträt Richard Paulick. Halle/S. 1975; außerdem Käding, Jürgen: Baumeister der Stalinallee. Berlin (Ost) 1953 (im unpaginierten Anhang); Wer ist wer in der SBZ? Berlin (West) 1958
221 Vgl. Beyme, S. 57, 125 u. 305; Hoscislawski, Städtebau, S. 34 f.; Werner, Stadtplanung, S. 127
222 Liebknecht, Kurt: „Jetzt schließe ich mit den Architekten Freundschaft". In: DA. 2. 1953, S. 156–158, hier S. 156
223 Ein wichtiges Ereignis für die Entwicklung der deutschen Architektur. In: DA. 1. 1952, S. 50–52, hier S. 51
224 Beyme, S. 287
225 S. Henselmann, Gedanken, bes. S. 26–52; Beyme, S. 287
226 Käding, S. 19
227 Kantorowicz, Alfred: Deutsches Tagebuch. Bd. 2. München 1961, S. 182 f.

228 Interview mit Prof. Dr. E. h. Hermann Henselmann. In: Der Architekt. [29.] 1980, S. 126 f., hier S. 127
229 Kant, Hermann: Das Impressum. Berlin (Ost) 1972, S. 131
230 Pfefferkorn, O[skar]: Hermann Henselmann. Ein Architekt als Akrobat zwischen Stilen und Regimen. In: PZ-Archiv. 2. 1951, H. 23, S. 9 f.
231 S. u. a. Borngräber, Christian: Das nationale Aufbauprogramm der DDR. In: Arch+. Nr. 56, 1981, S. 28–32; Geist/Kürvers, S. 345–353; Keiderling, Gerhard/ Percy Stulz: Berlin 1945–1968. Berlin (Ost) 1970, S. 264–266 u. 328–330; Kuhirt, S. 204–215; Werner, Stadtplanung, S. 138–152
232 Vorschlag des Zentralkomitees der Sozialistischen Einheitspartei Deutschlands. Für den Aufbau Berlins! In: ND. 25. 11. 1951; dazu: Wäre es schön? Es wäre schön. Ebd.
233 Vorschlag des ZK; s. auch Collein, Edmund: Das nationale Aufbauprogramm – Sache aller Deutschen! In: DA. 1. 1952, S. 13–19
234 S. z. B. Blender, Johannes: Die Partei – der Motor beim Aufbau in der Stalinallee. In: Einheit. 7. 1952, S. 799–801
235 Wir bauen Deutschlands Hauptstadt. Hg. v. d. Deutschen Bauakademie und dem Nationalen Komitee für den Neuaufbau der deutschen Hauptstadt. O. O. [Berlin (Ost)] o. J. [1952], S. 4
236 Ulbricht, Walter: Die gegenwärtige Lage und die neuen Aufgaben der SED. In: Protokoll der Verhandlungen der II. Parteikonferenz der Sozialistischen Einheitspartei Deutschlands. Berlin (Ost) 1952, S. 80; s. auch Herrnstadt, Rudolf: Die Entwicklung Berlins im Lichte der großen Perspektive: Aufbau des Sozialismus. Berlin (Ost) 1952 (in 400 000 Exemplaren zum Preis von 10 Pfennig vertriebener Sonderdruck von Herrnstadts Diskussionsbeitrag auf der II. Parteikonferenz); Die Bedeutung der II. Parteikonferenz für die Weiterentwicklung der deutschen Architektur. In: DA. 1. 1952, S. 97–99
237 S. Leucht, Kurt W.: Die sozialistische Stadt des Eisenhüttenkombinates Ost. In: DA. 1. 1952, S. 100–105; ders.: Die erste neue Stadt in der Deutschen Demokratischen Republik. Berlin (Ost) 1957; Wir bauen Deutschlands Hauptstadt, S. 4
238 Kuhirt, S. 211; s. auch Hoscislawski, Städtebau, S. 44–51; Machule/Stimmann, S. 216 f.; Topfstedt, Thomas: Städtebau in der DDR 1955–1971. Leipzig 1988, S. 26–31
239 S. Geist/Kürvers, S. 337–344; Heckmann, Hermann: Stalinallee – Traum oder Irrtum? In: Der Architekt. [29.] 1980, S. 149–154; Hoscislawski, Städtebau, S. 36–43; Kuhirt, S. 207–210; Topfstedt, Grundlinien, S. 63–68; Trebbi, S. 143–146; Werner, Stadtplanung, S. 138–152
240 Herrnstadt, Baustil
241 Ebd.; s. dazu H[errnstadt], R[udolf]: Unsere Architekten antworten. In: ND. 3. 8. 1951
242 S. Stalin-Allee. In: Der Spiegel. 6. 1952, H. 20, S. 25–29, hier S. 26
243 S. Kuhirt, S. 208 f.; Topfstedt, Grundlinien, S. 61–63
244 S. z. B. die Publikationen: Nationales Aufbauprogramm – Sache aller patriotischen Deutschen. Hg. v. Ministerium des Innern der Deutschen Demokratischen Republik. Berlin (Ost) 1952; Unser Nationales Aufbauprogramm Berlin 1952. Berlin (Ost) 1952; Wer für Berlin arbeitet – arbeitet für den Frieden. Berlin (Ost) 1952; Wir bauen Deutschlands Hauptstadt (vgl. Anm. 235); Käding (vgl. Anm.

220); Wir bauen die erste sozialistische Straße. Hg. v. Zentralrat der FDJ, Abteilung Agitation. Berlin (Ost) 1952
245 Kantorowicz, Bd. 2, S. 263
246 Wir bauen Deutschlands Hauptstadt, S. 34
247 Ebd.
248 Vgl. Pehnt, Ende, S. 200
249 Girnus, Wilhelm: Einige ideologische Probleme der III. Deutschen Kunstausstellung. In: Einheit. 8. 1953, S. 909–919, hier S. 912
250 Ebd., S. 917 f.
251 [Grotewohl, Otto]: Unsere Kunst kämpft für das Emporwachsende, für das Neue. In: ND. 3. 3. 1953
252 Zur Rolle der Ost-Berliner Arbeiter und zu Positionen in der SED im Zusammenhang mit dem 17. Juni s. bes. Baring, Arnulf: Der 17. Juni 1953. Stuttgart ²1983, v. a. S. 51–93 u. 105–123
253 Vgl. Frank, S. 69-73; Hoscislawski, Städtebau, S. 30–33; Schlenker, S. 84–87
254 Staritz, S. 176
255 Ulbricht, Aufbauwerk, S. 222 f.
256 Liebknecht, Fragen, S. 10
257 Magritz, Kurt: Die Tragödie der westdeutschen Architektur. In: DA. 1. 1952, S. 57–65, hier S. 64
258 Ebd.
259 Collein, Edmund: Die Amerikanisierung des Stadtbildes von Frankfurt am Main. In: DA. 1. 1952, S. 150–155
260 S. Hopp, Hanns: Vorbildlicher Wiederaufbau einer Stadt in Süddeutschland. In: DA. 4. 1955, S. 230–233; s. dazu auch Frank, S. 72
261 Hoffmann, Ernst: Ideologische Probleme der Architektur. In: DA. 1. 1952, S. 20–23, 73–75 u. 131–138, hier S. 74
262 Bedeutung der II. Parteikonferenz, S. 98
263 S. z. B. Moskau – Hauptstadt der Sowjetunion. In: Baumeister. 45. 1948, S. 169; -hne. [d. i. Günther Kühne]: Sozialistischer Realismus im Bauen? In: Baumeister. 46. 1949, S. 293; Contemplator [d. i. wahrschl. Günther Kühne (lt. Frank, S. 82, dort Anm. 87)]: Müssen Architekten schlechte Historiker sein? In: Baumeister. 46. 1949, S. 322 f.
264 S. z. B. Rave, Paul O.: Sieben Jahre Denkmalpflege in Berlin. In: Deutsche Kunst und Denkmalpflege. 10. 1952, S. 120–124
265 S. z. B. Berlin. Hammer im Ährenkranz. In: Der Spiegel. 4. 1950, H. 50, S. 11; FM [d. i. Franz Meunier]: Vom Wiederaufbau in der Ostzone ... In: Baukunst und Werkform. 4. 1951, H. 7, S. 4–6; Balluseck, Lage, S. 11 f. u. 16–19
266 S. z. B. Balluseck, Lothar v.: Die genormte Architektur. In: PZ-Archiv. 3. 1952, S. 69 f.; allgemeine Parallelen zwischen der Kulturpolitik im „Dritten Reich" und in der DDR zog der 1955 in den Westen übergesiedelte Ost-Berliner Journalist Jürgen Rühle: Die Kulturpolitik der Sowjetzone. In: Aus Politik und Zeitgeschichte. B XXXXVII/1955, S. 709–720, hier S. 709
267 Dirks, Walter/Hermann Mäckler: Für Menschen bauen. In: FH. 5. 1950, S. 850–859, hier S. 853
268 Sowjet-Stil. In: Der Spiegel. 5. 1951, H. 34, S. 14–19, hier S. 15
269 Stalin-Allee (Der Spiegel), S. 29 (Hervorhebung im Original)

270 Magritz, Kurt: Zur Anwendung der soziologischen Methode auf Einzelformen der bildenden Kunst. In: Forum. 2. 1948, S. 396 f., hier S. 397
271 Handbuch für Architekten. Hg. v. d. Deutschen Bauakademie. Berlin (Ost) 1954, S. 80
272 Rentzsch, Egon: Die Entwicklung der Kunst unter den Bedingungen des Sozialismus. In: Einheit. 7. 1952 [Sonderh. Nov. 1952], S. 1174–1182, hier S. 1175
273 Zit. nach Handbuch für Architekten, S. 13
274 Ebd., S. 13 f.
275 Interview Henselmann, S. 126; zum „sozialistischen Realismus" generell und in der Architektur s. auch Einführung in den sozialistischen Realismus. Leitung der Gesamtredaktion: Erwin Pracht. Berlin (Ost) 1975, u. a. S. 50–69; Heckmann; Jäger, Kultur, S. 33–48; Mácel, Otakar: Zur Theorie des sozialistischen Realismus in der Architektur. In: archithese. H. 19, 1976, S. 43–49; allgemein zur Architekturtheorie aus marxistisch-leninistischer Sicht s. Schwandt, Alfred: Historische und begriffliche Untersuchungen zum Gegenstand der marxistischen Architekturtheorie. Diss. Berlin (Ost) 1968, bes. S. 82–136
276 S. z. B. Collein, Probleme, S. 118–120; Reváí, József: Fragen der Architektur. In: Aufbau. 8. 1952, S. 103–113
277 Jäger, Kultur, S. 34
278 Heckmann, S. 149; vgl. dazu mit anderem Akzent Werner, Kultur, S. 81
279 E. Hoffmann, S. 22
280 Minerwin, G.: Die Leninsche Theorie der Widerspiegelung und die Fragen der Theorie des sozialistischen Realismus. In: DA. 2. 1953, S. 114–120 u. 198–201, hier S. 198
281 Ebd.; s. auch Becker, A.: Zu einigen Fragen der Widerspiegelung der Wirklichkeit in der Architektur. In: Wissenschaftliche Zeitschrift der Hochschule für Architektur und Bauwesen Weimar. 1. 1953/54, H. 3, S. 62–75
282 Henselmann, Hermann: Aus der Werkstatt des Architekten. In: DA. 1. 1952, S. 156–165, hier S. 156; s. auch Herrnstadt, Entwicklung, S. 10; Magritz, Kurt: Einige Gedanken zur Turmhausarchitektur. In: DA. 2. 1953, S. 106–110
283 Auf dem Wege zu einer sozialistischen deutschen Architektur. In: DA. 2. 1953, S. 97–101, hier S. 98
284 Chruschtschow, N[ikita]: Besser, billiger und schneller bauen. Berlin (Ost) 1955, S. 18
285 Ebd., S. 19 f.
286 Ebd., S. 22
287 Ebd., S. 23
288 Ebd., S. 28
289 Willen, Paul: New Era in Soviet Architecture? In: Problems of Communism. 5. 1956, H. 4, S. 29–33, hier S. 30 („Everything he said on that memorable day flew in the face of the established doctrine and practice of twenty years ...")
290 Liebknecht, Kurt: Die neuen Aufgaben im Bauwesen. In: DA. 3. 1954, S. 225–227, hier S. 225; s. auch Ulbricht, Walter: Die gegenwärtige Lage und der Kampf um das neue Deutschland, Bericht des Zentralkomitees. In: Protokoll der Verhandlungen des IV. Parteitages der Sozialistischen Einheitspartei Deutschlands. Bd. 1. Berlin (Ost) 1954, S. 18–193, hier S. 96–99; Liebknecht, Kurt: Der

IV. Parteitag der Sozialistischen Einheitspartei Deutschlands und die Aufgaben der deutschen Architektur. In: DA. 3. 1954, S. 97–99
291 Liebknecht, Aufgaben, S. 227
292 Fragen der deutschen Architektur. Stellungnahme des Präsidiums der Deutschen Bauakademie. In: DA. 4. 1955, S. 378 f.
293 Ebd., S. 378
294 Ebd., S. 379
295 Ebd.; s. dazu auch schon Ulbricht auf dem IV. Parteitag: Die gegenwärtige Lage und der Kampf, S. 164; Bergander, Rudolf: Offenes Bekenntnis zum neuen Leben. In: ND. 28. 1. 1955, auch in: Schubbe, S. 352–355; und die Diskussion in der Zeitschrift „Bildende Kunst", bes. die Beiträge von Ehrlich, Franz: Kunstwerke fördern das Raumerlebnis. In: Bildende Kunst. 3. 1955, S. 306; Haesler, Otto: Unsere Bauwerke müssen die starke Lebenskraft des Sozialismus widerspiegeln. Ebd., S. 305; Henselmann, Hermann: Für die bildende Kunst weniger Aufgaben? Ebd., S. 386; ders.: Raumerlebnis durch die Kunst. Ebd., S. 251–255; Hopp, Hanns: Schönheit gehört nicht zu den Überflüssigkeiten. Ebd., S. 385; Rupp, Ferdinand: Künstler und industrialisiertes Bauen. Ebd., S. 386; Schneider, Herbert: „Bleibt die Architektur die Mutter der bildenden Künste?" Ebd., S. 307. S. auch Kuhirt, S. 226–229
296 Ulbricht, Walter: Die neuen Aufgaben im nationalen Aufbau. In: Regierung der Deutschen Demokratischen Republik, Ministerium für Aufbau: Die Baukonferenz der Deutschen Demokratischen Republik vom 3. bis 6. April 1955. Berlin (Ost) 1955, S. 1–38, hier S. 1
297 S. Wir bauen Deutschlands Hauptstadt, S. 36; Ulbricht, Die gegenwärtige Lage und die neuen Aufgaben, S. 81
298 Ulbricht, Aufgaben im nationalen Aufbau, S. 1
299 Ebd., S. 7; s. auch die Diskussionsbeiträge, bes. von Collein, Henselmann und Liebknecht, in: Regierung der DDR, Baukonferenz, S. 202–207, 264–266 u. 271–274; und die „Bekanntmachung des Beschlusses des Ministerrates über die wichtigsten Aufgaben im Bauwesen" vom 21. 4. 1955, ebd., S. 275 ff.
300 Fragen der deutschen Architektur, Stellungnahme d. Präsidiums d. Bauakademie, S. 378
301 Liebknecht, Kurt: Die Bedeutung der Unions-Baukonferenz in Moskau für die Aufgaben im Bauwesen der Deutschen Demokratischen Repuplik. In: DA. 4. 1955, S. 50–54, hier S. 59; s. auch Heumann, Benno: Was sagte die Unions-Baukonferenz in Moskau zu einigen Fragen der Architektur und des Städtebaus? Ebd., S. 88 f.
302 Auf diesen Zusammenhang verweist v. a. kurz Hoscislawski, Städtebau, S. 52
303 Ehrenburg, Ilja: Einige Aspekte der Kultur in der Sowjetunion. In: Aufbau. 12. 1956, S. 947–957, hier S. 954
304 Vgl. u. a. Beyme, S. 291 f.; Heckmann, S. 153 f; Hoscislawski, Städtebau, S. 52–56; Kuhirt, S. 215–217; Städtebau, hg. v. Institut für Städtebau, S. 44; Topfstedt, Grundlinien, S. 106–109; ders., Städtebau, v. a. S. 10–26 u. 46–61; Werner, Stadt, S. 36–41; ders., Stadtplanung, S. 106–179
305 Ackermann, Manfred: Veränderungen in Architektur und Städtebau der DDR. In: Tradition und Fortschritt in der DDR. Köln 1986, S. 141–168, hier S. 144

306 S. z. B. Weidner, Annelies: Zum sozialistischen Charakter unserer Baukunst. In: Einheit. 23. 1968, S. 1505–1513; Flierl, Bruno: Gesellschaft und Architektur in unserer Epoche. Berlin (Ost) 1973; Olbrich, Harald: Architektur und Städtebau in der DDR – Aspekte und Probleme der sozialistischen Alternative. In: Joachim Petsch (Hg.): Architektur und Städtebau im 20. Jahrhundert. Bd. 2. Berlin (West) 1975, S. 232–246; Flierl, Bruno: Zur sozialistischen Architekturentwicklung in der DDR. Berlin (Ost) 1979

307 Gottschall, Walter: Politische Architektur. Bern, Frankfurt a. M., New York, Paris 1987, S. 89

308 Machule/Stimmann, S. 2172 (dort Anm. 26)

309 Ebd., S. 2172

Quellen- und Literaturverzeichnis

1. Quellen

a Periodika (1945–1955)

Deutsche Architektur. Hg. von der Deutschen Bauakademie (seit 1955: Hg. von der Deutschen Bauakademie und dem Bund Deutscher Architekten). Berlin (Ost), Jg. 1. 1952 ff. (zit.: DA)

Aufbau. Kulturpolitische Monatsschrift mit literarischen Beiträgen. Hg. vom Kulturbund zur demokratischen Erneuerung Deutschlands. Berlin/Berlin (Ost), Jg. 1. 1945 ff.

Demokratischer Aufbau. Monatszeitschrift für den Aufbau in Gemeinde und Provinz (wechselnde Untertitel). Berlin/Berlin (Ost), Jg. 1. 1946 ff.

Der Bauhelfer. Zeitschrift für das gesamte Bauwesen. Berlin/Berlin (West), Hannover, Jg. 1. 1946 bis 5. 1950

Baukunst und Werkform. Heidelberg, seit 1950: Frankfurt a. M., Jg. 1. 1948 ff.

Baumeister. (Seit H. 4/1950 m. d. Untertitel: Zeitschrift für Baukultur und Bautechnik. Hg. unter Mitwirkung des Bundes Deutscher Architekten BDA.) München, Jg. 43. 1946 ff.

Bauplanung und Bautechnik (H. 4/1950 bis H. 6/1952 unter d. Titel: Planen und Bauen). Technisch-wissenschaftliche Zeitschrift für das Ingenieurwesen. Hg. von der Kammer der Technik. Berlin/Berlin (Ost), Jg. 1. 1947 ff.

Neue Bauwelt (seit H. 18/1952 als Jg 43 wieder unter d. Titel: Bauwelt). Zeitschrift für das gesamte Bauwesen. Berlin/Berlin (West), seit H. 10/1949: Berlin (West), Wiesbaden, Jg. 1. 1946 ff.

Neues Deutschland. Zentralorgan der Sozialistischen Einheitspartei Deutschlands (seit Juli 1950: Organ des Zentralkomitees der Sozialistischen Einheitspartei Deutschlands). Berliner Ausgabe. Berlin/Berlin (Ost), Jg. 1. 1946 ff. (zit.: ND)

Einheit. Theoretische Monatsschrift für Sozialismus (seit 1947: Theoretische Zeitschrift des wissenschaftlichen Sozialismus; seit H. 5/1950: Zeitschrift für Theorie und Praxis des wissenschaftlichen Sozialismus). Hg. vom Parteivorstand der Sozialistischen Einheitspartei Deutschlands (seit H. 8/1950: Hg. vom Zentralkomitee der Sozialistischen Einheitspartei Deutschlands). Berlin/Berlin (Ost), Jg. 1. 1946 ff.

Forum. Zeitschrift für das geistige Leben an den deutschen Hochschulen. Berlin/Berlin (Ost), Leipzig, Jg. 1. 1947 bis 3. 1949

Frankfurter Hefte. Zeitschrift für Kultur und Politik. Frankfurt a. M., Jg. 1. 1946 ff. (zit.: FH)

Jahrbuch zur Pflege der Künste. Dresden, Jg. 1. 1951 ff.

bildende kunst. Zeitschrift für Malerei, Graphik, Plastik und Architektur. Berlin/Berlin (Ost), Jg. 1. 1947 bis 3. 1949. (zit.: bk)

Bildende Kunst. Zeitschrift für Malerei, Plastik, Graphik und Buchkunst, angewandte Kunst und Kunsthandwerk (seit 1955: Zeitschrift für Malerei, Plastik, Graphik, angewandte Kunst, Kunsthandwerk und Volkskunst). Hg. von der Staatlichen Kommission für Kunstangelegenheiten und vom Verband Bildender Künstler Deutschlands (seit 1955: Hg. vom Verband Bildender Künstler Deutschlands). Dresden, Jg. 1. 1953 ff.

Deutsche Kunst und Denkmalpflege. Hg. durch die Vereinigung der Landesdenkmalpfleger in der Bundesrepublik Deutschland. München,Berlin (West), Jg. 10. 1952 ff. (als Fortsetzung von „Die Kunstpflege", 1948, diese als Fortsetzung von „Deutsche Kunst und Denkmalpflege", Jg. 1. 1934 bis 9. 1943)

Kunstchronik. Nachrichten aus Kunstwissenschaft, Museumswesen und Denkmalpflege (seit 1952: Monatsschrift für Kunstwissenschaft, Museumswesen und Denkmalpflege). Hg. vom Zentralinstitut für Kunstgeschichte in München. Nürnberg, Jg. 1. 1948 ff.

Die Kunstpflege. Beiträge zur Geschichte und Pflege deutscher Architektur und Kunst. Im Auftrage der deutschen Denkmalpfleger hg. von Georg Lill. Berlin 1948

Planen und Bauen (siehe Bauplanung und Bautechnik)

Aus Politik und Zeitgeschichte. Hg. von der Bundeszentrale für Heimatdienst. Hamburg, Jg. 1. 1954 ff.

PZ-Archiv (seit H. 7/1952: SBZ-Archiv). Dokumente, Berichte, Kommentare zu gesamtdeutschen Fragen. Köln, Jg. 1. 1950 ff.

Tägliche Rundschau. Hg. von der Sowjetischen Militäradministration in Deutschland. Berlin/Berlin (Ost), Jg. 1. 1945 bis 11. 1955

Der Spiegel. Hannover, seit H. 41/1952: Hamburg, Jg. 1. 1947 ff.

Die Neue Stadt. Zeitschrift für die Gestaltung von Stadt und Land (seit H. 2/1948: Zeitschrift für die Praxis des Wiederaufbaues und die Erforschung der wirtschaftlichen, sozialen, technischen und kulturellen Grundlagen von Stadt und Land). Frankfurt a. M., Jg. 1. 1947 bis 3. 1949

Zeitschrift für Kunst. Vierteljahreshefte für künstlerische Gestaltung, Malerei, Plastik, Architektur, Kunsthandwerk. Leipzig, Jg. 1. 1947 bis 4. 1950. (zit.: ZfK)

Berliner Zeitung. Berlin/Berlin (Ost), Jg. 1. 1945 ff.

b   Selbständige Veröffentlichungen und Editionen

Andreas-Friedrich, Ruth: Schauplatz Berlin. Tagebuchaufzeichnungen 1945 bis 1948. 2. Aufl. Frankfurt a. M. 1985

Architektur und Städtebau in der Deutschen Demokratischen Republik. Hg.: Deutsche Bauakademie u. Bund Deutscher Architekten. Berlin (Ost) 1959

Nationales Aufbauprogramm – Sache aller patriotischen Deutschen. Hg. vom Ministerium des Innern der Deutschen Demokratischen Republik. Berlin (Ost) 1952 [Lehrmaterial. Innerbetriebliche Schulung für die Mitarbeiter in den Verwaltungen der Deutschen Demokratischen Republik. 1952/Nr. 2.]

Unser Nationales Aufbauprogramm Berlin 1952. Berlin (Ost) 1952

Die Aufgaben der Deutschen Bauakademie im Kampf um eine deutsche Architektur. Ansprachen, gehalten anläßlich der Eröffnung der Deutschen Bauakademie am 8. Dezember 1951 in Berlin. Berlin (Ost) 1952

Ausstellung Berlin plant. Katalog. [Ausstellung der Abteilung für Bau- und Wohnungswesen des Magistrats der Stadt Berlin im Weißen Saal des Berliner Schlosses, 22. 8. – 15. 10. 1946.] Berlin 1946

Balluseck, Lothar von: Zur Lage der bildenden Kunst in der sowjetischen Besatzungszone. Hg. vom Bundesministerium für gesamtdeutsche Fragen. Bonn 1952

Bengsch, Gerhard: Die große Wandlung. Wie die erste sozialistische Straße Berlins das Bewußtsein ihrer Erbauer änderte. Berlin (Ost) 1952

Wer für Berlin arbeitet – arbeitet für den Frieden. Agitationsmaterial und Anleitungen für die Beteiligung der Mitglieder der Gewerkschaft VBV am Nationalen Aufbauprogramm Berlin 1952. Berlin (Ost) 1952

Berlin im Neuaufbau. Das erste Jahr. Ein Rechenschaftsbericht des Magistrats der Stadt Berlin. Hg. im Auftrage des Magistrats der Stadt Berlin. Berlin 1946

Beschlüsse des Zentralkomitees der KPdSU (B) zu Fragen der Literatur und Kunst (1946–1948). Berlin (Ost) 1952

Bolz, Lothar: Von deutschem Bauen. Reden und Aufsätze. Berlin (Ost) 1951

Boveri, Margret: Tage des Überlebens – Berlin 1945. München 1968

Chruschtschow, N[ikita] S.: Besser, billiger und schneller bauen. Rede auf der Unionskonferenz der Baufachleute der UdSSR in Moskau am 7. Dezember 1954 zu dem Thema „Über die Einführung industrieller Methoden im Bauwesen, die Verbesserung der Qualität und die Senkung der Selbstkosten der Bauarbeiten". Berlin (Ost) 1955

CIAM. Internationale Kongresse für Neues Bauen. Congrès Internationaux d'Architecture Moderne. Dokumente 1928–1939. Hg. von Martin Steinmann. Basel, Stuttgart 1979

Wir bauen Deutschlands Hauptstadt. Hg. von der Deutschen Bauakademie und dem Nationalen Komitee für den Neuaufbau der deutschen Hauptstadt. O. O. [Berlin (Ost)] o. J. [1952]

Dülffer, Jost / Jochen Thies / Josef Henke: Hitlers Städte. Baupolitik im Dritten Reich. Eine Dokumentation. Köln, Wien 1978

Um die Erneuerung der deutschen Kultur. Dokumente zur Kulturpolitik 1945–1949. Zusammengestellt und eingeleitet von Gerd Dietrich. Berlin (Ost) 1983

Fischer, Alexander (Hg.): Teheran, Jalta, Potsdam. Die sowjetischen Protokolle von den Kriegskonferenzen der „Großen Drei". 2. Aufl. Köln 1973

Frisch, Max: Tagebuch 1946–1949. Frankfurt a. M. 1950

Galaktionow, A[lexander] A. / D.M. Sobolew / J. P. Lewtschenko: Probleme des sowjetischen Städtebaues. Berlin (Ost) 1953 [Wissenschaftliche Berichte. Folge II, Bauwesen, H. 12.]

Das neue Gesicht der Stalinallee. Hg. vom Amt für Information des Magistrats von Groß-Berlin. Berlin (Ost) 1951

Giedion, Sigfried: Befreites Wohnen. Hg. und eingeleitet von Dorothee Huber. Frankfurt a. M. 1985 [Erstausg. Zürich 1929]

Großbauten des Kommunismus. Hg. vom Amt für Information der Regierung der Deutschen Demokratischen Republik. Berlin (Ost) o. J. [1951]

Handbuch für Architekten. Hg. von der Deutschen Bauakademie. Berlin (Ost) 1954

Herrnstadt, Rudolf: Die Entwicklung Berlins im Lichte der großen Perspektive: Aufbau des Sozialismus. Diskussionsbeitrag auf der II. Parteikonferenz der SED. Berlin, 9. bis 12. Juli 1952. Berlin (Ost) 1952

Hesse, Fritz: Erinnerungen an Dessau. [Bd. 1]: Von der Residenz zur Bauhausstadt. Bad Pyrmont o. J. [1963]. Bd. 2: Aus den Jahren 1925 bis 1950. München o. J. [1964]
Hitchcock, Henry-Russell / Philip Johnson: Der Internationale Stil 1932. Braunschweig, Wiesbaden 1985 [Erstausg. New York 1932]
Junghanns, Kurt / Felix Boesler / Ruth Günther: Der Wohnkomplex als Planungselement im Städtebau. Berlin (Ost) 1954
Käding, Jürgen: Baumeister der Stalinallee. Berlin (Ost) 1953
Kant, Hermann: Das Impressum. Roman. Berlin (Ost) 1972
Kantorowicz, Alfred: Deutsches Tagebuch. 2 Bde. München 1959, 1961
Laschitza, Horst: Kämpferische Demokratie gegen Faschismus. Die programmatische Vorbereitung auf die antifaschistisch-demokratische Umwälzung in Deutschland durch die Parteiführung der KPD. Berlin (Ost) 1969
Lauter, Hans: Der Kampf gegen den Formalismus in Kunst und Literatur, für eine fortschrittliche deutsche Kultur. Referat, Diskussion und Entschließung von der 5. Tagung des Zentralkomitees der Sozialistischen Einheitspartei Deutschlands vom 15.–17. März 1951. Berlin (Ost) 1951
Le Corbusier: An die Studenten. Die "Charte d'Athènes". Reinbek 1962
Le Corbusiers „Charta von Athen". Texte und Dokumente. Kritische Neuausgabe. Hg. von Thilo Hilpert. Braunschweig, Wiesbaden 1984
Leucht, Kurt W.: Die erste neue Stadt in der Deutschen Demokratischen Republik. Planungsgrundlagen und -ergebnisse von Stalinstadt. Berlin (Ost) 1957
Liebknecht, Kurt: Mein bewegtes Leben. Aufgeschrieben von Steffi Knop. Berlin (Ost) 1986
Michailow, B[oris] P.: Große Sowjet-Enzyklopädie. Architektur. Hg. von der Deutschen Bauakademie. Berlin (Ost) 1951
Oehme, Theodor: Kunst und Tradition im deutschen Bauen. Leipzig 1955
Regierung der Deutschen Demokratischen Republik, Ministerium für Aufbau: Die Baukonferenz der Deutschen Demokratischen Republik vom 3. bis 6. April 1955. Berlin (Ost) 1955 [Schriftenreihe Die Bauwirtschaft. H. 2.]
Rettig, Heinrich: Baukunst und Massenfertigung. Das Kontern der Rahmenprofile. Typisierung und Normung im Bauwesen. Leipzig 1954 [Schriftenreihe des Institutes für Ausbautechnik im Hochbau der Technischen Hochschule Dresden. H. 3.]
Das Berliner Schloß und sein Untergang. Ein Bildbericht über die Zerstörung Berliner Kulturdenkmäler. Im Auftrage des Bundesministeriums für gesamtdeutsche Fragen hg. von Karl Rodemann. Berlin (West) 1951
Schubbe, Elimar (Hg.): Dokumente zur Kunst-, Literatur- und Kulturpolitik der SED. Stuttgart 1972
Für einen fortschrittlichen Städtebau für eine neue deutsche Architektur. Grundsätze und Beiträge zu einer Diskussion. Hg. von der Deutschen Bauakademie. Leipzig 1951
Wir bauen die erste sozialistische Straße. Hg. vom Zentralrat der FDJ, Abteilung Agitation. Berlin (Ost) 1952
Taut, Max: Berlin im Aufbau. Berlin 1946
Verwaltung für Architektur-Angelegenheiten beim Ministerrat der RSFSR: Dreißig Jahre sowjetische Architektur in der RSFSR. Hg. d. dt. Ausg.: Deutsche Bauakademie. Leipzig o. J. [1951]

Werkbund-Ausstellung Neues Wohnen. Deutsche Architektur seit 1945. Westhalle und Staatenhaus der Messe. 14. Mai bis 3. Juli. Köln 1949

Zuchold, Gerd-H.: Der Abriß des Berliner Schlosses. Eingaben, Memoranden und amtliche Schreiben. Eine Dokumentation. In: Deutschland Archiv. 18. 1985, S. 191–207

c *Aufsätze, Reden u. a.*

Ackermann, Anton: Marxistische Kulturpolitik. Rede auf der Ersten Zentralen Kulturtagung der Sozialistischen Einheitspartei Deutschlands in Berlin, 5. bis 8. Mai 1948. Auszug in: ND. 8. 5. 1948, auch in: Schubbe, S. 84–90; vollständig in: Um die Erneuerung, S. 266–301

Sowjetische Architektur [Deutsche Architektur. 2. 1953. Sonderheft Dezember 1953.]

Ausstellung „Berlin plant". In: Der Bauhelfer. 1. 1946, H. 4, S. 27 f.

Balluseck, Lothar von: Die genormte Architektur. In: PZ-Archiv. 3. 1952, S. 69 f.

Bartning, Otto: Ketzerische Gedanken am Rande der Trümmerhaufen. In: FH. 1. 1946, H. 1, S. 63–72

Die neue Bautätigkeit in Ungarn. In: bk. 3. 1949, S. 120–124

Bauten des Friedens. In: Aufbau. 8. 1952, S. 114–116

Becker, A.: Zu einigen Fragen der Widerspiegelung der Wirklichkeit in der Architektur. In: Wissenschaftliche Zeitschrift der Hochschule für Architektur und Bauwesen Weimar. 1. 1953/54, H. 3, S. 62–75

Die Bedeutung der II. Parteikonferenz für die Weiterentwicklung der deutschen Architektur. In: DA. 1. 1952, S. 97–99

Bekanntmachung des Beschlusses des Ministerrates über die wichtigsten Aufgaben im Bauwesen. Vom 21. April 1955. In: Regierung der DDR, Baukonferenz, S. 275 ff.

Bergander, Rudolf: Offenes Bekenntnis zum neuen Leben. In: ND. 28. 1. 1955, auch in: Schubbe, S. 352–355

Berlin. Hammer im Ährenkranz. In: Der Spiegel. 4. 1950, H. 50, S. 11

Bilder aus Moskau. In: Die Neue Stadt. 2. 1948, S. 350 f.

Bilder aus Sowjetrußland. Ebd., S. 285

Blender, Johannes: Die Partei – der Motor beim Aufbau in der Stalinallee [Diskussionsrede auf der II. Parteikonferenz der SED.] In: Einheit. 7. 1952, S. 799–801

Bonatz, Karl: Der Plan Berlin 1948. In: Die Neue Stadt. 3. 1949, S. 98–109

Brecht, Bertolt: Wovon unsere Architekten Kenntnis nehmen müssen. In: ders.: Gesammelte Werke. Hg. vom Suhrkamp Verlag in Zusammenarbeit mit Elisabeth Hauptmann. Bd. 19: Schriften zur Literatur und Kunst 2. Frankfurt a. M. 1967, S. 517–519

Brecht, Bertolt: Notiz über eine neue Architektur. Ebd., S. 516

Bunin, A[ndrej W.]: Errungenschaften im sowjetischen Städtebau. Auszug aus der Zeitschrift „Architektur der UdSSR" Sammelwerk 17–18/1947. Berlin (Ost) 1953 [Beiheft Nr. 57 zur Zeitschrift Bauplanung und Bautechnik]

Clemen, Paul: Aufgaben der Denkmalpflege von heute und morgen. In: ZfK. 1. 1947, H. 1, S. 36–44

Collein, Edmund: Die Amerikanisierung des Stadtbildes von Frankfurt am Main. In: DA. 1. 1952, S. 150–155

Collein, Edmund: Wo stehen wir in unserer Architektur-Diskussion? In: ND. 4. 12. 1951

Collein, Edmund: Das Nationale Aufbauprogramm – Sache aller Deutschen! In: DA. 1. 1952, S. 13–19

Collein, Edmund: Fragen des deutschen Städtebaus. In: Fragen der deutschen Architektur und des Städtebaus. Referate gehalten anläßlich des ersten Deutschen Architektenkongresses in Berlin, Dezember 1951. Hg. von der Deutschen Bauakademie. Berlin (Ost) 1952, S. 51–87

Collein, Edmund: Zu einigen Problemen des Städtebaus. In: Aufbau. 8. 1952, S. 117–120

Collein, Edmund: Städtebau in der Sowjetunion. In: Planen und Bauen. 4. 1950, S. 248 f.

Contemplator [d. i. wahrschl. Günther Kühne, vgl. Anm. 263]: Müssen Architekten schlechte Historiker sein? Betrachtungen zu einem Vortrag und zu einer Anfrage in Berlin. In: Baumeister. 46. 1949, S. 322 f.

Dirks, Walter / Hermann Mäckler: Für Menschen bauen. Zur Situation der neuen Architektur. In: FH. 5. 1950, S. 850–859

Dymschitz, Alexander: Über die formalistische Richtung in der deutschen Malerei. In: Tägliche Rundschau. 19. u. 24. 11. 1948, auch in: Schubbe, S. 97–103

Ebert, Wils: Gedanken zur Raumplanung von Berlin. In: Neue Bauwelt. 3. 1948, S. 147–152

Ebert, Wils: Planung des Raumes Berlin. Entwicklung und Tendenzen der Wohn- und Arbeitsstätten. In: Der Bauhelfer. 1. 1946, H. 11, S. 1–8

Eckstein, Hans: Deutschland baut. (Deutsche Architektur seit 1945). In: ZfK. 4. 1950, S. 87 f.

Ehrenburg, Ilja: Einige Aspekte der Kultur in der Sowjetuion. Rede vor der Generalversammlung der Europäischen Kulturgesellschaft [Venedig 1956]. In: Aufbau. 12. 1956, S. 947–957

Ehrlich, Franz: Die Architektur muß der Freund des Menschen sein. In: Tägliche Rundschau. 12. 2. 1952

Ehrlich, Franz: Kunstwerke fördern das Raumerlebnis. In: Bildende Kunst. 3. 1955, S. 306

Entschließung der Ersten Zentralen Kulturtagung der SED [5. bis 8. Mai 1948]. Auszug in: ND. 11. 5. 1948, auch in: Schubbe, S. 91; vollständig in: Um die Erneuerung, S. 302–308

Architektonische Entwürfe zum Neuaufbau Berlins. In: ND. 9. 12. 1951

Ein wichtiges Ereignis für die Entwicklung der deutschen Architektur. In: DA. 1. 1952, S. 50–52

Ermisch, Hubert Georg: Der Zwinger. Ein Denkmal über Zeiten. In: Jahrbuch zur Pflege der Künste. 1. 1951, S. 30–40

Exner, H[ermann]: Welcher Architekt ist nationalpreiswürdig? In: ND. 18. 8. 1949

Exner, H[ermann]: Am Zeichenbrett der Zukunft. Der Architekt Otto Haesler über seine Arbeiten und Pläne. [Interview.] In: ND. 8. 9. 1949

Gibt es einen Fall Sanssouci? In: ND. 12. 2. 1952

FM [d. i. Franz Meunier]: Vom Wiedaufbau in der Ostzone ... In: Baukunst und Werkform. 4. 1951, H. 7, S. 4–6

Formalismus und Realismus in der Kunst. Eine Diskussion. In: Forum. 3. 1949, S. 142 f.
Fragen der deutschen Architektur. Stellungnahme des Präsidiums der Deutschen Bauakademie. In: DA. 4. 1955, S. 378 f.
Gall, Ernst: Das Schicksal des Berliner Schlosses. In: Kunstchronik. 3. 1950, S. 205–207; leicht gekürzt auch in: Berliner Schloß, S. 7 f.
Gesetz über den Aufbau der Städte in der Deutschen Demokratischen Republik und der Hauptstadt Deutschlands, Berlin (Aufbaugesetz). Vom 6. September 1950. In: Bolz, S. 91–97
Um die künftige Gestaltung Berlins. In: bk. 2. 1948, H. 9, S. 17–19
Girnus, Wilhelm: Wo stehen die Feinde der deutschen Kunst? Bemerkungen zur Frage des Formalismus und des Kosmopolitismus. In: ND. 13. u. 18. 2. 1951, auch in: Schubbe, S. 170–177
Girnus, Wilhelm: Einige ideologische Probleme der III. Deutschen Kunstausstellung. In: Einheit. 8. 1953, S. 909–919
[Grotewohl, Otto]: Unsere Kunst kämpft für das Emporwachsende, für das Neue. Aus der Rede des Ministerpräsidenten Otto Grotewohl zur Eröffnung der Dritten Deutschen Kunstausstellung in Dresden. In: ND. 3. 3. 1953
Die sechzehn Grundsätze des Städtebaues. Von der Regierung der Deutschen Demokratischen Republik am 27. Juli 1950 beschlossen. In: Bolz, S. 87–90
Haesler, Otto: Unsere Bauwerke müssen die starke Lebenskraft des Sozialismus widerspiegeln. In: Bildende Kunst. 3. 1955, S. 305
Harich, Wolfgang: Es geht um den Realismus. Die bildenden Künste und die Kulturkommission. In: Berliner Zeitung. 14. 7. 1953, auch in: Schubbe, S. 292–296
Häring, Hugo: Neues Bauen. In: Baukunst und Werkform. 1. 1948, H. 1, S. 30–36
Hassenpflug, Gustav: Kunst – im Menschlichen verankert. Geist und Geschichte des Bauhauses. In: bk. 1. 1947, H. 7, S. 20–23
Hempel, Eberhard: Ruinenschönheit. In: ZfK. 2. 1948, S. 76–91
Henselmann, Hermann: Der Architekt in der Deutschen Demokratischen Republik. In: Planen und Bauen. 4. 1950, S. 219–224
Henselmann, Hermann: Aufgaben unserer Baukunst. In: Aufbau. 6. 1950, S. 622–629
Henselmann, Hermann: Berliner Baukunst. In: Aufbau. 8. 1952, S. 121–124
Henselmann, Hermann: Brecht und die Stadt. In: Die Weltbühne. 68. [XXVIII.] 1973, S. 1225 ff., auch in: Henselmann, Gedanken, S. 157–159
Henselmann, Hermann: Der reaktionäre Charakter des Konstruktivismus. In: ND. 4. 12. 1951, auch in: Schubbe, S. 216–220
Henselmann, Hermann: Formalismus und Realismus. In: Planen und Bauen. 4. 1950, S. 244–248 u. 282–287
Henselmann, Hermann: Eine Fülle neuer Aufgaben. In: bk. 3. 1949, S. 9–13
Henselmann, Hermann: Schöpferische Gespräche mit sowjetischen Architekten. Aufzeichnungen aus den Tagen des deutschen Architekten-Kongresses in Berlin. In: ND. 19. 1. 1952
Henselmann, Hermann: Die sittlichen Grundlagen der modernen Baukunst. In: bk. 2. 1948, H. 9, S. 14 f.
Henselmann, Hermann: Für die bildende Kunst weniger Aufgaben? In: Bildende Kunst. 3. 1955, S. 386
Henselmann, Hermann: Kunst und Gesellschaft. In: Forum. 2. 1948, S. 46–53

Henselmann, [Hermann]: Nazibauten. In: Aufbau. 1. 1945, S. 129–136
Henselmann, Hermann: Planung des Aufbaus. Ein Beitrag zum Problem zeitgemäßer Baukunst. In: Aufbau. 2. 1946, S. 265–277
Henselmann, Hermann: Raumerlebnis durch die Kunst. In: Bildende Kunst. 3. 1955, S. 251–255
Henselmann, Hermann: Aus der Werkstatt des Architekten. In: DA. 1. 1952, S. 156–165
[Henselmann, Hermann] Interview mit Prof. Dr. E. h. Hermann Henselmann. In: Der Architekt. [29.] 1980, S. 126 f.
Herrnstadt, Rudolf: Über den Baustil, den politischen Stil und den Genossen Henselmann. In: ND. 29. 7. 1951
H[errnstadt], R[udolf]: Unsere Architekten antworten. In: ND. 3. 8. 1951
Heumann, Benno: Was sagte die Unions-Baukonferenz in Moskau zu einigen Fragen der Architektur und des Städtebaus? In: DA. 4. 1955, S. 88 f.
Hirzel, Stephan: Wiederaufbau der Dresdner Frauenkirche. In: ZfK. 1. 1947, H. 1, S. 48–50
-hne [d. i. Günther Kühne]: Sozialistischer Realismus im Bauen? In: Baumeister. 46. 1949, S. 293
Hoffmann, Ernst: Ideologische Probleme der Architektur. In: DA. 1. 1952, S. 20–23, 73–75 u. 131–138
Hoffmann, Hubert: Architektur als soziale Aufgabe. Walter Gropius 65 Jahre. In: Aufbau. 4. 1948, S. 435 f.
Hoffmann, Hubert: Der Raum als Aufgabe. In: Aufbau. 4. 1948, S. 288–292
Hoffmann, Hubert: die wiederbelebung des bauhauses nach 1945. In: Eckhard Neumann (Hg.): Bauhaus und Bauhäusler. Erinnerungen und Bekenntnisse. Erweiterte Neuausg. Köln 1985, S. 369–375
Hofmann, Ursula: Wunsch an die Städteplaner. In: FH. 1. 1946, S. 593–600
Hopp, Hanns: Zur gegenwärtigen Architekturkritik. In: DA. 4. 1955, S. 521
Hopp, Hanns: Die Gründung des Bundes Deutscher Architekten in der Deutschen Demokratischen Republik. In: DA. 2. 1953, S. 4 f.
Hopp, Hanns: Das Hochhaus in Erfurt. Ein Beispiel für die Unterschätzung der nationalen Bautradition. In: ND. 24. 1. 1952
Hopp, Hanns: Zum Problem der Industriearchitektur. In: DA. 3. 1954, S. 27–31
Hopp, Hanns: Schönheit gehört nicht zu den Überflüssigkeiten. In: Bildende Kunst. 3. 1955, S. 385
Hopp, Hanns: Vorbildlicher Wiederaufbau einer Stadt in Süddeutschland. In: DA. 4. 1955, S. 230–233
Jardon, Rudolf: Schweizerische Architektur. In: bk. 3. 1949, S. 86–89
Junghanns, Kurt: Zwei interessante städtebauliche Dokumente. In: Planen und Bauen. 5. 1951, S. 39 f.
Junghanns, Kurt: Lebendiger Städtebau. In: Aufbau. 3. 1947, S. 488–491
Der Kampf gegen den Formalismus in Kunst und Literatur, für eine fortschrittliche deutsche Kultur. Entschließung des Zentralkomitees der Sozialistischen Einheitspartei Deutschlands, angenommen auf der V. Tagung vom 15. bis 17. März 1951. In: Einheit. 6. 1951, S. 579–592, auch in: Schubbe, S. 178–186
Kühne, Günther: Planung von Dilettanten. In: Baumeister. 45. 1948, S. 168
Kühne, Günther: Planung und Wirklichkeit. In: bk. 2. 1948, H. 9, S. 20 f.

Kühne, Günther: Provisorium oder Dauerbau? In: bk. 3. 1949, S. 125
Küttner, Ludwig: Vor einer neuen Baukunst. In: Aufbau. 2. 1946, S. 778–789
Küttner, Ludwig: Vom kommenden Baustil. Historische Grundlagen moderner Architektur. In: Aufbau. 3. 1947, S. 386–392
Leitl, Alfons: Erwägungen und Tatsachen zum deutschen Städte-Aufbau. In: FH. 1. 1946, H. 4, S. 60–67
Lenz, Robert: Probleme der neuen Schule. In: bk. 2. 1948, H. 10, S. 17–19
An unsere Leser. In: DA. 1. 1952, S. 1
Leucht, Kurt W.: Die Bedeutung der Zentralen Plätze. In: Demokratischer Aufbau. 6. 1951, S. 327
Leucht, Kurt W.: Die sozialistische Stadt des Eisenhüttenkombinates Ost. In: DA. 1. 1952, S. 100–105
Leyendecker, Karl: Die Stadt der besseren Zukunft. In: bk. 2. 1948, H. 5, S. 14–17
Liebknecht, Kurt: „Jetzt schließe ich mit den Architekten Freundschaft". In: DA. 2. 1953, S. 156–158
Liebknecht, Kurt: Deutsche Architektur. In: DA. 1. 1952, S. 6–12
Liebknecht, Kurt: Die neuen Aufgaben im Bauwesen. In: DA. 3. 1954. S. 225–227
Liebknecht, Kurt: Die Bedeutung der Unions-Baukonferenz in Moskau für die Aufgaben im Bauwesen der Deutschen Demokratischen Republik. In: DA. 4. 1955. S. 50–64
Liebknecht, Kurt: Die Erfahrungen der Sowjetunion bei der kritischen Verarbeitung und Entwicklung des kulturellen Erbes auf dem Gebiete der Architektur. In: Das große Vorbild und der sozialistische Realismus in der Architektur und in der Malerei. [Vorträge auf der Kulturkonferenz der Gesellschaft für Deutsch-Sowjetische Freundschaft im Haus der Kultur der Sowjetunion vom 2. bis 4. 11. 1951.] Zusammengest. und hg. vom Haus der Kultur der Sowjetunion. Berlin (Ost) 1952, S. 5–16
Liebknecht, Kurt: Hohes oder breites Fenster? In: ND. 20. 3. 1952
Liebknecht, Kurt: Fragen der deutschen Architektur. In: Fragen der deutschen Architektur und des Städtebaus. Referate gehalten anläßlich des ersten Deutschen Architektenkongresses in Berlin, Dezember 1951. Hg. von der Deutschen Bauakademie. Berlin (Ost) 1952, S. 7–49
Liebknecht, Kurt: Im Kampf um eine neue deutsche Architektur. In: ND. 13. 2. 1951, auch in: Für einen fortschrittlichen Städtebau, S. 31–40
Liebknecht, Kurt: Neuaufbau in der Sowjetunion. [Nach einem Vortrag am 10. 3. 1949 auf der Deutschen Bautagung in Leipzig.] In: Bauplanung und Bautechnik. 3. 1949, S. 107 f.
Liebknecht, Kurt: Der IV. Parteitag der Sozialistischen Einheitspartei Deutschlands und die Aufgaben der deutschen Architektur. In: DA. 3. 1954, S. 97–99
Lingner, Reinhold: Die Stadtlandschaft. In: Neue Bauwelt. 3. 1948, S. 83–86
Lüdecke, Heinz: Über realistische Baukunst. In: Aufbau. 8. 1952, S. 183–186
Magritz, Kurt: Zur Anwendung der soziologischen Methode auf Einzelformen der bildenden Kunst. In: Forum. 2. 1948, S. 396 f.
Magritz, Kurt: Einige Gedanken zur Turmhausarchitektur. In: DA. 2. 1953, S. 106–110
Magritz, Kurt: Die Tragödie der westdeutschen Architektur. In: DA. 1. 1952, S. 57–65

Meyer, Hannes: bauhaus und gesellschaft. In: bauhaus. 3. 1929, H. 1, S. 2, auch in: Pehnt, Ende, S. 336–338

Minerwin, G.: Die Leninsche Theorie der Widerspiegelung und die Fragen der Theorie des sozialistischen Realismus. In: DA. 2. 1953, S. 114–120 u. 198–201

Moskau – Hauptstadt der Sowjetunion. In: Baumeister. 45. 1948, S. 169

Orendt, W.: Ältestes bewahrt mit Treue ... In: Forum. 3. 1949, S. 143

Orlow, N. [Pseudonym, vgl. Anm. 189]: Wege und Irrwege der modernen Kunst. In: Tägliche Rundschau. 20./21. 1. 1951, auch in: Schubbe, S. 159–170

P [d. i. evtl. Rudolf Pfister]: München und Berlin zerstören Kunstdenkmäler! In: Baumeister. 47. 1950, S. 744

Paulick, Richard: Knobelsdorff und unser kulturelles Erbe. In: Aufbau. 8. 1952, S. 125–132

Paulick, Richard: Typus und Norm in der Wohnhausarchitektur. In: DA. 2. 1953, S. 218–225

Pfefferkorn, O[skar]: Hermann Henselmann. Ein Architekt zwischen Stilen und Regimen. In: PZ-Archiv. 2. 1951, H. 23, S. 9 f.

Das Präsidium der Deutschen Bauakademie [ohne Titel, zum 200. Todestag von Balthasar Neumann und Georg Wenzelaus von Knobelsdorff]. In: DA. 2. 1953, S. 209

Programmerklärung der Deutschen Bauakademie und des Bundes Deutscher Architekten zur Verteidigung der Einheit der deutschen Architektur. In: ND. 14. 5. 1954

Rave, Paul Ortwin: Sieben Jahre Denkmalpflege in Berlin. In: Deutsche Kunst und Denkmalpflege. 10. 1952, S. 120–124

Renn, Ludwig: Im Kampf um eine neue deutsche Architektur. Ludwig Renn antwortet Dr. Kurt Liebknecht. In: ND. 14. 3. 1951, auch in: Für einen fortschrittlichen Städtebau, S. 40–45; dazu die Stellungnahme des ND, ebd., S. 46–55

Rentzsch, Egon: Die Entwicklung der Kunst unter den Bedingungen des Sozialismus. In: Einheit. 7. 1952 [Sonderheft November 1952], S. 1174–1182, auch in: Schubbe, S. 253–259

Resolution, die die Studentenschaft der Staatlichen Hochschule für Baukunst und Bildende Künste Weimar anläßlich des Weltstudententages gefaßt hat. In: Forum. 3. 1949, S. 31

Revái, József: Fragen der Architektur. In: Aufbau. 8. 1952, S. 103–113

Rühle, Jürgen: Kulturpolitik der Sowjetzone. In: Aus Politik und Zeitgeschichte. B XXXXVII/1955, S. 709–720

Rupp, Ferdinand: Künstler und industrialisiertes Bauen. In: Bildende Kunst. 3. 1955, S. 386

-s. [d. i. Walter Dirks]: Die Stunde des Werkbundes. In: FH. 1. 1946, H. 2, S. 88 f.

Scharfe, Siegfried: Amerikanische Baugesinnung. In: ZfK. 1. 1947, H. 2, S. 34–43

Scharoun, Hans: Berlin. [Stimmen zum Neuaufbau deutscher Städte.] In: Baukunst und Werkform. 1. 1948, H. 1, S. 24–26

Scharoun, Hans: Fragen des Bauens vor, während und nach der Naziherrschaft. In: Aufbau. 2. 1946, S. 40–44

Scharoun, Hans: Gedanken zur neuen Gestalt der Stadt. In: bk. 1. 1947, H. 6, S. 10–15

[Scharoun, Hans: Eröffnungsrede zur Ausstellung „Berlin plant" vom 22. 8. 1946; unter dem Titel:] Professor Hans Scharoun sprach zur Eröffnung der Berliner Ausstellung. In: Der Bauhelfer. 1. 1946, H. 5, S. 1–5

Schneider, Herbert: „Bleibt die Architektur die Mutter der bildenden Künste?" In: Bildende Kunst. 3. 1955, S. 307

Schoberth, Louis: „Deutsche Architektur seit 1945". Zu einer Ausstellung moderner Baukunst. In: Baukunst und Werkform. 2. 1949, H. 2, S. 47–56

Schopp, Friedrich: Klarheit und reine form. In: Forum. 3. 1949, S. 143 f.

Schürer, Oskar: Unsere alten Städte gestern und morgen. In: ZfK. 1. 1947, H. 4, S. 42–48

Schwarzbach, Toni: Das Goethehaus am Frauenplan in Weimar. In: Forum. 2. 1948, S. 252–255

Sowjet-Stil. Kalte Asche und Spucke. In: Der Spiegel. 5. 1951, H. 34, S. 14–19

Stalin-Allee. Die deutschen Wühler. In: Der Spiegel. 6. 1952, H. 20, S. 25–29

Stellungnahme sowjetischer Architekten zu den Entwürfen für die Stalinalle. In: ND. 23. 12. 1951

Strauß, Gerhard: Aufgaben unserer Denkmalpflege. In: Aufbau. 7. 1951, S. 636–640

Strauß, Gerhard: Erneuerte Denkmalpflege. In: ZfK. 1. 1947, H. 1, S. 44–48

Strauß, Gerhard: Denkmalpflege in der Ostzone. Problemstellung und erste Arbeit. In: Die Kunstpflege. 1948, S. 79–86

Strauß, Gerhard: Denkmalpflege an der Schloßruine in Berlin. In: Planen und Bauen. 4. 1950, S. 384 f.

Zu unserem Titelbild. In: Forum. 1. 1947, vor S. 273

Ulbricht, Walter: Nationales Aufbauwerk und Aufgaben der deutschen Architektur. Rede anläßlich der Eröffnung der Deutschen Bauakademie am 8. Dezember 1951. In: ND. 9. 12. 1951, auch in: Schubbe, S. 220–223

Ulbricht, Walter: Die neuen Aufgaben im nationalen Aufbau. Rede des Ersten Sekretärs des Zentralkomitees der Sozialistischen Einheitspartei Deutschlands, Walter Ulbricht, auf der Baukonferenz der Deutschen Demokratischen Republik am 3. April 1955. In: Regierung der DDR, Baukonferenz, S. 1–38

Ulbricht, Walter: Der Fünfjahrplan und die Perspektiven der Volkswirtschaft. In: Protokoll der Verhandlungen des III. Parteitages der Sozialistischen Einheitspartei Deutschlands. 20. bis 24. Juli 1950 in der Werner-Seelenbinder-Halle zu Berlin. Bd. 1. Berlin (Ost) 1951, S. 338–416

Ulbricht, Walter: Kunst und Wissenschaft im Plan. Aus der Rede des Stellvertreters des Ministerpräsidenten, gehalten am 31. Oktober vor der Volkskammer. In: Aufbau. 7. 1951, S. 1071–1076

Ulbricht, Walter: Die gegenwärtige Lage und die neuen Aufgaben der SED. In: Protokoll der Verhandlungen des II. Parteikonferenz der Sozialistischen Einheitspartei Deutschlands. 9. bis 12. Juli 1952 in der Werner-Seelenbinder-Halle zu Berlin. Berlin (Ost) 1952, S. 20–122 u. 124–161

Ulbricht, Walter: Die gegenwärtige Lage und der Kampf um das neue Deutschland, Bericht des Zentralkomitees. In: Protokoll der Verhandlungen des IV. Parteitages der Sozialistischen Einheitspartei Deutschlands. 30. März bis 6. April 1954 in der Werner-Seelenbinder-Halle zu Berlin. Bd. 1. Berlin (Ost) 1954, S. 18–193

Vorschlag des Zentralkomitees der Sozialistischen Einheitspartei Deutschlands. Für den Aufbau Berlins! In: ND. 25. 11. 1951

Wangenheim, Inge von: Moskau im Umbau. In: bk. 2. 1948, H. 2, S. 18–22
Wäre es schön? Es wäre schön. In: ND. 25. 11. 1951
Auf dem Wege zu einer sozialistischen deutschen Architektur. In: DA. 2. 1953, S. 97–101
Weinberger, Herbert: Zum Neuaufbau der Großstädte. Gesundheits- und Erziehungswesen – Krankenhäuser und Schulen. In: Demokratischer Aufbau. 2. 1947, S. 103–106
Wüsten, Ernst: Der Kampf um die moderne Architektur. Kunsttheorie von Morris bis Gropius. In: bk. 2. 1948, H. 7, S. 20–22

2. *Literatur*

a SBZ/DDR: Allgemeine Geschichte, Kulturgeschichte und Geschichtsschreibung

Baring, Arnulf: Der 17. Juni 1953. 2. Aufl. Stuttgart 1983
Birke, Adolf M.: Nation ohne Haus. Deutschland 1945–1961. Berlin (West) 1989
Buxhoeveden, Christina von: Geschichtswissenschaft und Politik in der DDR. Das Problem der Periodisierung. Köln 1980
Buxhoeveden, Christina von / Mechthild Lindemann: Das Problem der Periodisierung in der Geschichtswissenschaft der DDR. In: Alexander Fischer / Günther Heydemann (Hg.): Geschichtswissenschaft in der DDR. Bd. I: Historische Entwicklung, Theoriediskussion und Geschichtsdidaktik. Berlin (West) 1988, S. 363–394
Crips, Liliane: La politique culturelle de la RDA 1950–1953: L'offensive antiformaliste. In: Allemagne d'aujourd'hui. H. 43, 1974, S. 88–106
Einführung in den sozialistischen Realismus. Leitung und Gesamtredaktion: Erwin Pracht. Berlin (Ost) 1975
Fischer, Alexander: Sowjetische Deutschlandpolitik im Zweiten Weltkrieg 1941–1945. Stuttgart 1975
Fischer, Alexander / Hermann Weber: Periodisierungsprobleme der Geschichte der DDR. In: 30 Jahre DDR. Zwölfte Tagung zum Stand der DDR-Forschung in der Bundesrepublik 5. bis 8. Juni 1979. Referate. Köln 1979. [Deutschland Archiv. 12. 1979. Sonderheft.], S. 17–26
Geschichte der Deutschen Demokratischen Republik. Von einem Autorenkollektiv unter Leitung von Rolf Badstübner. Berlin (Ost) 1981
Glaeßner, Gert-Joachim: Schwierigkeiten beim Schreiben der Geschichte der DDR. Anmerkungen zum Problem der Periodisierung. In: Deutschland Archiv. 17. 1984, S. 638–650
Gransow, Volker: Kulturpolitik in der DDR. Berlin (West) 1975
Jäger, Manfred: Kultur und Politik in der DDR. Ein historischer Abriß. Köln 1982
Jäger, Manfred: Literatur und Kulturpolitik in der Entstehungsphase der DDR 1945–1952. In: Aus Politik und Zeitgeschichte. B 40–41/1985, S. 32–47
Kleßmann, Christoph: Die doppelte Staatsgründung. Deutsche Geschichte 1945–1955. Bonn 1982
Koch, Hans: Kulturpolitik in der Deutschen Demokratischen Republik. 2. Aufl. Berlin (Ost) 1976

Kultur in unserer Zeit. Zur Theorie und Praxis der sozialistischen Kulturrevolution in der DDR. Institut für Gesellschaftswissenschaften beim ZK der SED. Lehrstuhl für Theorie und Geschichte der Literatur und Kunst. Kollektivarbeit unter Leitung von Horst Keßler und Fred Staufenbiel. Berlin (Ost) 1965

Richter, Rolf: Kultur im Bündnis. Die Bedeutung der Sowjetunion für die Kulturpolitik der DDR. Berlin (Ost) 1979

Schlenker, Wolfram: Das „Kulturelle Erbe" in der DDR. Gesellschaftliche Entwicklung und Kulturpolitik 1945–1965. Stuttgart 1977

Schmitt, Hans-Jürgen: Formalismus. In: Handbuch zur deutsch-deutschen Wirklichkeit. Bundesrepublik Deutschland/Deutsche Demokratische Republik im Kulturvergleich. Hg. von Wolfgang R. Langenbucher, Ralf Rytlewski und Bernd Weyergraf. Stuttgart 1988, S. 206 f.

Staritz, Dietrich: Die Gründung der DDR. Von der sowjetischen Besatzungsherrschaft zum sozialistischen Staat. 2. Aufl. München 1987

Stationen eines Weges. Daten und Zitate zur Kunst und Kunstpolitik der DDR 1945–1988. Zusammengestellt von Günter Feist unter Mitarbeit von Eckhart Gillen. Berlin (West) 1988

Stephan, Alexander: Frühgeschichte der DDR-Kulturpolitik. Planungen der Moskauer Exil-KPD. In: Kultur und Gesellschaft in der DDR. Zehnte Tagung zum Stand der DDR-Forschung in der Bundesrepublik 31. Mai bis 3. Juni 1977. Referate. Köln 1977. [Deutschland Archiv. 10. 1977. Sonderheft.], S. 18–31

Streisand, Joachim: Kulturgeschichte der DDR. Studien zu ihren historischen Grundlagen und Entwicklungsetappen. Köln 1981 [zuerst Berlin (Ost) 1981]

Trommler, Frank: Kulturpolitik der Deutschen Demokratischen Republik. In: Handbuch zur deutsch-deutschen Wirklichkeit. Bundesrepublik Deutschland/Deutsche Demokratische Republik im Kulturvergleich. Hg. von Wolfgang R. Langenbucher, Ralf Rytlewski und Bernd Weyergraf. Stuttgart 1988, S. 390–397

Trommler, Frank: Kulturpolitik der Nachkriegszeit. Ebd., S. 407–414

Weber, Hermann: DDR. Grundriß der Geschichte 1945–1976. 6. Aufl. Hannover 1984

Weber, Hermann: Die DDR 1945–1986. München 1988

Wer ist wer in der SBZ? Ein biographisches Handbuch. Berlin (West) 1958

b Architektur und Architekturtheorie: Allgemeines, Sowjetunion und Deutschland (außer SBZ/DDR)

Åman, Anders: Arkitektur och ideologi i stalintidens Östeuropa. Ur det kalla krigets historia. Stockholm 1987

Åman, Anders: Sozialistischer Klassizismus, sozialistischer Realismus – Zum Problem Architektur und Ideologie. In: Klassizismus. Epoche und Probleme. Festschrift für Erik Forssman zum 70. Geburtstag. Hg. von Jürg Meyer zur Capellen u. Gabriele Oberreuter-Kronabel. Hildesheim, Zürich, New York 1987, S. 1–17

Åman, Anders: Symbols and Rituals in the People's Democracies during the Cold War. In: Symbols of Power. The Esthetics of Political Legitimation in the Soviet Union and Eastern Europe. Ed. by Claes Arvidsson and Lars Erik Blomqvist. Stockholm 1987, S. 43–60

So viel Anfang war nie. Deutsche Städte 1945–1949. Hg. von Hermann Glaser, Lutz von Pufendorf und Michael Schöneich. Berlin (West) 1989

Totalitäre Architektur. Feststellungen und Bekenntnisse, Programme und Ergebnisse, Bauten und Entwürfe, Einzel- und Prachtprojekte. Zusammengestellt und in Zusammenhang gebracht, kommentiert und transponiert von Helmut Spieker. Stuttgart 1981

Bartetzko, Dieter: Zwischen Zucht und Ekstase. Zur Theatralik von NS-Architektur. Berlin (West) 1985

bauhaus utopien. Arbeiten auf Papier. [Ausstellungskatalog.] Hg. von Wulf Herzogenrath. Mitarbeit Stefan Kraus. Stuttgart 1988

Benevolo, Leonardo: Geschichte der Architektur des 19. und 20. Jahrhunderts. Bd. 2. 2. Aufl. München 1978

Borngräber, Christian: Stilnovo. Design in den 50er Jahren. Phantasie und Phantastik. Frankfurt a. M. 1979

Chan-Magomedow, Selim O.: Pioniere der sowjetischen Architektur. Der Weg zur neuen sowjetischen Architektur in den zwanziger und zu Beginn der dreißiger Jahre. Wien, Berlin (West) 1983 [zuerst Dresden 1983]

De Feo, Vittorio: URSS architettura 1917–1936. Rom 1963

De Fusco, Renato: Architektur als Massenmedium. Anmerkungen zu einer Semiotik der gebauten Formen. Gütersloh 1972

Durth, Werner: Deutsche Architekten. Biographische Verflechtungen 1900–1970. Braunschweig, Wiesbaden 1986

Durth, Werner / Niels Gutschow: Träume in Trümmern. Planungen zum Wiederaufbau zerstörter Städte im Westen Deutschlands 1940–1950. Bd. 1: Konzepte. Bd. 2: Städte. Braunschweig, Wiesbaden 1988

Fehl, Gerhard: Die Moderne unterm Hakenkreuz. Ein Versuch, die Rolle funktionalistischer Architektur im Dritten Reich zu klären. In: Hartmut Frank (Hg.): Faschistische Architekturen. Planen und Bauen in Europa 1930 bis 1945. Hamburg 1985, S. 88–122

Frampton, Kenneth: Die Architektur der Moderne. Eine kritische Baugeschichte. Stuttgart 1983

Glaser, Hermann: Kulturgeschichte der Bundesrepublik Deutschland. Bd. 1: Zwischen Kapitulation und Währungsreform. 1945–1948. Bd. 2: Zwischen Grundgesetz und Großer Koalition. 1949–1967. München 1985, 1986

Goldzamt, Edmund: Städtebau sozialistischer Länder. Soziale Probleme. Berlin (Ost) 1974

Gottschall, Walter: Politische Architektur. Begriffliche Bausteine zur soziologischen Analyse der Architektur des Staates. Bern, Frankfurt a. M., New York, Paris 1987

Hinz, Manfred: Massenkult und Todessymbolik in der nationalsozialistischen Architektur. Köln 1984

Hochschule für Gestaltung Ulm. Die Moral der Gegenstände. Hg. von Herbert Lindinger. Berlin (West) 1987

Hübner, Herbert: Die soziale Utopie des Bauhauses. Ein Beitrag zur Wissenssoziologie der bildenden Kunst. Phil. Diss. mschr. Münster 1963

Huse, Norbert: „Neues Bauen" 1918 bis 1933. Moderne Architektur in der Weimarer Republik. München 1975

Hüter, Karl-Heinz: Das Bauhaus in Weimar. Studie zur gesellschaftspolitischen Geschichte einer deutschen Kunstschule. Berlin (Ost) 1976

Ikonnikow, A. V.: Der Historismus in der sowjetischen Architektur. In: Konzeptionen in der sowjetischen Architektur 1917–1988. [Ausstellungskatalog.] Hg. v. Comenius-Club, Gesellschaft für deutsch-osteuropäische Beziehungen e. V., Eberhard Sommer. Berlin (West) 1989, S. 65–107

Inszenierung der Macht. Ästhetische Faszination im Faschismus. [Ausstellungskatalog.] Hg. von der Neuen Gesellschaft für Bildende Kunst. Berlin (West) 1987

Kasus, J.: Architekturwettbewerbe von 1920 bis zum Beginn der 30er Jahre. In: Konzeptionen in der sowjetischen Architektur 1917–1988. [Ausstellungskatalog.] Hg. v. Comenius-Club, Gesellschaft für deutsch-osteuropäische Beziehungen e. V., Eberhard Sommer. Berlin (West) 1989, S. 41–62

Kultermann, Udo: Zeitgenössische Architektur in Osteuropa. Sowjetunion, Polen, Deutsche Demokratische Republik, Tschechoslowakei, Ungarn, Rumänien, Bulgarien, Jugoslawien. Köln 1985

Kunst in der Revolution. Architektur, Produktgestaltung, Malerei, Plastik, Agitation, Theater, Film in der Sowjetunion 1917–1932. [Ausstellungskatalog Frankfurter Kunstverein.] Frankfurt a. M. 1972

Lampugnani, Vittorio Magnago: Architektur als Kultur. Die Ideen und die Formen. Aufsätze 1970–1985. Köln 1986

Lampugnani, Vittorio Magnago: Architektur und Städtebau des 20. Jahrhunderts. Stuttgart 1980

Lane, Barbara Miller: Architektur und Politik in Deutschland 1918–1945. Braunschweig, Wiesbaden 1986

Meek, H[arold] A.: Retreat to Moscow. Architecture in the Soviet Satellites. In: The Architectural Review. 113. 1953, S. 143–151

Merker, Reinhard: Die bildenden Künste im Nationalsozialismus. Kulturideologie – Kulturpolitik – Kulturproduktion. Köln 1983

Parkins, Maurice Frank: City Planning in Soviet Russia. Chicago 1953

Pehnt, Wolfgang: Architektur. In: Erich Steingräber (Hg.): Deutsche Kunst der 20er und 30er Jahre. München 1979, S. 13–114

Pehnt, Wolfgang: Das Ende der Zuversicht. Architektur in diesem Jahrhundert. Ideen – Bauten – Dokumente. Berlin (West) 1983

Petsch, Joachim: Baukunst und Stadtplanung im Dritten Reich. Herleitung/Bestandsaufnahme/Entwicklung/Nachfolge. München, Wien 1976

Petsch, Joachim: Kunst im „Dritten Reich". Architektur – Plastik – Malerei – Alltagsästhetik. 2., veränderte und erweiterte Aufl. Köln 1987

Rjabusin, A. V.: Die avantgardistische Architektur der 20er und 30er Jahre. In: Konzeptionen in der sowjetischen Architektur 1917–1988. [Ausstellungskatalog.] Hg. v. Comenius-Club, Gesellschaft für deutsch-osteuropäische Beziehungen e. V., Eberhard Sommer. Berlin (West) 1989, S. 11–39

Tafuri, Manfredo / Francesco Dal Co: Architektur der Gegenwart. Stuttgart 1977

Tassalow, W[ladimir]: Die Entwicklung des Prinzips der Volksverbundenheit der sowjetischen Architektur. In: Kunst und Literatur. 15. 1967, S. 1175–1200

Taylor, Robert R.: The Word in Stone. The Role of Architecture in the National Socialist Ideology. Berkeley, Los Angeles, London 1974

Teut, Anna: Architektur im Dritten Reich. 1933–1945. Berlin (West), Frankfurt a. M., Wien 1967

Vogt, Adolf Max: Russische und französische Revolutionsarchitektur 1917 1789. Zur Einwirkung des Marxismus und des Newtonismus auf die Bauweise. Köln 1974. Nachdruck Braunschweig, Wiesbaden 1990
Voyce, Arthur: Russian Architecture. Trends in Nationalism and Modernism. New York 1948. Reprint New York 1969
Willen, Paul: New Era in Soviet Architecture? In: Problems of Communism. 5. 1956, H. 4, S. 29–33
Wulf, Joseph: Die bildenden Künste im Dritten Reich. Eine Dokumentation. Neuausgabe Frankfurt a. M., Berlin (West) 1989
Wünsche, Konrad: Bauhaus. Versuche, das Leben zu ordnen. Berlin (West) 1989

c Architektur, Architekturtheorie und Architekturpolitik in der SBZ/DDR

Ackermann, Manfred: Architektur. In: DDR Handbuch. Hg. vom Bundesministerium für innerdeutsche Beziehungen. Wissenschaftliche Leitung: Hartmut Zimmermann unter Mitarbeit von Horst Ulrich und Michael Fehlauer. Bd. 1. 3., überarb. und erw. Aufl. Köln 1985, S. 87–89
Ackermann, Manfred: Architektur. In: Handbuch zur deutsch-deutschen Wirklichkeit. Bundesrepublik Deutschland/Deutsche Demokratische Republik im Kulturvergleich. Hg. von Wolfgang R. Langenbucher, Ralf Rytlewski und Bernd Weyergraf. Stuttgart 1988, S. 57–63
Ackermann, Manfred: Veränderungen in Architektur und Städtebau der DDR. In: Tradition und Fortschritt in der DDR. Neunzehnte Tagung zum Stand der DDR-Forschung in der Bundesrepublik Deutschland 20. bis 23. Mai 1986. Köln 1986, S. 141–168
Architektur und Städtebau in der DDR. Hg. von der Deutschen Bauakademie, Institut für Städtebau. Leipzig 1969
Balluseck, Lothar von: Zur Lage der bildenden Kunst in der sowjetischen Besatzungszone. Hg. vom Bundesministerium für gesamtdeutsche Fragen. Bonn 1952
Behr, Adalbert / Alfred Hoffmann / Hans-Joachim Kadatz / Gerd Zeuchner: Architektur in der DDR. 2. Aufl. Berlin (Ost) 1980
Beyme, Klaus von: Der Wiederaufbau. Architektur und Städtebaupolitik in beiden deutschen Staaten. München 1987
Borngräber, Christian: Das nationale Aufbaubrogramm der DDR. Architekten zwischen 1950 und 1955. In: Arch+. Nr. 56, 1981, S. 28–32
Chronik Bauwesen. Deutsche Demokratische Republik. 1945–1971. Autorenkollektiv Zeitgeschichte des Bauwesens: Walter Pisternik, Heinz Raeschler, Gustav Rebetzky. Berlin (Ost) 1974
Flierl, Bruno: Zur sozialistischen Architekturentwicklung in der DDR. Theoretische Probleme und Analysen der Praxis. Berlin (Ost) 1979
Flierl, Bruno: Gesellschaft und Architektur in unserer Epoche. Ein Beitrag zur architekturtheoretischen Forschung in der ideologischen Auseinandersetzung zwischen Sozialismus und Kapitalismus. Berlin (Ost) 1973 [Schriftenreihen der Bauforschung. Reihe Städtebau und Architektur. H. 44.]
Frank, Hartmut: Trümmer. Traditionelle und moderne Architekturen im Nachkriegsdeutschland. In: Grauzonen, Farbwelten. Kunst und Zeitbilder 1945–1955. [Ausstellungskatalog.] Hg. von Bernhard Schulz. Berlin (West), Wien 1983, S. 43–83

Geist, Johann Friedrich / Klaus Kürvers: Das Berliner Mietshaus. Bd. 3: 1945–1989. Eine dokumentarische Geschichte der Ausstellung „Berlin plant / Erster Bericht" 1946 und der Versuche, auf den Trümmern der Hauptstadt des Großdeutschen Reiches ein NEUES BERLIN zu bauen, aus dem dann zwei geworden sind. München 1989

Hackelsberger, Christoph: Die aufgeschobene Moderne. Ein Versuch zur Einordnung der Architektur der Fünfziger Jahre. München, Berlin (West) 1985

Heckmann, Hermann: Stalinallee – Traum oder Irrtum? In: Der Architekt. [29.] 1980, S. 149–154

Helas, Volker: Die Architektur der 50er Jahre in der DDR. In: Architektur und Städtebau der Fünfziger Jahre. Hg. vom Deutschen Nationalkomitee für Denkmalschutz. Bonn o. J. [1988]. [Schriftenreihe des Deutschen Nationalkomitees für Denkmalschutz. Bd. 36.], S. 49–55

Henselmann, Hermann: Gedanken, Ideen, Bauten, Projekte. Mit Beiträgen von Wolfgang Heise und Bruno Flierl. Berlin (Ost) 1978

Herzogenrath, Wulf: Zur Rezeption des Bauhauses. In: Beiträge zur Rezeption der Kunst des 19. und 20. Jahrhunderts. Hg. von Wulf Schadendorf. München 1975, S. 129–139

Hoffmann-Axthelm, Dieter: Deutschland 1945–80 – Der Architekt ohne Architektur. In: Arch[+]. Nr. 56, 1981, S. 13–21

Hoffmann-Axthelm, Dieter: Rückblick auf die DDR. In: Arch[+]. Nr. 103, 1990, S. 66–73

Hoscislawski, Thomas: Das Bauhaus und seine Rolle in der DDR. In: Bauwelt. 81. 1990, S. 1434–1439

Hoscislawski, Thomas: Städtebau in der DDR. Grundzüge der städtebaulichen Entwicklung in der Deutschen Demokratischen Republik 1949–1985. Hg. vom Institut für Stadt- und Regionalplanung der Technischen Universität Berlin. Berlin (West) 1985 [ISR-Diskussionsbeiträge. 18.]

Jaeger, Falk: Die Bauhausbauten in Dessau als kulturhistorisches Erbe in der sozialistischen Wirklichkeit. In: Deutsche Kunst und Denkmalpflege. 39. 1981, S. 159–186

Junker, Wolfgang: Das Erbe des Bauhauses ist in der DDR in guten Händen. In: Architektur der DDR. 26. 1977, S. 4–6

Keiderling, Gerhard / Percy Stulz: Berlin 1945–1968. Zur Geschichte der Hauptstadt der DDR und der selbständigen politischen Einheit Westberlin. Berlin (Ost) 1970

Krenz, Gerhard: Architektur zwischen gestern und morgen. Ein Vierteljahrhundert Architekturentwicklung in der Deutschen Demokratischen Republik. 2. Aufl. Berlin (Ost) 1975

Krenz, Gerhard / Walter Stiebitz / Claus Weidner (Hg.): Städte und Stadtzentren in der DDR. Ergebnisse und reale Perspektiven des Städtebaus in der DDR. Berlin (Ost) 1969

Kuhirt, Ullrich (Hg.): Kunst der DDR 1945–1959. Leipzig 1982

Kultermann, Udo: Zeitgenössische Architektur in Osteuropa. Sowjetunion, Polen, Deutsche Demokratische Republik, Tschechoslowakei, Ungarn, Rumänien, Bulgarien, Jugoslawien. Köln 1985

Mácel, Otakar: Zur Theorie des sozialistischen Realismus in der Architektur. In: archithese. H. 19, 1976, S. 43–49

Machule, Dittmar / Hans Stimmann: Auf der Suche nach der Synthese zwischen heute und morgen. Zum Städtebau der Nachkriegszeit in der DDR. In: Bauwelt. 72. 1981, S. 2165–2172 [=Stadtbauwelt. 72.]

Müller, Manfred: Das Leben eines Architekten. Porträt Richard Paulick. Halle/Saale 1975

Olbrich, Harald: Architektur und Städtebau in der DDR – Aspekte und Probleme der sozialistischen Alternative. In: Joachim Petsch (Hg.): Architektur und Städtebau im 20. Jahrhundert. Bd. 2: Wohnungsbau, Sozialistischer Städtebau. Berlin (West) 1975,S. 232–246

Plönies, Bartho: Planen und Bauen in der Sowjetischen Besatzungszone und im Sowjetsektor von Berlin. Hg. vom Bundesministerium für gesamtdeutsche Fragen. Bonn 1953

Schwandt, Alfred: Historische und begriffliche Untersuchungen zum Gegenstand der marxistischen Architekturtheorie. Diss. mschr. Deutsche Bauakademie Berlin (Ost) 1968

Städtebau. Grundsätze, Methoden, Beispiele, Richtwerte. Hg. vom Institut für Städtebau und Architektur der Bauakademie der DDR. Leiter des Autorenkollektivs: Ule Lammert. Berlin (Ost) 1979

Topfstedt, Thomas: Zur Frage des Historismus in der Architektur der DDR 1950–1955. In: Historismus – Aspekte zur Kunst im 19. Jahrhundert. Hg. von Karl-Heinz Klingenburg. Leipzig 1985, S. 226–242

Topfstedt, Thomas: Grundlinien der Entwicklung von Städtebau und Architektur in der Deutschen Demokratischen Republik 1949 bis 1955. Diss. mschr. Karl-Marx-Universität Leipzig 1980

Topfstedt, Thomas: Städtebau in der DDR 1955–1971. Leipzig 1988

Trebbi, Giorgio: La ricostruzione di una città. Berlino 1945–1975. Mailand 1978

Weidner, Annelies: Zum sozialistischen Charakter unserer Baukunst. In: Einheit. 23. 1968, S. 1505–1513

Werner, Frank: Gebaute Kultur. Aspekte der Architektur und des Städtebaues in der DDR. In: Kultur und Gesellschaft in der DDR. Zehnte Tagung zum Stand der DDR-Forschung in der Bundesrepublik 31. Mai bis 3. Juni 1977. Referate. Köln 1977. [Deutschland Archiv. 10. 1977. Sonderheft.], S. 79–88; leicht verändert auch in: Hubertus Gassner / Eckhart Gillen (Hg.): Kultur und Kunst in der DDR seit 1970. Lahn-Gießen 1977, S. 277–292

Werner, Frank: Stadt, Städtebau, Architektur in der DDR. Aspekte der Stadtgeographie, Stadtplanung und Forschungspolitik. Erlangen 1981

Werner, Frank: Stadtplanung Berlin. Theorie und Realität. Teil I: 1900–1960. Berlin (West) 1976

Zuchold, Gerd-H.: Der Abriß der Ruinen des Stadtschlosses und der Bauakademie in Ost-Berlin. Vom Umgang mit Denkmälern preußischer Geschichte in der Frühzeit der DDR. In: Deutschland Archiv. 18. 1985, S. 178–191

Dokumente

1. Max Taut: Berlin im Aufbau (1946)
2. Hans Scharoun: Rede zur Eröffnung der Ausstellung „Berlin plant" (22. August 1946)
3. Reinhold Lingner: Die Stadtlandschaft (9. Februar 1948)
4. Resolution der Studentenschaft der Staatlichen Hochschule für Baukunst und Bildende Künste Weimar anläßlich des Weltstudententages (17. November 1948)
5. Hermann Exner: Welcher Architekt ist nationalpreiswürdig? (18. August 1949)
6. Die sechzehn Grundsätze des Städtebaues. Von der Regierung der Deutschen Demokratischen Republik am 27. Juli 1950 beschlossen
7. Gerhard Strauß: Was ist das Berliner Schloß? Thesen des Leiters des Wissenschaftlichen Aktivs zur Überwachung des Abrisses des Berliner Schlosses (August 1950)
8. Richard Hamann: Memorandum an den Ministerpräsidenten der DDR, Otto Grotewohl, zur Erhaltung des Berliner Schlosses (28. August 1950)
9. Hermann Henselmann: Formalismus und Realismus (August/September 1950)
10. Boris Michailow: Architektur (Große Sowjet-Enzyklopädie) (1951)
11. Im Kampf um eine neue deutsche Architektur (14. März 1951)
    a) Ludwig Renn antwortet Dr. Kurt Liebknecht
    b) Stellungnahme des *Neuen Deuschland*
12. Der Kampf gegen den Formalismus in Kunst und Literatur, für eine fortschrittliche deutsche Kultur. Entschließung des Zentralkomitees der Sozialistischen Einheitspartei Deutschlands, angenommen auf der V. Tagung vom 15. bis 17. März 1951
13. Rudolf Herrnstadt: Über den Baustil, den politischen Stil und den Genossen Henselmann (29. Juli 1951)
14. Walter Ulbricht: Kunst und Wissenschaft im Plan. Rede vor der Volkskammer (31. Oktober 1951)
15. Hermann Henselmann: Der reaktionäre Charakter des Konstruktivismus (4. Dezember 1951)
16. Kurt Liebknecht: Fragen der deutschen Architektur. Referat auf dem Deutschen Architektenkongreß in Ost-Berlin (9. bis 11. Dezember 1951)
17. Hanns Hopp: Das Hochhaus in Erfurt. Ein Beispiel für die Unterschätzung der nationalen Bautradition (24. Januar 1952)
18. Kurt Liebknecht: Hohes oder breites Fenster? (20. März 1952)
19. Kurt Liebknecht: „Jetzt schließe ich mit den Architekten Freundschaft" (April 1953)
20. Nikita Chruschtschow: Besser, billiger und schneller bauen. Rede auf der Unionskonferenz der Baufachleute der UdSSR in Moskau (7. Dezember 1954)
21. Fragen der deutschen Architektur. Stellungnahme des Präsidiums der Deutschen Bauakademie (9. Juni 1955)

1 Max Taut:
Berlin im Aufbau (1946)

Die Zerstörung der Großstädte, insbesondere die Berlins, ist eine so gründliche, daß schon der Gedanke an einen Wiederaufbau als mutig bezeichnet werden muß. Über die leichtfertigen Versprechungen der nazistischen Urheber all dieses Elends sind inzwischen dem ganzen deutschen Volk die Augen geöffnet worden. Heute ist es bittere Erkenntnis für alle, daß Berlin in 3 oder selbst in 10 Jahren nicht wieder aufgebaut werden kann, geschweige denn „schöner, als es war".

Schon allein die Beseitigung der Trümmer und des Schuttes wird selbst unter denkbar günstigsten Verhältnissen das Vielfache dieser genannten Zeit in Anspruch nehmen und ein Wiederaufbau des gesamten Stadtorganismus wird sicherlich noch viele Generationen beschäftigen.

Nur wenn ein bis zum Äußersten gesteigerter Wille die Aufbaukräfte immer wieder von neuem beseelt, kann das gewaltige Werk der Wiedererstehung Berlins zum Erfolg führen. Vollkommene Dienstbarmachung der wissenschaftlichen Forschung für das Bauen und Einsatz aller Intelligenz werden notwendig sein, um sichtbare Resultate zu erzielen.

Wie soll nun der Wiederaufbau vonstatten gehen? Das ist die Frage, die uns alle bewegt. Unter normalen Verhältnissen können wir Architekten nach einem festen Programm planen; wir können uns ausrechnen, wie lange diese oder jene Arbeit dauern wird. Heute aber ist es unmöglich, die Schwierigkeiten und Begleitumstände im voraus zu erkennen, die sich dieser Arbeit hemmend gegenüberstellen können. Heute müssen wir mehr denn je mit Wahrscheinlichkeitswerten rechnen und können nur mit Schätzungen arbeiten. Wenn bei früheren Planungen die Wohnfrage, Verkehrsfrage, die Landschaft mitbestimmend waren, so kommt heute hinzu, daß die zufällig erhalten gebliebenen Bauten, Stadtteile und Verkehrseinrichtungen zu berücksichtigen und in die Planung mit einzubeziehen sind.

Der Städtebau umfaßt nicht nur das soziale und künstlerische Leben unserer heutigen Zeit, er muß auch versuchen, die Forderungen der Zukunft zu erfassen. Außerdem ist Voraussetzung für jede weitgehende Planung, daß eine Bodenreform zur Durchführung gelangt, die es der Allgemeinheit gestattet, den Grund und Boden allen dienstbar zu machen. Nur bei Erfüllung dieser Voraussetzung ist es möglich, Wohnungen mit großen Gärten und Freiflächen zu schaffen und eine wilde Bodenspekulation, wie sie charakteristisch für die Jahrhundertwende war, zu verhindern.

Selbst bei Berücksichtigung der günstigsten Verhältnisse ist die Dynamik und die Geschwindigkeit des Wiederaufbaues ein vollkommen unbestimmbarer Begriff. Wirtschaftliche und politische Fragen sind bestimmend und von Einfluß für Tempo und Art der Wiedergestaltung der Großstadt Berlin. Ausschlaggebend für Beginn und Fortgang der Arbeiten ist die Frage, ob alle Mittel und die unbedingt erforderlichen Baumaterialien und Maschinen zur Verfügung stehen. Um den Wiederaufbau in Gang zu bringen, ist eine Neugründung von Industrieunternehmungen erforderlich, die sich ausschließlich in die Dienste der Bautechnik zu stellen haben und vordringlich damit beschäftigt werden müssen, Bestandteile und Zubehör für den Baubedarf zu produzieren.

Experimente auf dem Gebiete des Bauwesens müssen in weitestem Maße unternommen werden. Auf bautechnischen Versuchsstätten in Form von Siedlungen, die in allen Gegenden der Stadt anzulegen sind, müssen diese Prüfungen mit allen Materialien, neuen Baustoffen, Wohnformen usw. durchgeführt werden. Da es sich in erster Linie darum handelt, durch sofortiges Eingreifen das größte Elend zu steuern, wird es sich vermutlich nicht vermeiden lassen, daß auch einige Experimente sich später als unbrauchbar herausstellen. Derartige Begleitumstände müssen dann des großen Zieles wegen in Kauf genommen werden. Es wird natürlich auch nicht zu umgehen sein, daß manche Versuche aus dem Rahmen des Üblichen fallen, und kurzsichtige bzw. konservativ eingestellte Kreise werden um die verlorengegangene Tradition jammern. Aber vieles, was ihnen heute neu und ungewohnt erscheint, wird ihnen morgen nicht mehr fremd sein. Schließlich ist alles Neue zur Zeit seines Entstehens mehr oder weniger auf Widerstand gestoßen, um nachher um so vertrauteres Allgemeingut zu werden. Achtung vor der Tradition bedingt nicht Nachahmen des Gewesenen, sondern verlangt ein Weiterentwickeln.

Wir haben heute andere und neue Baustoffe. Wir haben neuzeitliche Baumethoden und Konstruktionsweisen. Muß sich auf Grund dieser Voraussetzungen nicht auch die Form ändern? Die historische Entwicklung der Baukunst hat gelehrt, daß die Erfahrungen der Vergangenheit zwar von Nutzen sind, jedoch wurde stets bewußt etwas Neues geschaffen, um so den Bauten ein ehrliches, zeitgemäßes Gesicht zu geben.

Der Reiz unserer neuen Stadt wird darum nicht in einer Kopie alter Romantik zu suchen sein. Dadurch, daß die Städte heute der Bevölkerung gegenüber nützlichere Aufgaben zu erfüllen haben – nicht, wie früher, ausschließlich zu Wohn- und militärischen Zwecken –, werden sie auch ein anderes Gepräge erhalten müssen. Schon allein die klare Trennung der Geschäftsviertel von den Wohnbezirken und andererseits die Herausnahme der Industrie aus diesen Gegenden müssen mitbestimmend für das Bild der Stadt sein. Eine Kleinstadtromantik mit lauschigen Winkeln und Gäßchen verbietet sich in der Großstadt von selbst. Ein Haus, das aus neuen Baumaterialien und mittels Laufkränen errichtet wird, muß eine andere Gestalt erhalten als die Bauten früherer Zeiten, will es nicht zur lächerlichen Karikatur werden. Wir dürfen die neuzeitliche Technik und unsere heutigen Lebensformen nicht verleugnen und müssen auch den Mut haben, dies bei den neuen Bauten mit aller Deutlichkeit zum Ausdruck zu bringen.

Voraussetzung muß daher sein, daß den Ansprüchen und Lebensgewohnheiten der Bevölkerung möglichst weitgehend Rechnung getragen wird. Die Forderung nach Licht, Luft, Sonne für alle Wohnhäuser sowie genügend Freiflächen ist dabei oberstes Baugesetz und muß unter allen Umständen ihre Verwirklichung erfahren.
[...]

Quelle: Max Taut: Berlin im Aufbau. Berlin 1946

2 Hans Scharoun:
Rede zur Eröffnung der Ausstellung „Berlin plant"
(22. August 1946)

[...]
Was blieb, nachdem Bombenangriffe und Endkampf eine mechanische Auflockerung vollzogen, das Stadtgebiet aufrissen? Das, was blieb, gibt uns die Möglichkeit, eine „Stadtlandschaft" daraus zu gestalten. Die Stadtlandschaft ist für den Städtebauer ein Gestaltungsprinzip, besonders um der Großsiedlungen Herr zu werden. Durch sie ist es möglich, Unüberschaubares, Maßstabloses in übersehbare und maßvolle Teile aufzugliedern und diese Teile so zueinander zu ordnen, wie Wald, Wiese, Berg und See in einer schönen Landschaft zusammenwirken. So also, daß das Maß dem Sinn und dem Wert der Teile entspricht und so, daß aus Natur und Gebäuden, aus Niedrigem und Hohem, Engem und Weitem eine neue lebendige Ordnung wird. Die „Stadtlandschaft" zeigt nicht die eine Silhouette der kleinen oder mittelalterlichen Stadt, wie wir sie von vielen Städten im Gedächtnis haben. Sondern von den Teilen der „Stadtlandschaft" hat jeder seine eigene, seinem Inhalt entsprechende Silhouette. In ihnen werden die Grundlagen des Bauens – das sind technische und wirtschaftliche Faktoren, das ist der Ausdruck der gesellschaftlichen Bindung usw. – zur künstlerischen Gestalt entwickelt.

Im Augenblick aber ist, wie gesagt, nur der Rohstoff zur „Stadtlandschaft" vorhanden. Es bedarf zunächst der Ordnung im wirtschaftlichen Sinne: wie die Gesamtwirtschaft muß auch die Stadtwirtschaft, die kommune Wirtschaft, über möglichst risikofreie und bestfunktionierende, der Wirtschaft dienende Instrumente verfügen. Hier war es aber so, daß die vergangene Stadt in ihrem inneren und äußeren Leben bis zum Brechen angespannt und überlastet war. Ich darf das an einem Symptom dartellen, das, da es keinen ausnahm, sicher auch von Ihnen oft beglückend und oft schmerzlich empfunden wurde: Die Hast, die Eile, der wir uns als dem Rhythmus der Großstadt bedingungslos auslieferten. Auch in Ihnen wird sich oft die Sehnsucht nach der verträumten Kleinstadt geregt haben. Diese Eile war Berlin mehr als anderen Weltstädten eigen. Nicht, daß es sie gab, ist das Entscheidende, sie hat viel Kraftvolles und Werteschaffendes aus den Menschen herausgeholt, aber daß sie ein alles umfassendes Prinzip wurde, das sich damit auch gegen den Menschen wandte, das ist, was wir erkennen, wozu wir Stellung nehmen müssen. Die Hast ließ uns nirgends mehr los und gewährte uns nirgends mehr Muße; sie wurde z. B. als rhythmisches Prinzip auch ein Prinzip der Formgestaltung. Auch da gibt's wenige gute Lösungen – z. B. das Columbushaus – und sehr viele schlechte, wie z. B. die gewaltsamen Bandarchitekturen bei neueren Siedlungen und Wohnungsbauten. Materiell allein ist eine solche Tatsache nicht zu erklären. Sie ist auch psychischer Natur. Da sie eine der elementaren Grundlagen für die Wesenszüge unserer Architektur wurde, schlossen sich andere Formäußerungen des Lebens allzu bereitwillig an. So wirkte sie auf den Menschen zurück, denn die objektive Welt ist eine unbarmherzige Tatsächlichkeit, das Ich wird ihr Produkt. Was das schließlich für die Polwirkung der Weltstädte, der Brennpunkte der Kultur im Mit- oder Gegeneinander – im freundlichen und auch im feindlichen Sinne – bedeuten kann, das haben wir als Erlebnis gerade hinter uns. Dieses Beispiel mag zeigen, daß wir bei der Wahl der Gestaltungsprinzipien uns einer großen Verantwortung bewußt sein müssen, und es soll uns sagen, daß bei der Erarbeitung der neuen Stadt die geistige Voraussetzung mindestens so wichtig ist wie die Anwendung technischer Mittel. Sie wird von der Kultur ihrer Bewohner geprägt werden müssen, immer aufs neue, sonst wird sie die Prägeform für die Bewohner. Dann aber gäbe es keine sittliche Freiheit, ohne die das geistige Ordnungsprinzip der neuen Stadt nicht entwickelt werden kann.

[...]

Die Bearbeitung des Generalbebauungsplanes ergab, daß die Industriegebiete, die den Bahnen und Wasserwegen folgen, ihrer Gestalt und Lage nach auch der neuen Planung als Ausgang dienen können. Wenig ist zu eliminieren oder neu zu ordnen. Das gleiche gilt für die Arbeitsstandorte der Innenstadt, die weitgehend beibehalten werden können, allerdings auch der Neuordnung untereinander bedürfen unter Berücksichtigung der Beseitigung von Überschneidungen und der Entflechtung der Arbeits- und Wohnstätten, wobei verkehrstechnisch günstig gelegene Gebiete für die wichtigsten Arbeitsflächen zu reservieren sind. Danach verbleiben also in der alten City die Industrieverwaltungen, Banken, der Außenhandel, die Bekleidungsindustrie usw., nach Westen zu kämen die Staatsverwaltungen, Versicherungsanstalten, die Privatverwaltungen, Post usw. Nördlich davon zwischen Alexanderplatz und Spree, liegen die Stadtverwaltung, die Linden und die Museumsinsel, die das Kulturzentrum Berlins bleiben. Westlich zwischen Stadtbahn und Spree wäre der Raum für die neue Hochschulstadt. So kann die vorhandene Anordnung im wesentlichen beibehalten werden, aber die Gesamtheit der City erhält entsprechend dem neuen Verkehrsplan ihre neue Gestalt in Form eines langgestreckten, zwischen der Ringbahn von Ost nach West sich hinziehenden Arbeitsstreifens. Er liegt vornehmlich auf der durch Spree und Landwehrkanal gebildeten Insel. Die beiden an ihren Ufern mit Grünstreifen versehenen Wasserläufe geben eine natürliche Trennung und schöne Verbindung zwischen den Arbeits- und Wohnstätten.

Aus dem Gesagten mögen Sie den organischen und natürlichen Aufbau aus Tradition, den geologischen Gegebenheiten, aus der Nutzung der Zerstörungen und aus vernünftiger Zueinanderordnung auf Grund der wirtschaftlichen Erfordernisse erkennen.

Die Krisenjahre 1928/29 zeigten deutlich die ungeheuer starke Vorbelastung der Wirtschaft durch das Verkehrswesen, die gleichmäßig aus der Personen- und Güterbeförderung resultierte und planmäßig herabzumindern ist. Dabei geht es in erster Linie um den Produktionssektor, von dem Berlin als eine Riesenwerkstatt lebt, der daher risikofester zu machen ist. Hinsichtlich des Berufsverkehrs ist die möglichst verkehrslose Stadt zu schaffen. Das bedingt, daß den Arbeitsstätten zugeordneten Wohngebieten ein sehr hoher Wohnreiz gegeben wird, um der Flucht gerade der qualifizierten Arbeiter aus dem Stadtraum an die Peripherie entgegenzuwirken. Es soll und kann dies nicht durch Zwang erreicht werden. Die Wirtschaft muß konkurrenzfähig bleiben, der Arbeiter die Freiheit in der Wahl seines Arbeitsplatzes haben. Aber es muß erreicht werden, daß der Zustand der Innenstadt den Arbeiter nicht in die reizvolleren Außenbezirke hinaustreibt. Der gleiche Wohnreiz bedingt gleiche Wohndichte für alle Wohngebiete auf der Grundzahl von 200 oder auch 250 Menschen pro ha. Für die Erfüllung von Sonderwünschen, die an Wasser, besonderen Boden oder anderes gebunden sind, bestehen genügend Möglichkeiten. Denn ich darf wiederholen: der Ausgang ist die Fixierung der Arbeitsstandorte für Industrie, Wirtschaft und Verwaltung bis zur City,

die streifenartig das Stadtgebiet, die Stadtlandschaft durchziehen. Sie werden von Wohnbändern begleitet, die der Kapazität der Wirtschaftsstandorte entsprechen. Dazwischen verbleiben, dem Flußlauf parallel, weite Grünflächen, die teils als Kulturlandschaft, teils zur Befriedigung von Sonderlösungen zur Verfügung stehen.
Die Wohngebiete sind in Grundeinheiten für je 4000 bis 5000 Menschen aufgegliedert, das sind Grundzellen, die etwa dem Kern der Siedlung Siemensstadt entsprechen und so bemessen, daß sie vom Kinde erlebt werden und dem Kinde eine Welt sein können. Sie spiegeln die Einheit des Lebens wider, den Lebensbau. Sie dienen dem Menschen von der Wiege bis zur Bahre, werden ihm wirkliche Heimat. Daher erhalten sie vorwiegend Einfamilienhäuser, daneben Geschoßwohnungen für kinderlose Ehepaare, Ledigen- und Altersheime. In ihr (am grünen Anger) der kulturelle und der soziale Mittelpunkt. Dazu gehört die Forschungsstätte, die dem Spiel- und Bastelbetrieb Förderung und Auswirkung geben soll. Sie erscheint uns mit Rücksicht auf den notwendigen Einsatz aller geistigen Bemühungen um den wirtschaftlichen Wiederaufbau Deutschlands von besonderer Bedeutung.
[...]
Es muß unser Bemühen darauf gerichtet sein, der Familie den Lebensraum zu geben, der ein Leben in der Familie und mit Freunden auch wirklich gestattet. Ausreichende Wohnfläche erscheint da im Augenblick wichtiger als eine Summe neuester technischer Errungenschaften. Das ist eine der wichtigsten Aufgaben der Großstadt, die den Soziologen und den Politiker, den Techniker und den Künstler angeht und zu deren Lösung wir durch den Wettbewerb besonders dringend die Allgemeinheit aufrufen. Es ist eine Lebensfrage, die von der Bürokratie nicht zu lösen ist.
Wir brauchen eine natürliche, keine romantisch verkitschende Lösung. Daß der Wunsch dazu besteht, zeigen Schrebergärten und wilde Siedlungen am Rande der Stadt.
Die Ausstellung berührt ferner Teilprobleme, wie z. B. die erstrebenswerte Bevölkerungs- und Berufsstruktur Berlins, oder Fragen der Architektur, Typisierung und Normierung, Fragen der historischen Bauten, die wir nicht nur vom Optischen her, sondern auch von einem wieder lebensnahen Gesichtspunkt her in das Leben unserer Stadt einbeziehen wollen.
Es handelt sich, das geht aus der Arbeit eines Bezirkes nochmals besonders hervor, z. B. auch um die Frage der Lösung der City, die ja nicht nur wieder Mittelpunkt Berlins werden soll und so Berlin zur Stadteinheit macht, sondern darüber hinaus den zentralen Gedanken einer Einheit Deutschlands widerspiegeln kann. In der Dezentralisation liegt Verzicht und Zerfall. Der City muß der rechte und überzeugende Ausdruck gegeben werden als Mittelpunkt und Kraftquell des neuen Berlins, als der Stadt der Arbeit.
Nichts Starres, Mechanisches braucht ihr anzuhaften. Durch Erkenntnis typischer Rhythmen werden typische Architekturen erstehen, die je nach Notwendigkeit und Zweck der schnellflüssigen Geschäftsabwicklung oder aber der an- oder auch abregenden Umstellung des Menschen dienen werden.
[...]
Zum Abschluß noch einige Worte zum grundsätzlichen Problem der Großstadt. Seit langem bewegt die Gemüter der Städtebauer die Frage einer Beschränkung der Großstadt oder ihrer Auflösung in leistungsfähige Mittel- und Kleinstädte im Ausmaß zwischen 25000 und 100000 Einwohnern, da das Großstadtproblem nicht lösbar sei, die Großstadt ein überholtes Gebilde sei, das keine Kräfte hervorbringt, sondern nur

Kräfte verschleißt. Das hat seine Berechtigung, wenn wir an die ungestalteten Gebilde, wie Berlin einst war, denken. Aber wir sind der Meinung, daß die Großstadt nicht überholt ist, daß das Großstadtproblem einer wahren Lösung noch gar nicht zugeführt wurde. Lösungen von einzelnen Motiven her gibt es und gab es: so konnte man in Prag schon das, was wir heute eine „Stadtlandschaft" nennen, anklingend entdecken. Wir empfanden auch Paris als einen Salon der Welt, New York als Ausdruck der Macht der Technik und des Geldes, oder wir nahmen in Rom die Kraft der Beständigkeit im ewigen Wandel wahr, oder wir sehen London als eine Summe geistiger Traditionen, die Vorbild für das gesamte britische Weltreich sind.

Eines ist klar: Kulturpolitisch haben diese Städte ungeheuer stark in den Raum, die Welt ausgestrahlt und mit Hilfe dieser kulturpolitischen Ausstrahlungen macht- oder wirtschaftspolitische Aufgaben erfüllt. Diese polhafte Wechselwirkung Großraum – Großstadt wird man aus der Welt nicht fortdenken können und auch die Wirkung dieser Konzentrationspunkte aufeinander nicht ungestraft stören dürfen. Eine Staatenbildung von Rang ist ohne große Stadt überhaupt nicht denkbar. Der Reiz, der den Weltstädten anhaftet, erzeugt Spannungen in dem großen Spiel des Nehmens und Gebens.

Noch ist Berlin weder in den Produktionsprozeß noch in das Kräftespiel der großen Metropolen eingebunden, aber wir möchten, daß die Arbeit, die wir Ihnen heute in einem „ersten Bericht" vorlegen, sich mit Hilfe der gesamten Berliner Bevölkerung zu einer Arbeit auf dem Gebiete des Städtebaues ausweitet, die nicht nur in Deutschland, sondern auch im Ausland ein Echo findet und so einen geistigen Beitrag zum friedlichen Aufbau der Welt leistet.

Quelle: Der Bauhelfer. 1. 1946, H. 5, S. 1–5

3 Reinhold Lingner:
Die Stadtlandschaft (9. Februar 1948)

Das Wort Stadtlandschaft ist in letzter Zeit häufiger gebraucht worden. In den folgenden Ausführungen zeigt der Leiter des Hauptamtes für Grünplanung der Stadt Berlin, daß es kein Schlagwort ist, sondern stellt hier wichtige Zustände fest und leitet Maßnahmen z. B. für Grundwasser-, Windschutz usw. ab, die für alle Städte gelten und deren Vernachlässigung sich rächen würde.

Die Redaktion

Der durch den modernen Städtebau geprägte Begriff „Stadtlandschaft" ist zum vielgebrauchten Schlagwort geworden, ohne daß bei allen eine bestimmte Vorstellung damit verbunden ist. „Stadtlandschaft" ist kein ästhetischer Terminus, auch wenn das Ästhetische dabei seine selbstverständliche Rolle spielt. Ebensowenig ist „Stadtlandschaft" nur ein Modeausdruck für das mehr oder weniger zufällig vorhandene Blattgrün in einer Stadt. Mit diesem Ausdruck bezeichnet man ausschließlich den komplexen Zusammenhang einer Reihe bislang isoliert behandelter Faktoren im Städtebau: Technik, Wirtschaft, Soziologie, Topographie, Boden, Wasser, Klima und Pflanzendecke.

Die Grundlagenforschung im Städtebau beginnt zu erkennen, daß das hochentwickelte, differenzierte Leben des modernen Menschen in wesentlich höherem Maße von den unterschiedlichsten Einflüssen der Landschaft bestimmt wird, als man bisher angenommen hat. Wir sind genötigt, dieses Problem der Zusammenhänge sorgfältig zu studieren, um entstandene Schäden zu beseitigen und wachsende Gefahren zu verhindern.

Die Auflockerung der Städte ist auf Grund der Erfahrungen des Hygienikers seit langem als städtebauliches Prinzip anerkannt, doch geht die Form der Einbeziehung des Grüns auch heute noch auf abstrakte Schemata eines landschaftsfremden Städtebaues zurück. Diese Schemata entstanden aus rein mechanistischen Vorstellungen bei der Erweiterung der Städte, wobei die ringförmigen alten Wallanlagen den inneren und der Gürtel der nach den Erfahrungen des ersten Weltkrieges nutzlos gewordenen Forts den äußeren Grünring ergaben. Hierzu kam dann die Forderung nach radialen Grünverbindungen, die nach Möglichkeit von der umgebenden Landschaft bis in den Stadtkern vorstoßen sollten. Man ging davon aus, daß die immer weiter wachsende Stadt immer weitere Ringe ansetzen könne, wie ein Baum Jahresringe, und übersah geflissentlich, daß die Lage im Tal, die Nähe der Wasserläufe oder die Beschaffenheit des Untergrundes trotz aller hochentwickelten Technik eine andere Wachstumsform erzwingen mußte. Die Berliner City ist nicht ringförmig gewachsen, sondern hat sich allmählich nach Westen erweitert, und das hat zur Bildung einer Bandstadt geführt.

Die Anwendung des landschaftsfremden Ringschemas hat in vielen Städten zur Zerstörung landschaftlicher Werte geführt. Besonders die Anlage von Verkehrswegen hat einschneidende Veränderungen der Bodenoberfläche, des Wasserhaushalts, des Klimas und der Vegetation hervorgerufen, deren Bedeutung allgemein unterschätzt wird.

Tiefe Einschnitte zur Führung der Eisenbahnen und Kanäle haben für große Gebiete Grundwasserabsenkungen herbeigeführt, die Wälder, Parkanlagen und Gartenbaubetriebe, Felder und Wiesen für die Bodenkultur entwerteten. Gesunder, urwüchsiger Baumbestand wurde vernichtet, Baumschulen mußten aufgegeben werden, Wiesen wurden zu trockenen Äckern, Äcker zu Ödland, Bäche und Gräben trockneten aus.

Der Bodenaushub aus den Einschnitten wurde zur Überbrückung der Niederungen für Dämme verwandt, und diese bewirkten Anstauen von Wasser und damit Versauern des Bodens, Aufstauen von Kaltluft und damit Klimastörungen. Den Städtebauer bekümmerte das alles wenig, da er die Erfordernisse der Urproduktion in seine Überlegungen nicht einbezog. Des für die Bodenkultur wertlos gewordenen Geländes bemächtigte sich um so leichter die Spekulation. Durch sie wiederum wurden Mittel frei, um kostspielige Entwässerungsanlagen, Kanalisierungen, Überrohrungen, Überpflasterungen usw. durchzuführen, durch die weitere Kulturflächen beseitigt oder geschädigt wurden. Die Bodenkultur wurde auf diese Weise immer mehr aus der Stadt herausgedrängt, die Gewässer wurden zu toten Entwässerungskanälen. Die Staubmassen vergrößerten sich, und die Luft wurde trockener, die Hitze wurde im Sommer unerträglich. So kam es zu der ungegliederten, ungesunden, trostlosen und häßlichen Großstadt mit ihrem sozialen Elend, mit Krankheiten und einem eigenen Klima (man spricht vom Steppenklima der Großstadt).

Stadtlandschaft ist *mehr* als Auflockern der Bebauung, mehr als Erhöhung des prozentualen Anteils der Grünflächen am Stadtgebiet und mehr als Herstellung von Grünverbindungen zwischen bestehenden grünen Inseln.

Von Stadtlandschaft wird erst dann gesprochen werden können, wenn die Landschaft innerhalb der Stadt gesund und lebensfähig als Kulturlandschaft geworden ist und wenn sie infolgedessen ihre Funktionen erfüllen kann, wie sie die Kulturlandschaft auch außerhalb der Stadt erfüllen muß, und wenn beide miteinander in Einklang sind. Die Zeichen mehren sich, daß der Mensch einzusehen beginnt, daß er nicht weiter Raubbau an den Gütern der Natur treiben darf, wenn er seine Existenz sichern will, daß vielmehr der Zeitpunkt gekommen ist, sich umzustellen von der Ausbeutung der Naturschätze auf ein kluges Haushalten mit ihnen. Le Corbusier verlangt in seinem Buch „La Maison des hommes" die Beobachtung der „Logik der Landschaften und der inneren Logik des Menschen" und warnt: „Die Lehrmeinung des Tages ist die Vergeudung einer natürlichen Reserve, die unersetzlich und ein für allemal gegeben ist."

Bei der Ausdehnung unserer Großstädte und Industriezentren ist es nicht vertretbar, daß innerhalb der Bebauung die Gesetze der Landschaft keine Gültigkeit mehr haben sollen. Die Stadt- und Industriegebiete sind riesig und ihr in Unordnung geratener Naturhaushalt stört das Gleichgewicht auch der umgebenden Landschaft. Veränderungen des Grundwasserhorizontes, Rauchschäden, Klimaveränderungen, landschaftsfremder Abbau von Bodenschätzen, rücksichtslose Eingriffe durch Einschnitt-Bahnen, -Straßen und -Kanäle, Unterbringung von Abraumhalden, „Beseitigung" der städtischen und industriellen Abfälle und Abwässer rufen heute so tiefgreifende Schäden hervor, daß sich ihr Einfluß im Umkreis von vielen Kilometern auswirkt. Bei Ballungen von Städten, wie im Ruhrgebiet und in Sachsen, werden Landschaftsräume von vielen Quadratkilometern zugrunde gerichtet, obwohl jeder Quadratmeter Boden so kostbar für unsere Ernährung geworden ist.
[...]

Quelle: Neue Bauwelt. 3. 1948, S. 83–86

4 Resolution der Studentenschaft der Staatlichen Hochschule für Baukunst und Bildende Künste Weimar anläßlich des Weltstudententages (17. November 1948)

Die anläßlich des Weltstudententages in einer Vollversammlung versammelten Studenten der Staatlichen Hochschule für Baukunst und Bildende Künste in Weimar gedenken der fortschrittlichen Lehrer und Schüler des ehemaligen Bauhauses, die im Jahre 1933 von SA-Banden mißhandelt oder aus der weltbekannten Lehr- und Forschungsstätte für „Modernes Bauen" vertrieben wurden.

Wir wissen heute, daß die damalige Schließung des Bauhauses und die Verfolgung aller demokratischen Bestrebungen in der Baukunst Beginn und Teil des allgemeinen Ausrottungsfeldzuges gegen die humanistische Kultur aller vom Nazismus überfallenen Völker war. Erinnert doch gerade der 17. November 1939, dessen Andenken die studentische Jugend der Welt am Weltstudententag feiert, an die Hinrichtung der zwölf Prager Studenten durch die Hitlerschergen.

Seit 1945 haben wir an der Gründungsstätte des ehemaligen Bauhauses in Weimar, anknüpfend an die Tradition seiner klarsten demokratischen und baukünstlerischen Kräfte, erneut und verstärkt Forschung und Studium aufgenommen. Wir sind uns bewußt, daß eine fruchtbare, eine schöpferische Entwicklung auch in der Baukunst nur gewährleistet ist, die Wiederholung irgendeiner faschistischen Kulturbarbarei nur dann unmöglich gemacht ist, wenn Friede und Freundschaft zwischen den Völkern gepflegt werden, wenn die Kulturschaffenden aller Länder, an der Spitze die studierende Jugend der ganzen Welt, einig und hartnäckig für Fortschritt und Demokratie kämpfen.

Wir glauben daher, daß es nicht nur an der Zeit ist, endlich dem deutschen Volke die wirtschaftliche, staatliche und kulturelle Einheit zu geben, sondern weit mehr als bisher, die Zusammenarbeit der demokratischen Menschen und Völker und einen Austausch gerade auf dem kulturellen Gebiet schneller zu entwickeln. Wir Professoren und Studenten der Hochschule in Weimar vermissen ganz besonders solche internationalen Verbindungen, wie sie seinerzeit das Staatliche Bauhaus besaß.

Wir wenden uns daher heute an alle fortschrittlichen Kräfte und Hochschulen auf dem Gebiet der Baukunst, des Städtebaus und der bildenden Künste des Auslandes und schlagen ihnen engste Zusammenarbeit vor. Insbesondere denken wir dabei neben der UdSSR an die Volksdemokratien (vor allem Polen, Ungarn, die CSR) sowie an die Schweiz, Frankreich, England, Schweden, Finnland und die USA.

Der deutsche Faschismus ist entscheidend geschlagen, die Isolierung unseres Vaterlandes von der Welt lockert sich. Laßt sie uns völlig beseitigen.

Die Entwicklung der Kultur aller Völker gedeiht nur in gegenseitiger Befruchtung, der Friede der Welt ist nur gesichert, wenn die Schranken zwischen den demokratischen Menschen aller Nationen endgültig fallen.

Quelle: Forum. 3. 1949, S. 31

5 Hermann Exner:
Welcher Architekt ist nationalpreiswürdig?
(18. August 1949)

Wir stellen das Folgende im Rahmen unserer freien Aussprache über die Nationalpreiskandidaten der fachmännischen Beachtung anheim, ohne uns damit zu identifizieren.
D. Red.

Eine zahlenmäßig kleine, aber aus starken Persönlichkeiten bestehende Gruppe von etwa 20 bis 30 deutschen Architekten vollzog in der Zeit zwischen 1900 und 1930 den Bruch mit der bürgerlichen Tradition, indem sie nicht mehr mit funktionslosen feudalistischen Stilformen baute, sondern den Raum nach den wirklichen Lebenserfordernissen und gemäß den neuen technischen Möglichkeiten zu gestalten begann. In Theorie und Praxis griffen einige dieser Pioniere tief und unmittelbar in das gesellschaftliche Leben ein und befruchteten es.

Es ist daher schwer verständlich, daß keiner von ihnen unter den Nationalpreiskandidaten genannt wird und daß der einzige Architekt, den die Vorschlagsliste zur Diskussion stellt, Heinrich Tessenow, zu den Vertretern der bürgerlich-klassizistischen Überlieferung gehört. Zweifellos hat er sie zu einer gewissen Vollendung geführt und muß als ein bedeutender Architekt gewertet werden. Aber genügt das? Und wäre es nicht angebracht, neben ihm auch solche Baukünstler zu prämiieren, deren Werk nicht nur Vergangenes fortsetzt, sondern Neues und Eigenes zu begründen versucht?

Es sei in diesem Zusammehang vor allem an Otto Haesler erinnert, der durch seine Bauten in Celle weltbekannt ist und der 1946 die Westzonen verließ, um am demokratischen Aufbau der Ostzone teilzunehmen. Mit Ausnahme seines großen Bebauungsplans für Rathenow hat er bewußt die künstlerischen Aufgaben zurückgestellt, um eine Methodik des industriellen Bauens zu entwickeln, die bei erheblicher Material- und Kostenersparnis von langwieriger Handarbeit unabhängig macht.

Ferner sei auf Hans Scharou[n], den Leiter des Instituts für Bauwesen, auf Max Stam und Max Taut verwiesen. Stam war an der Planung der sowjetischen Stadt Magnitogorsk beteiligt, Taut hat zahlreiche Gewerkschaftshäuser gebaut. Beide üben durch ihre Ausbildertätigkeit in Dresden und Berlin starken Einfluß auf die werdende Architektengeneration aus.

Neben diesen altbewährten Kräften hat es der Nachwuchs nicht leicht, besonders da ihm unter den Nazis die Möglichkeit zum ungehinderten Schaffen fehlte. Trotz aller Nöte der Nachkriegszeit liegt aber im Innenausbau der Parteihochschule „Karl Marx" in Klein-Machnow bei Berlin schon eine von jüngeren Architekten erarbeitete schöne und ausgereifte Leistung vor. Es scheint, daß das Kollektiv Selmanagic–Falkenberg–Hirche dafür durchaus einen Preis verdient. (Die Zeitschrift „Bildende Kunst", Heft 6, brachte eine bebilderte Würdigung dieser Arbeit.)

Quelle: Neues Deutschland. 18. 8. 1949

6 Die sechzehn Grundsätze des Städtebaues
Von der Regierung der Deutschen Demokratischen Republik am 27. Juli 1950 beschlossen

Die Stadtplanung und die architektonische Gestaltung unserer Städte müssen der gesellschaftlichen Ordnung der Deutschen Demokratischen Republik, den fortschrittlichen Traditionen unseres deutschen Volkes sowie den großen Zielen, die dem Aufbau ganz Deutschlands gestellt sind, Ausdruck verleihen. Dem dienen die folgenden Grundsätze:
1. Die Stadt als Siedlungsform ist nicht zufällig entstanden.
Die Stadt ist die wirtschaftlichste und kulturreichste Siedlungsform für das Gemeinschaftsleben der Menschen, was durch die Erfahrung von Jahrhunderten bewiesen ist. Die Stadt ist in Struktur und architektonischer Gestaltung Ausdruck des politischen Lebens und des nationalen Bewußtseins des Volkes.

2. Das Ziel des Städtebaues ist die harmonische Befriedigung des menschlichen Anspruches auf Arbeit, Wohnung, Kultur und Erholung.
Die Grundsätze und Methoden des Städtebaues fußen auf den natürlichen Gegebenheiten, auf den sozialen und wirtschaftlichen Grundlagen des Staates, auf den höchsten Errungenschaften von Wissenschaft, Technik und Kunst, auf den Erfordernissen der Wirtschaftlichkeit und auf der Verwendung der fortschrittlichen Elemente des Kulturerbes des Volkes.
3. Städte „an sich" entstehen nicht und existieren nicht. Die Städte werden in bedeutendem Umfange von der Industrie für die Industrie gebaut. Das Wachstum der Stadt, die Einwohnerzahl und die Fläche werden von den städtebildenden Faktoren bestimmt, das heißt, von der Industrie, den Verwaltungsorganen und den Kulturstätten, soweit sie mehr als örtliche Bedeutung haben.
In der Hauptstadt tritt die Bedeutung der Industrie als städtebildenden Faktors hinter der Bedeutung der Verwaltungsorgane und der Kulturstätten zurück.
Die Bestimmung und Bestätigung der städtebildenden Faktoren ist ausschließlich Angelegenheit der Regierung.
4. Das Wachstum der Stadt muß dem Grundsatz der Zweckmäßigkeit untergeordnet werden und sich in bestimmten Grenzen halten.
Ein übermäßiges Wachstum der Stadt, ihrer Bevölkerung und ihrer Fläche führt zu schwer zu beseitigenden Verwicklungen in ihrer Struktur, zu Verwicklungen in der Organisation des Kulturlebens und der täglichen Versorgung der Bevölkerung und zu betriebstechnischen Verwicklungen sowohl in der Tätigkeit wie in der Weiterentwicklung der Industrie.
5. Der Stadtplanung zugrunde gelegt werden müssen das Prinzip des Organischen und die Berücksichtigung der historisch entstandenen Struktur der Stadt bei Beseitigung ihrer Mängel.
6. Das Zentrum bildet den bestimmenden Kern der Stadt.
Das Zentrum der Stadt ist der politische Mittelpunkt für das Leben seiner Bevölkerung.
Im Zentrum der Stadt liegen die wichtigsten politischen administrativen und kulturellen Stätten. Auf den Plätzen im Stadtzentrum finden die politischen Demonstrationen, die Aufmärsche und die Volksfeiern an Festtagen statt.
Das Zentrum der Stadt wird mit den wichtigsten und monumentalsten Gebäuden bebaut, beherrscht die architektonische Komposition des Stadtplanes und bestimmt die architektonische Silhouette der Stadt.
7. Bei Städten, die an einem Fluß liegen, ist eine der Hauptadern und die architektonische Achse der Fluß mit seinen Uferstraßen.
8. Der Verkehr hat der Stadt und ihrer Bevölkerung zu dienen. Er darf die Stadt nicht zerreißen und der Bevölkerung nicht hinderlich sein.
Der Durchgangsverkehr ist aus dem Zentrum und dem zentralen Bezirk zu entfernen und außerhalb seiner Grenzen oder in einem Außenring um die Stadt zu führen. Anlagen für den Güterverkehr auf Eisenbahn und Wasserwegen sind gleichfalls dem zentralen Bezirk der Stadt fernzuhalten.
Die Bestimmung der Hauptverkehrsstraßen muß die Geschlossenheit und die Ruhe der Wohnbezirke berücksichtigen.
Bei der Bestimmung der Breite der Hauptverkehrsstraßen ist zu berücksichtigen, daß für den städtischen Verkehr nicht die Breite der Hauptverkehrsstraßen von entschei-

dender Bedeutung ist, sondern eine Lösung von Straßenkreuzungen, die den Anforderungen des Verkehrs gerecht wird.

9. Das Antlitz der Stadt, ihre individuelle künstlerische Gestalt, wird von Plätzen, Hauptstraßen und den beherrschenden Gebäuden im Zentrum der Stadt bestimmt (in den größten Städten von Hochhäusern). Die Plätze sind die strukturelle Grundlage der Planung der Stadt und ihrer architektonischen Gesamtkomposition.

10. Die Wohngebiete bestehen aus Wohnbezirken, deren Kern die Bezirkszentren sind. In ihnen liegen alle für die Bevölkerung des Wohnbezirken notwendigen Kultur-, Versorgungs- und Sozialeinrichtungen von bezirklicher Bedeutung.

Das zweite Glied in der Struktur der Wohngebiete ist der Wohnkomplex, der von einer Gruppe von Häuservierteln gebildet wird, die von einem für mehrere Häuserviertel angelegten Garten, von Schulen, Kindergärten, Kinderkrippen und den täglichen Bedürfnissen der Bevölkerung dienenden Versorgungsanlagen vereinigt werden. Der städtische Verkehr darf innerhalb dieser Wohnkomplexe nicht zugelassen werden, aber weder die Wohnkomplexe noch die Wohnbezirke dürfen in sich abgeschlossene isolierte Gebilde sein. Sie hängen in ihrer Struktur und Planung von der Struktur und den Forderungen der Stadt als eines Ganzen ab.

Die Häuserviertel als drittes Glied haben dabei hauptsächlich die Bedeutung von Komplexen in Planung und Gestaltung.

11. Bestimmend für gesunde und ruhige Lebensverhältnisse und für die Versorgung mit Licht und Luft sind nicht allein die Wohndichte und die Himmelsrichtung, sondern auch die Entwicklung des Verkehrs.

12. Die Stadt in einen Garten zu verwandeln, ist unmöglich. Selbstverständlich muß für ausreichende Begrünung gesorgt werden. Aber der Grundsatz ist nicht umzustoßen: in der Stadt lebt man städtischer; am Stadtrand und außerhalb der Stadt lebt man ländlicher.

13. Die vielgeschossige Bauweise ist wirtschaftlicher als die ein- oder zweigeschossige. Sie entspricht auch dem Charakter der Großstadt.

14. Die Stadtplanung ist die Grundlage der architektonischen Gestaltung. Die zentrale Frage der Stadtplanung und der architektonischen Gestaltung der Stadt ist die Schaffung eines individuellen einmaligen Antlitzes der Stadt. Die Architektur muß dem Inhalt nach demokratisch und der Form nach national sein. Die Architektur verwendet dabei die in den fortschrittlichen Traditionen der Vergangenheit verkörperte Erfahrung des Volkes.

15. Für die Stadtplanung wie für die architektonische Gestaltung gibt es kein abstraktes Schema. Entscheidend ist die Zusammenfassung der wesentlichsten Faktoren und Forderungen des Lebens.

16. Gleichzeitig mit der Arbeit am Stadtplan und in Übereinstimmung mit ihm sind für die Planung und Bebauung bestimmter Stadtteile sowie von Plätzen und Hauptstraßen mit den anliegenden Häuservierteln Entwürfe fertigzustellen, die in erster Linie durchgeführt werden können.

Quelle: Lothar Bolz: Von deutschem Bauen. Berlin (Ost) 1951, S. 87–90

7 Gerhard Strauß:
Was ist das Berliner Schloß?
Thesen des Leiters des Wissenschaftlichen Aktivs zur Überwachung des Abrisses des Berliner Schlosses (August 1950)

Bei seiner Entstehung:
Ergebnis des Repräsentationsbedürfnisses des sich zentralisierenden preußischen Absolutismus, dessen Hausmacht seit dem Dreißigjährigen Kriege vergrößert wurde im Bündnis mit oder gegen den deutschen Kaiser, mehr mit als gegen ausländische Staaten und nie im Interesse des deutschen Volkes und seiner nationalen Existenz, sondern immer in demjenigen der eigenen Hausmacht, die zudem ihre Untertanen bis zur Leibeigenslaverei ausbeutete und schon während des Schloßbaues Akkordarbeit verlangte.

Dank dem Genie Schlüters und seinem kongenialen Nachfolger Eosander von Göthe eine großartige architektonische Leistung, in der die Bezüge zur aufkommenden bürgerlichen Baukunst der Niederlande und zum Realismus der Renaissance die Architektur des Absolutismus zu überwinden beginnen. Entstanden in dauernder Auseinandersetzung mit dem feudalen Bauherrn und seiner Bürokratie, mit Spionen des Kurfürsten von Sachsen, der seinen „Kollegen" in Berlin überwachen ließ, ob er die ihm zum Sonderpeis für den Schloßbau gelieferten Haussteine nicht gewinnbringend weiterverkaufte. Unvollendet geblieben, da die vorwärtsweisende Persönlichkeit Schlüters vom reaktionären Bauherrn entlassen wurde, ebenso kurz darauf Eosander von Göthe.

1950:
Symbol des völligen Verfalls jener feudalistischen und imperialistischen Macht, die es einst hatte entstehen lassen. In deren Untergang es dann ähnliche Wunden erhielt wie das ganze deutsche Volk. Eine von anglo-amerikanischen Brand- und Sprengbomben ausgehöhlte Ruine. Die Fassaden lassen den Kundigen die Leistungen Schlüters und Eosanders noch ahnen. Die Substanz ist bis auf Ausnahmen ausgeglühter Schutt.

Schlußfolgerung:
Das deutsche Volk, das erstmalig in seiner Geschichte durch seine Majorität für seine Majorität handelt, hat das Recht, seiner Hauptstadt Berlin ein Antlitz zu geben, das der neuen Phase seiner Geschichte würdig ist. In ihm wird gutes Altes Teil seiner charakteristischen Züge sein. Die neue Aufgabenstellung wird einen Widerschein von Freiheit und Zuversicht hinzufügen.

Die Ruine des Schlosses im Stadtzentrum wäre ein Hindernis bei der erstmaligen Gelegenheit, den Mittelpunkt der Hauptstadt in großzügiger Weise zu ordnen. Der für die Wiederherstellung der Ruine notwendige Aufwand würde mehr als das Zehnfache der Zeughausrekonstruktion betragen und erst in Jahren zur Verfügung stehen. Da die Zerstörungen im Schloß so weitgehend sind, daß auch bei einer Wiederherstellung am alten Platz der größte Teil der Substanz rekonstruiert werden müßte, wäre selbst in diesem Falle die geniale Leistung Schlüters im wesentlichen nur als Nachschöpfung erhaltbar. Deshalb aus Achtung vor der humanistischen Leistung der Baumeister Sicherung der sie charakterisierenden gut erhaltenen Details zwecks Wiederverwendung an anderer Stelle, aber Freigabe des Platzes selbst durch Abbruch des Schlosses, um einem lebensvollen neuen Zugang im Zentrum Berlins Raum zu geben.

Ich schlage allen Kollegen und auch Besuchern vor, zu meinen Thesen Stellung zu nehmen, gegebenenfalls weitere hinzuzufügen. Herr Dr. Kaiser nimmt gern entsprechende Anregungen entgegen.

(im August 1950) Strauß

Quelle: Gerd-H. Zuchold: Der Abriß des Berliner Schlosses. In: Deutschland Archiv. 18. 1985, S. 202 f.

8 Richard Hamann:
Memorandum an den Ministerpräsidenten der DDR, Otto Grotewohl, zur Erhaltung des Berliner Schlosses (28. August 1950)

Berlin ist arm an Denkmälern der Vergangenheit. Aber es besitzt ein Werk, das sich den größten der Vergangenheit würdig anreiht und in allen Kunstgeschichten der Welt genannt und abgebildet ist: das Berliner Schloß. Sein Schöpfer ist der größte Bildhauer und Architekt in Norddeutschland, Andreas Schlüter. In Ruinen steht es da; noch immer von einer faszinierenden Wucht und Monumentalität, ein Repräsentant des spezifisch norddeutschen Barock, der sich Michelangelos St. Peter in Rom, dem Louvre in Paris würdig zur Seite stellt, nur durch den Dom bedrückt, der seine vornehme Ruhe zu überschreien versucht.

Eine Wiederherstellung des Außenbaues und eines Teiles wertvoller Innenräume ist, wie von Sachverständigen versichert wird, möglich. Bei einem in Berlin so seltenen und in der Welt so einzigartigen Denkmal der schöpferischen Kräfte des Nordens dürften Kosten keine Rolle spielen. Ebensowenig dürften politische Gründe in Frage kommen. In einigen Jahren schon, wieviel mehr in Generationen, denkt kein Mensch mehr an die Hohenzollern, spricht der Bau nur für sich selbst und von seinem Schöpfer Andreas Schlüter. Es ist ein regierender Bau, jede Regierung könnte ihn mit neuem Leben erfüllen. Er beherrscht das Zentrum Berlins, den Platz, den er bilden hilft, die Straße, die zu ihm führt, das alte Berlin, das für den, der die Vergangenheit Berlins verkörpert sehen möchte, den Begriff Berlin ausmacht.

Als historische Stätte, die in erster Linie als historisches Dokument und als museale Sehenswürdigkeit wirkt, sollte sie dem Tageslärm entzogen werden. Es bestand, wie ich hörte, der Plan, die Linden und die Schloßgegend gegen den Verkehr abzuschließen, dem Getriebe, dem Lärm und der Hast der Großstadt zu entziehen. Der Gebrauch der Gebäude läßt sich ohne Schwierigkeiten diesem Gedanken anpassen: Stätten der geistigen Arbeit, der Planung, der Entwürfe, des Unterrichts, der Beschaulichkeit. Bibliothek, Universität, Botschaften sind bereits diesem Zweck entsprechende Einrichtungen, auf die nur Rücksicht genommen zu werden braucht, um die Erhaltung des Schlosses und die Gesamtraumgestaltung zu rechtfertigen. Warum will man die Zerstörung vollenden, die alliierte Flieger begonnen haben, statt der eigenen Parole folgend wieder aufzubauen. Der Louvre in Paris hat alle Revolutionen überdauert, und der Kreml in Moskau, beide ehemals Sitz der von der Regierung bekämpften

Mächte, ist auch heute Sitz der Regierung. Ihrer Kraft bewußte Regierungen wissen, welche Kraftquellen auch die großen Werke der Vergangenheit enthalten können. Warum sich für spätere Zeiten dem Vorwurf der Barbarei aussetzen, wenn Kultur und Pflege alles Geistigen anstelle von Machtäußerungen das höchste Anliegen der siegreichen Revolution ist.

Kunstwerke wie das Schloß sind gewiß Äußerungen einer versunkenen und überwundenen Zeit. Aber diese wird immer von neuem überwunden durch die Geschichte, durch Wissenschaft, für die sie zu Dokumenten herabgesunken sind, sichtbare und deshalb wahrhaftigere Dokumente als Worte oder Geschriebenes. Die Kunstgeschichte würde den Verlust des Schlosses nie verschmerzen. Alle Kunsthistoriker – ich möchte den sehen, den es nicht getroffen hat – macht der Gedanke der Zerstörung des Schlosses und dieses historischen Zentrums Berlins krank. Der größte Bildhauer und Architekt Berlins, von dem außer dem Schloß kaum noch Werke bestehen, wäre seiner Zeugen vollends beraubt.

Aber jedes Kunstwerk hat auch Schönheiten unabhängig von jeder Zeitgebundenheit, um so gewaltiger und ewiger, je genialer der Meister. Jedes Kunstwerk verkörpert aber den Inbegriff menschlicher Leistung, den Sieg über die Materie. Der Künstler in Hingabe an sein Werk ist das Vorbild für den Aktivisten des Geistes, den Schöpfer um der Bildung willen. Der Künstler, nur der höchste Typ des Arbeiters, ist Vorbild für jeden Schaffenden und der neue Werttyp anstelle des Machthabers und des durch Geburt und Besitz Bevorzugten. Große Leistungen zerstören, wo keine unbedingte Notwendigkeit vorliegt, heißt diesen Wert des Schaffenden herabwürdigen.

Schlüter vertritt nicht nur den Künstler, der für Nord- und Ostdeutschland Größtes geschaffen hat, sondern auch den, der für Rußland und Polen gewirkt hat. In Petersburg ist er 1714 gestorben. Mit der Zerstörung des Schlosses greift man auch in die Belange dieser Deutschland von je kulturell verbundenen Nachbarn ein; darüber hinaus in die Belange der ganzen Welt.

28. August 1950   gez. Richard Hamann

Quelle: Gerd-H. Zuchold: Der Abriß des Berliner Schlosses. In: Deutschland Archiv. 18. 1985, S. 191 f.

9 Hermann Henselmann:
Formalismus und Realismus (August/September 1950)

Die Diskussion um den Formalismus, die sich in den letzten Jahren auf die verschiedensten Gebiete der künstlerischen Äußerungen erstreckt, ist keine der üblichen ästhetischen Auseinandersetzungen. Dieser Diskussion liegt die Erkenntnis zugrunde, daß die Künste – und unter diesen Künsten ganz gewiß die Architektur – Teile eines Gesamtorganismus sind, von dessen Werden und Vergehen sie abhängig sind. Jede Gesellschaft entwickelt aus den ihr eigenen Bedingungen Verkehrsformen, allgemeine Übereinkünfte auf allen Gebieten des Lebens, die dem jeweiligen Bewußtsein entsprechen. In diesen Formen drückt sich auch die gesamte geistige Tätigkeit aus in Übereinstimmung mit den wirkenden Produktivkräften. In dem Maße, wie die herrschenden Verkehrsformen in Widerspruch geraten zu der fortschreitenden Entwicklung der Produktivkräfte, wie sie in einen Zwiespalt zu den Realitäten geraten, wie sie mehr und mehr von neuen Denkvorstellungen abgelöst werden, in dem Maße finden die Auseinandersetzungen statt zwischen dem stürzenden Alten und den bewegenden neuen Kräften.

Unter Formalismus verstehen wir also eine Verhaltungsweise im geistigen Prozeß, die alten Verkehrsformen unterliegt und nicht die wirkliche Bewegung spiegelt. Sie nimmt sich gar nicht die Mühe, sie zu erkennen und auszudrücken, und auch, wenn sie gelegentlich die Wirklichkeit berührt, entfernt sie sich in der Richtung der Tangente von der Bewegung der Kurve. So kann ein politisches Verhalten formalistisch sein – wir sprechen ja auch von formaler Demokratie –, so kann eine tägliche Verhaltungsweise formalistisch sein – wie etwa der Bürokratismus, der im Aktenstück den eigentlichen Vorgang erblickt, während das Leben selbst von ihm kaum noch erfaßt wird –, so kann aber auch das künstlerische Verhalten formalistisch sein. Dieser Formalismus im künstlerischen Verhalten wird immer dann auftreten, wenn das eigentlich bewegende Agens im künstlerischen Auftrage – und das kann immer nur eine sittliche Kraft sein, die der Entwicklung des Lebens dienen will – außer acht gelassen wird und statt dessen die künstlerische Tätigkeit auf Formprobleme, auf technische, kunsthistorische oder funktionelle Probleme – kurz, auf irgendein Einzelgebiet eingeengt wird.

Immer dann, wenn die Kunst betrachtet wird als ein in sich abgeschlossener Vorgang mit eigenen Gesetzmäßigkeiten, wenn die Entwicklung der Kunst lediglich als ein Problem der Formerneuerung angesehen wird, liegt ein formalistisches Verhalten vor. Die Tendenz der Herauslösung eines geistigen Komplexes aus den allgemeinen Zusammenhängen entspricht der allgemeinen Aufspaltung unseres Daseins als Folge der industriellen Produktion im Zeitalter des Kapitalismus. Dieses Spezialistentum bestärkt den geistigen Menschen in seiner in Deutschland spätestens seit 1848 vorhandenen Tendenz, der enttäuschenden Wirklichkeit den Rücken zu kehren, um sich eine eigene, von dem Treiben der Welt unberührte Existenz aufzubauen. Im Grunde ist der Formalismus die Übersetzung des zipfelmützenhaften Spießerdaseins in die künstlerische Welt, und ihr künstlerisches Mittel ist die Phrase.

Beim Formalismus kommt es also auf diese inhaltliche Bestimmung an. Es ist besonders hervorzuheben, daß unter Formalismus nicht zu begreifen ist diese oder jene künstlerische Richtung. Auf unseren Beruf angewandt, ist der wilhelminische Stil genau so eine Phrase durch das Anwenden überlebter Formen, wie das Experimentieren mit modernen Kurven, wenn der reale Inhalt dieser Experimente eben nur im Formexperiment besteht.

Unter Realismus ist demgegenüber eine künstlerische Verhaltungsweise, eine Methode zu begreifen, die durch ihr reales Verhalten zur Wirklichkeit erkennbar wird. Diese reale Bewegung wird nicht entschieden durch das Kostüm, durch die isoliert betrachteten künstlerischen Mittel, sondern durch das wirkliche Verständnis der großen Konflikte und Krisen der gesellschaftlichen Entwicklung. Die realistische Baukunst wird immer eine Spiegelung der dialektischen Zusammenhänge der objektiven Wirklichkeit darstellen. Der Realismus in der Baukunst dagegen wird dadurch gekennzeichnet, daß er die Impulse für die Gestaltung der jeweiligen Aufgabe bezieht aus der veränderten Wirklichkeit, die auch diese Aufgabe verändert, aus der konsequenten Anwendung neuer Baustoffe und neuer Methoden, aus dem neuen Verhältnis von Auftraggeber und ausübendem Künstler, der mit Hilfe seines schöpferischen Ingeniums gestaltet.

[...]

Der Ausgangspunkt der modernen Baukunst ist jene Sozialkritik, die auch die anderen Künstler veranlaßte, ihr Schaffen zu überdenken. Infolgedessen sind die sozialen Impulse unter den fortschrittlichen Baukünstlern der damaligen Zeit deutlicher zu erkennen. Diese Architekten kämpften gegen die Hinterhäuser und für das Recht des Menschen auf Licht und Luft. Sie kämpften für die betonte Verwendung industriell erzeugter Materialien, für Typisierung und Normierung, für Wirtschaftlichkeit. Sie traten für die Verbesserung der Lebensverhältnisse der breiten Massen ein. Sie wandten sich gegen den Warencharakter, den die Architektur angenommen hatte. So hatte auch die Bewegung des „Deutschen Werkbundes" mit ihrer Bemühung, schönes und einfaches Gebrauchsgerät für die breite Masse zu schaffen, unter den Bedingungen der kapitalistischen Gesellschaft eine fortschrittliche Tendenz.

Architekten wie Gropius und Tessenow, Mies van der Rohe, Poelzig, Hannes Meyer und Scharoun in Deutschland, Frank Lloyd Wright in den USA, Corbusier in Frankreich, Oud in Holland – um nur einige Namen zu nennen – repräsentierten diese Bewegung. Es gelang ihr, die Arbeitsstätten durch Fabrikbauten so zu gestalten, daß den arbeitenden Menschen bessere Bedingungen geschaffen wurden als bisher. Es gelang ihr, Wohnsiedlungen zu schaffen, die ahnen ließen, welche Mittel und Möglichkeiten der Mensch für sein Leben gewinnen könnte, wenn er eine auf Frieden und Freiheit gegründete gesellschaftliche Ordnung entwicklen kann. Es gelangen ihr Bauten, [w]ie etwa Mies van der Rohes Pavillon in Barcelona, die eine neue und freie Art der Repräsentation ankündigten, ein anderes Stütze-Last-Verhältnis. Ein Künstler wie Poelzig versucht, aus dem Ansturm seines künstlerischen Impulses, wie etwa im Festspielhaus in Salzburg, sich über die Zerrissenheit und Unordnung der Gegenwart zu großen Konzeptionen durchzuringen. Wir haben alle Veranlassung, diesen Künstlern unsere Achtung nicht zu versagen, eben, weil sie gerade unter den schwierigsten Bedingungen als Rebellen antraten.

Diese Bewegung der „modernen Architektur" trägt alle jene Züge in sich, die charakteristisch sind für diese Zeit, in der sie entstanden. Wir wissen, wie nach dem ersten Weltkriege die Arbeiterbewegung revolutionäre Impulse auslöste, und wir wissen weiterhin, wie die Reaktion diese Impulse erstickte. Die künstlerischen Äußerungen dieser Zeit müssen begriffen werden im Zusammenhang mit diesen geschichtlichen Ereignissen. Die sozialen Impulse, von denen diese Architekturbewegung getragen wurde, mußten in dem Grade verkümmern, wie es der Arbeiterklasse, als der tragenden revolutionierenden Schicht in Deutschland, an der Fähigkeit mangelte, diese Impulse zu speisen. Die Wurzeln für die kraftvolle Weiterentwicklung dieser Architekturbewegung wurden – wenn man so will – von Noske abgehackt. Infolgedessen hat bis auf den heutigen Tag die Bewegung des neuen Bauens den Charakter der „Rebellion", dieses Entgegensetzen gegenüber einer ungeordneten Wirklichkeit, nicht verloren. Die kühnsten Entwürfe wurden nie gebaut. Die Pläne wurden immer utopischer, radikaler, je mehr die Möglichkeit ihrer Verwirklichung schwand. Das gilt besonders für die Städtebaupläne. Dieses Abschneiden von der Wirklichkeit prägt die formalistischen Züge dieser modernen Architekturbewegung aus, denn die Ausdrucksmittel des neuen Bauens wurden geprägt durch neue Produktionsweisen, die veränderte Produktionsverhältnisse verlangten. Durch das Ausbleiben jener Veränderung, die den eigentlichen Nährboden für die neuen Aufgaben abgab und der Architektur die starken und bewegenden Impulse zuführen würde, mußten die dieser Bewegung zugrunde liegenden sozialen Grundlagen immer mehr verkümmern.

Formalismus liegt immer dann vor, wenn die künstlerischen Ausdrucksmittel für entscheidend gehalten werden und nicht die neue Wirklichkeit. Ebenso wie Kandinsky bei seinen Bildern glaubte, eine Erneuerung seiner Kunst herbeiführen zu können, indem er seine Werke lediglich auf die Darstellung neuer Ausdrucksmittel gründete, ebenso glaubten viele Architekten, daß die neuen Materialien Stahl, Beton und Glas und ihre Selbstdarstellung an sich entscheidend seien, um eine neue künstlerische Bewegung zu begründen. Der Philosoph und Kunstkritiker Georg Lucacs weist mit Recht darauf hin, daß die Darstellungen des Kubismus von Kreisen, Linien und Rechtecken im Grunde flacher Naturalismus sind, weil sie nichts anderes als eine formale Komposition von Gebilden darstellen. Ebenso ist in der Baukunst diese Selbstdarstellung neuer Materialien, auch in ästhetischer Vollendung, im Grunde flacher Naturalismus. Mit anderen Worten also: Da diese Architekten sich auf eine Seite der künstlerischen Darstellung einengen – nämlich auf das Material –, ist das Formalismus. Im Grunde berührt sich der Scheinradikalismus einer solchen Architektur mit der reaktionären Haltung jener Architekten, die sich auf die Darstellung handwerklicher Mittel zurückziehen. Denn die Entkleidung des baukünstlerischen Prozesses von seinem sittlichen Inhalte, seiner inhaltlichen Äußerung, ist eine Rückkehr zu jenem Primitivismus vergangener Menschheitsepochen, der Hütten baut mit dem Material, das er eben vorfindet. Man geht zurück bis auf jene frühe Menschheitsepoche, wo ein Haus eine Darstellung des Werkprozesses war und nichts anderes. Es ist schließlich gleich für die baukünstlerische Bewertung, ob dieser Fertigungsprozeß mit primitiven handwerklichen Mitteln oder mit den vollendetsten industriellen Mitteln geschieht. Der Unterschied zwischen einem solchen Bauwerk – sagen wir dem Betoniglu und einem Haus von Schultze-Naumburg – besteht nur darin, daß der eine um zweitausend, der andere um zweihundert Jahre zurückgeht. Beides sind Apologien der Vergangenheit.

Es muß also festgehalten werden, daß beim Formalismus nicht die formalen Mittel entscheidend sind, sondern ihre Überbewertung.
[...]

Quelle: Planen und Bauen. 4. 1950, S. 244–248 und 282–287

10 Boris Michailow:
Architektur (Große Sowjet-Enzyklopädie) (1951)

Architektur oder *Baukunst* (vom lateinischen „architectura" und dem griechischen „architekton" = oberster bzw. erster Baumeister) ist die Kunst, Gebäude und bauliche Anlagen sowie Komplexe von ihnen zu errichten, die den sozialen Lebensnotwendigkeiten wie auch den geistig-künstlerischen Bedürfnissen der menschlichen Gesell-

schaft dienen. Als eine Ausdrucksform des sozialen Charakters einer bestimmten Gesellschaftsformation steht die Architektur in Klassengesellschaften mit antagonistischem Charakter vor allem im Dienste der Interessen der regierenden Klassen und bildet hier eines der Instrumente ihrer materiellen und geistigen Herrschaft. In der sozialistischen Gesellschaftsordnung dagegen, welche sich von der Ausbeutung des Menschen durch den Menschen freigemacht hat, löst sich die Architektur auch aus der engen Klassengebundenheit und erreicht damit zum ersten Male den Einklang mit den wahren materiellen und geistigen Bedürfnissen des ganzen Volkes.
[...]
In der Sowjetunion ist durch den Sieg der sozialistischen Gesellschaftsordnung die Möglichkeit geschaffen worden, alle Beschränkungen für die Entwicklung der Architektur zu beseitigen. Die Aufhebung des Privateigentums am Boden und an den Produktionsmitteln, die sozialistische Industrialisierung des Landes, der Sieg der Kolchose, die unbeirrbare Entwicklung der Volkswirtschaftsplanung – alles dies eröffnet unbegrenzte Möglichkeiten für eine sozialistische Rekonstruktion des Vorhandenen, für den Bau neuer Städte und für den Aufbau des neuen Kolchosdorfes. Das architektonische Schaffen, das von dem gewaltigen geistigen Reichtum der Epoche Lenins und Stalins inspiriert wird, erhielt einen qualitativ neuen und besonders tiefen Inhalt. Die sowjetische Architektur schafft nicht für eine privilegierte Minderheit, sondern für die breitesten Volksmassen. Zum ersten Male in der Geschichte wird die Errichtung von baulichen Komplexen größten Ausmaßes – von Kolchosdörfern, Siedlungen, Städten und selbst von ganzen Bezirken – auf der Grundlage eines einheitlichen Städtebauplanes durchgeführt. Verschwunden ist der Gegensatz zwischen Einzelwerken der Architektur und Serienbauten, wie er für die ganze jahrhundertelange Entwicklung des Baukunst bisher charakteristisch war. Der neue sozialistische Inhalt im architektonischen Schaffen der Sowjetvölker entwickelt sich in nationalen Formen. Grundidee der Sowjetarchitektur ist die Stalinsche Fürsorge für den Menschen. In ihren Werken drückt die Sowjetarchitektur in vorbildlicher Weise den tiefsten geistigen Gehalt der sozialistischen Gesellschaftsordnung aus, errichtet, gestützt auf die gewaltigen materiellen und technischen Möglichkeiten der sozialistischen Wirtschaft, Bauwerke und Städte neuen Typus, findet neue künstlerische Lösungen und verarbeitet in schöpferischer Weise die besten fortschrittlichen Elemente des kulturellen Erbes.
[...]
Die sowjetische Baukunst entwickelt sich auf den Bahnen des sozialistischen Realismus in unversönlichem Kampfe gegen jede Art von Formalismus, diese Ausgeburt der verfaulenden bourgeoisen Kultur. Die formalistische Architektur verleugnet entweder den Auftrag der Baukunst zur Gestaltung von Ideen und setzt an dessen Stelle pseudorationale Konstruktionen und Materialkombinationen (Konstruktivismus), oder aber sie versucht den völligen Mangel an geistigem Gehalt zu verdecken, indem sie sich mit unkritisch aufgenommenen und banalisierten Bauformen der großen Epochen der Vergangenheit ausstaffiert (Eklektizismus). Im einen wie im anderen Falle läßt sich die vollständige geistige Verarmung, welche die Kultur im Zeitalter des Imperialismus erfährt, deutlich aus ihren Bauformen ablesen. Die formalistische Architektur, die die Notwendigkeit schöpferischer Anwendung fortschrittlicher Elemente des nationalen Architekturerbes leugnet, ist Ausdruck der kosmopolitischen Bestrebungen des Imperialismus, der sich bemüht, die nationale Würde der Völker

zu vernichten und ihre Widerstandskraft im Kampfe um ihre nationale Unabhängigkeit zu schwächen.

Diesen bis in die Wurzeln gehenden Verfallstendenzen der heutigen bourgeoisen Architektur tritt die sowjetische Baukunst entgegen. Mit ihrem ganzen Schaffen dient sie den Interessen und Bedürfnissen des für den Aufbau der kommunistischen Gesellschaft kämpfenden Sowjetvolkes.

[...]

Quelle: B. P. Michailow: Große Sowjet-Enzyklopädie. Architektur. Berlin (Ost) 1951, S. 6, 12 f. und 16

11 Im Kampf um eine neue deutsche Architektur Eine Diskussion im „Neuen Deutschland" (14. März 1951)

a Ludwig Renn antwortet Dr. Kurt Liebknecht

[...]
Ernst Fischer hat in seinem Vortrag in der Akademie der Künste als eine der wichtigsten Arten des Formalismus das Epigonentum hervorgehoben, die Nachahmung bedeutender Werke, ohne von einem lebendigen und fortschrittlichen Geist erfüllt zu sein. Eine der typischsten epigonenhaften Nachahmungen ist nun der Klassizismus, den Dr. Kurt Liebknecht in seinem Artikel mit nahezu autoritärer Entschiedenheit empfiehlt, wobei aber alle seine Begründungen entweder schief oder historisch direkt falsch sind. Noch unbegreiflicher wird seine Vorliebe, wenn er den Berliner Klassizismus anpreist. Denn dieser besonders frostige Klassizismus ist nicht das nationale Erbe Deutschlands, sondern ist von allen Nichtberlinern und auch vielen Berlinern als etwas Fremdes empfunden worden, was er ja auch ist. Die überhöhten Räume passen in eine warmes Klima, aber nicht zu uns. Sie sind ein zur Repräsentation aus dem Mittelmeerraum importiertes Element. Ähnlich ist es mit den schmalen, hohen Fenstern, die gleichmäßig und langweilig die Fassade gliedern, gleichgültig, was für Räume sich dahinter befinden.

Ich habe bei Liebknechts Artikel den Eindruck, daß er bei der Architektur nur an die Fassaden denkt, und werde diesen Verdacht bei Behandlung seiner Renaissance-Lieblinge noch begründen. Er scheint die große, fruchtbare Diskussion zu Beginn dieses Jahrhunderts über die Beziehung der Fassade zur Funktion des Gebäudes zu mißachten und setzt sich damit dem Vorwurf aus, daß er undialektisch denkt. Seine schroffe Ablehnung des Bauhausstils und im besonderen des Funktionalismus deutet ebenfalls auf eine solche undialektische Auffassung, die der Sachlichkeit eine viel zu geringe Bedeutung beimißt, obwohl die Sachlichkeit ein Grundelement jeder Kunst ist, wenn sie nicht in Schwulst und Formalismus verkommen will. Diese Feststellung seiner Mißachtung des Bauhauses bedeutet nicht, daß ich diese Architektenschule einfach bejahe.

[...]
Nun zu einer anderen Frage: Dr. Kurt Liebknecht behauptet vom deutschen Klassizismus, er hätte „wie in allen Ländern Europas eine hohe künstlerische Stufe erreicht". Statt solcher allgemeiner Behauptungen sollte er von bestimmten Werken sprechen. Denn z. B. mir sind solche gute Bauten nur als Ausnahme bekannt. Er fährt fort: „Das war kurz nach der Französischen Revolution, als das demokratische Bürgertum Front gegen den Absolutismus machte." Ich habe mir vergeblich überlegt, wovon er hier spricht. Die bekanntesten klassizistischen Bauten von Berlin, die im wesentlichen zwischen dem Schloß und dem Brandenburger Tor liegen, sind meiner Kenntnis nach alle von den Hohenzollern und nicht von protestierenden Bürgern gebaut worden. Sie dienten besonders stumpfsinnigen absolutistischen Herrschern, die durch diesen Prunk wenigstens etwas gelten wollten. In München wurden die entsprechenden Bauten auch von den Königen errichtet und fielen bei ihrer größeren Menschlichkeit besser aus. Aber bewundern kann ich die Propyläen und andere epigonenhaften Bauten nicht. Hitler dagegen bewunderte sie sehr. Sie waren zusammen mit den italienischen Palazzi die Hauptvorbilder für seine Protzbauten, und nicht so sehr das Bauhaus, wie Dr. Kurt Liebknecht behauptet.
[...]
Man kann mich fragen: Wenn du den Klassizismus als eine formalistische und kosmopolitische Richtung verdammst, woran sollen unsere Architekten dann lernen? Dr. Kurt Liebknecht nennt mit Recht zweierlei:
1. unsere nationalen Traditionen; 2. die Sowjetarchitektur.
Ich beginne mit dem zweiten. Eine Nachahmung der Sowjetarchitektur kommt insofern in Frage, als gewisse Probleme allgemeiner Art in beiden Ländern annähernd gleich sind: der Schutz gegen ein kaltes Klima, die Verteilung der staatlichen Läden über eine Stadt, die Ausgestaltung von Krankenhäusern oder Kindergärten. Nicht gleich sind aber manche Gewohnheiten, z. B. die Art sich wohl zu fühlen. Diese Dinge sind national. Mit ihnen hängt auch die Fassadengestaltung zusammen, in der ein verschiedenes Empfinden sowohl innerhalb der Sowjetunion, z. B. zwischen Ukrainern und Usbeken, vorhanden ist, wie auch zwischen den so verschiedenen Lösungen der Sowjetunion und den uns Deutschen entsprechenden. Diese Differenzierung, die gerade den Sowjetauffassungen entspricht, vermißt man bei Dr. Kurt Liebknecht.
Zu dieser nationalen Verschiedenheit kommt noch die rasche Veränderung sowohl der Sowjetunion wie der Deutschen Demokratischen Republik. Die Sowjetunion ist durch eine Reihe von Phasen durchgegangen. In ihr hat z. B. Lissitzki seine merkwürdig utopischen Entwürfe gemacht und hat Le Corbusier Diskussionen ausgelöst. Später in der Aufbauperiode der Fünfjahrpläne brauchte man etwas anderes und schuf es. Ich sah z. B. 1929 im Park für Kultur und Erholung in Moskau Bebauungspläne mit Hochhäusern in sehr breiten Grünflächen. Darüber wurde damals diskutiert. Am Ufer der Moskwa baute man ein riesiges Gebäude (ich glaube das Wohnhaus des Obersten Sowjets). Ich wunderte mich über die sogenannte große Säulenordnung, die mir da nicht hinzugehören schien, und erfuhr, daß der Kommunistische Jugendverband dagegen protestiert hatte, aber leider zu spät. Man sagte mir weiter, es gäbe in der Sowjetunion alte Architekten, die veraltete Formen verwendeten. Seitdem ist, soviel ich weiß, die Diskussion über das Problem der Formen nicht völlig abgerissen und soll um das Jahr 1947 von einem bekannten Kiewer Architekten heftig weiter-

geführt worden sein. Solche Dinge interessieren unsere Architekten. Sie können mit einem aus der Gesamtheit der vielfältigen Architektur herausgerissenen Einzelwerk wenig anfangen, selbst wenn es so gut ist wie das Gebäude des Ministerrats der UdSSR in Moskau. Es ist auch von Bedeutung, wie ein solches Werk aufgenommen worden ist. Denn wir leben nicht in einem gesellschaftslosen Raum.

Es scheint mir also nötig zu sein, nicht irgendwelche Bauten als absolut vorbildlich hinzustellen, da es etwas Absolutes in diesem Sinne nicht gibt, und es sich da um eine undialektische Betrachtungsart handeln würde. Vielmehr sollte man die Geschichte des sowjetischen Bauwesens und die dazugehörigen Diskussionen unsern Architekten zugänglich machen, was meiner Kenntnis nach bisher nicht geschehen ist. An diesem Material könnten sie sehr viel lernen.

Nun zur zweiten Frage des nationalen Erbes. Gibt es in Deutschland eine nachahmenswerte Architekturtradition? Nein, die gibt es in keinem Lande. Man soll überhaupt nicht primitiv nachahmen, sondern sich anregen lassen und Neues gestalten. Anregen können uns fast alle alten Stile, wenn sie nur gehörig analysiert werden. Am anregendsten ist die Periode des Bauhauses. Wir können doch nicht diese vielleicht wichtigste Periode unsrer deutschen Architekturgeschichte, die einzige Periode, in der Deutschland einen eigenen Stil schuf, einfach totschweigen. Einige der Bauhaus-Meister und ihrer Mitstrebenden sahen außerdem bereits einen Teil der gesellschaftlichen Probleme, die heute von uns fordern, eine neue Architektur zu schaffen. Wenn sie zum Teil in der Zerbrechung der überwiegend undeutschen Architekturtradition bis zum völligen Verzicht auf Schmuck und einer Überbetonung der Funktion des Gebäudes gingen, so war das gesund und zunächst wahrscheinlich notwendig.

Damit sind wir bei einem wichtigen Problem der neuen Architektur angekommen. Wollen wir schmucklos bauen? Verfallen wir nicht wieder in den Fehler der abstrakten und undifferenzierten Betrachtung, sondern fragen genauer: Soll das neue Wohnhaus geschmückt sein? Ja. Sollen wir daher sagen: Das neue Wohnhaus soll geschmückt gebaut werden? Nein. Denn zunächst sind wir so arm, daß wir Zeilenhäuser ohne Schmuck bauen müssen. Wenn man dem Architekten sagt: „Baue ansprechende Häuser!" und dann gibt man ihm nicht die nötigen Mittel, so ist das eine unrealistische – und sagen wir es offen: eine Auftragsstellung, bei der sich der Architekt nicht genügend ernst genommen fühlt.

Wo aus besonderen Gründen mehr Mittel zur Verfügung stehen, soll man schmücken. Das heißt nicht, daß Ornamente angebracht werden müssen, die dem Klassizisten als einzige Methode der Schmückung zu erscheinen pflegen. Man kann auch schmücken: durch besondere Gestaltung des Baukörpers als Ganzes, durch eine Farbgebung im Ganzen oder in Teilen, durch sonstige Veränderungen der Oberfläche. Wenn man Ornamente oder schmückende Bauteile, z. B. reicher profilierte Umrahmungen, verwendet, sollte man mit Vorsicht verfahren, weil die alten Schmuckformen zum Teil für uns sinnlos geworden sind. Sie anzubringen, trotz der Erkenntnis, daß sie einer uns fremden, wenn nicht gar feindlichen Weltanschauung gedient haben, kann zum Formalismus führen.

[...]

Quelle: Für einen fortschrittlichen Städtebau für eine neue deutsche Architektur. Hg. von der Deutschen Bauakademie. Leipzig 1951, S. 40–45

b Stellungnahme des „Neuen Deutschland"

[...] *Zur Frage des Klassizismus*
Eine der Formen, in denen sich der Einfluß und der Druck des amerikanischen Kosmopolitismus in unseren eigenen Reihen äußert, ist die Abneigung und die Hemmung gewisser Künstler und Kritiker – das Volk hat da einen viel gesünderen Instinkt! –, eine positive Einstellung zu unserem nationalen Kulturerbe zu gewinnen, es sich kritisch anzueignen, es zum Ausgangspunkt unserer weiteren Entwicklung zu nehmen und sich bedingungslos in die Front gegen den Formalismus zu stellen.

Die Äußerungen des Genossen Renn zum deutschen Klassizismus scheinen uns geeignet, diese Tendenzen zu ermutigen. Er sucht den Klassizismus als Epigonenkunst, als nicht zum nationalen deutschen Kulturerbe gehörig, abzutun. Gleichzeitig verteidigt er mit besonderem Eifer den hundertprozentigen Kosmopolitismus des Bauhauses. Worauf stützt Genosse Renn sich bei seinem Angriff auf das Kulturerbe des Klassizismus? Darauf, daß die Architekten dieser Epoche einzelne antike Formelemente, zum Beispiel ionische Säulen, Kapitelle, Profile und Maßverhältnisse benutzten? Hat das etwa die italienische Renaissance nicht auch getan? Auch die Frührenaissance? Aber die Frührenaissance bezeichnet Genosse Renn ausdrücklich als nicht epigonenhaft. Die Verwendung einzelner Formelemente aus vergangenen Epochen ist also kein Kennzeichen für Epigonentum. Es fragt sich, ob diese einzelnen Elemente in schöpferischer Weise im Rahmen einer neuen, originalen Bauauffassung verarbeitet werden. Ist Genosse Renn der Meinung, daß dies bei den großen Schöpfern der klassizistischen Baukunst nicht der Fall ist? Wir erinnern zum Beispiel an das Alte Museum in Berlin von Schinkel und an das Schloß Wilhelmshöhe bei Kassel. Haben nicht auch unsere großen nationalen Dichter dieser Epoche sich bestimmter antiker Formelemente, zum Beispiel aus dem homerischen Epos bedient (Goethe: „Hermann und Dorothea", „Reineke Fuchs"), ohne daß Genosse Renn sie deshalb mit den wirklichen Epigonen vom Typ eines Rudolf Alexander Schröder in einen Topf werfen wird, der zum Hofpoeten von Theodor Heusz bestallt wurde?

Der klassizistische Baustil ist – historisch gesehen – ein Produkt der Großen Französischen Revolution und ihrer ideologisch-politischen Ausstrahlungen. Er entstand wenige Jahrzehnte vor ihr, etwa gleichzeitig mit den Werken Voltaires und Diderots, und gelangte durch ihren Sieg zur vollen Entfaltung in Europa. Er entwickelte sich im Kampf gegen den barocken Schwulst und das die Raumform erstickende, üppig wuchernde Ornament des Rokoko. Daß absolutistische Fürsten vielfach die Auftraggeber dieser klassizistischen Bauten waren, ändert nichts an ihrem grundlegenden gesellschaftlichen Inhalt. In Deutschland gehören bekanntlich Lessing und Winckelmann zu den Bahnbrechern dieses Stils. Gegen die manierierte Künstlichkeit des absolutistischen Zeitalters stellte der Klassizismus die monumentale Einfachheit, die Geschlossenheit der Komposition, die Harmonie der großen Proportion, die rationale Klarheit, den Gedanken des Vorrangs der Raumgestaltung. Entsprechend den verschiedenen Nationalcharakter und den verschiedenen klimatischen Bedingungen der einzelnen Völker hat er in Frankreich eine andere Färbung angenommen (Trianon) als in London (Britisches Museum), in Berlin (Schinkel) eine andere als in Turin (Juvara). Er ist in seinem Inhalt bürgerlich, in seinen Formen national. Geboren aus der Auseinandersetzung mit der Kunst des sterbenden Feudalismus, ist er zugleich der letzte, wirklich große architektonische Höhepunkt, zu dem sich die bürgerliche

Baukunst seit der Renaissance aufschwang. Keineswegs bedeutet dies, daß er nicht auch konservative Züge trägt, aber sie bilden nicht das Wesen dieses Stils. Im übrigen sprechen wir keineswegs von der Notwendigkeit seiner *Nachahmung*, sondern von der *kritischen* Verarbeitung des nationalen Kulturerbes. Und da stellt er diejenige Bauepoche dar, die uns zeitlich am nächsten liegt. Was ihm folgte, zeugt, mit geringen Ausnahmen, vom Verfall großer Baugesinnung. Bei der kritischen Verarbeitung unseres nationalen Erbes wird sich allerdings auch bei der Baukunst des Klassizismus – wie bei anderen Künsten – erweisen, daß nicht jedes Werk dieser Epoche als positiv zu werten ist, ebensowenig wie wir Goethes „Bürgergeneral" oder „Die Aufgeregten" als seines Genies würdig erachten. Immerhin betrachtet der Klassizismus die Architektur im Gegensatz zu den nachfolgenden Epochen noch als *Kunst*, als die Gestaltung eines Ideengehalts, in dem sich eine damals progressive Weltanschauung in der Form künstlerischer Raumbewältigung konkret-sinnliche Gestalt gibt. Eben dieser Gedanke, daß Architektur *Kunst* ist, ist der nachfolgenden Epoche verlorengegangen, und die Bauhaus-Periode hat diese Grundforderung restlos verneint, indem sie die Architektur bedingungslos der Technik unterordnete und zur Zerstörung des Ideengehalts im Bauwerk führte.
[...]

Was die gesellschaftstheoretischen Grundlagen der Bauhaus-Meister betrifft, auf die Genosse Renn anspielt, so dürfte auch ihm nicht unbekannt sein, daß sie in der Praxis durchweg reformistischen Theorien huldigten. Sie gingen nicht nur von der Möglichkeit einer neuen Baukunst – einer „sozialen" oder gar „sozialistischen" – unter den Bedingungen des Imperialismus aus (mit Vorliebe pflegten sie auf solche imperialistischen Länder wie Holland und die USA zu verweisen), sondern sie vertraten sogar die Auffassung, daß eine ihren Konzeptionen entsprechende Anwendung der Technik im Maßstabe der gesamten Gesellschaft, insbesondere im Bauwesen, die Lösung der sozialen Probleme automatisch nach sich ziehe. Sie fertigten z. B. Entwürfe an für ganze Siedlungen, deren Ausführung ihrer Meinung nach die Lösung der „sozialen Frage" schrittweise ermögliche. Sie waren in ihrer Ideologie praktisch Anhänger der sogenannten „Technokratie", jener bekannten, hundertprozentigen Ideologie des amerikanischen Imperialismus, die nichts anderes ist als der ideologisch verbrämte Anspruch der angeblichen Überlegenheit und Weltgeltung der amerikanischen Technik. An dieser Tatsache ändert nichts der Umstand, daß ein Teil dieser Architekten seine Theorien mit marxistischen Federn schmückte. Das war in den zwanziger Jahren noch Mode. Ihrem eigentlichen Wesen nach aber handelte es sich bei dieser Richtung um die Zerstörung der Architektur als einer *Kunstform*, die einen bestimmten Ideengehalt verkörpert. Diese Zerstörungstendenz kam darin zum Ausdruck, daß man die Gestaltung eines Bauwerks rein mechanistisch auf eine Stufe mit der Konstruktion einer Maschine stellte und es zu einem mathematisch-physikalischen Rechenexempel degradierte, in dem die physischen Bedürfnisse des Menschen (Bedachung, Wohnen, Kochen, Waschen, Hygiene) die einzigen Größen der Gleichung darstellen, aus deren Verkopplung und Umsetzung in Glas, Stahl, Beton sich dann sozusagen automatisch die Form des Bauwerks ergibt.
[...]

Nazis und Bauhaus
Man darf sich nicht dadurch in Verwirrung bringen lassen, daß die Nazis die gesunde Abneigung des Volkes gegen diese amerikanischen Kulturbarbareien für ihre chauvini-

stischen Zwecke zur Entfachung einer Pogromhetze gegen die Kommunisten mißbrauchten, denen sie diese Entartungserscheinungen in die Schuhe schoben. Aber gerade einige „kommunistische" Intellektuelle erleichterten ihnen ihre Gemeinheiten, indem sie sich für diese öden Kästen als eine angeblich fortschrittliche und „kommunistische" Angelegenheit begeisterten. Für ein objektives Urteil über die Sache selbst ist dies jedoch belanglos.

Bauhaus – Kosmopolitismus
Das zweite ist, daß der sogenannte Bauhaus-Stil ganz und gar nicht deutsch und national ist, wie Genosse Renn meint, sondern im Gegenteil ausgesprochen antinational und kosmopolitisch.
[...]
Der Bauhaus-Stil ist eben ein waschechtes Kind des amerikanischen Kosmopolitismus und seine Überwindung unerläßliche Voraussetzung für die Entwicklung einer neuen nationalen deutschen Baukunst. Es ist daher befremdlich, daß in der letzten Zeit in demokratischen Presseorganen, wie z. B. der „Berliner Zeitung", Artikel erschienen sind, die für diesen kosmopolitischen Bauhaus-Stil eine Lanze zu brechen versuchen. Solche Entgleisungen sollten in Zukunft nicht mehr möglich sein.
Das ist das, was wir ganz allgemein zu diesen Fragen sagen möchten.

Quelle: Für einen fortschrittlichen Städtebau für eine neue deutsche Architektur. Hg. von der Deutschen Bauakademie. Leipzig 1951, S. 46–55

12 Der Kampf gegen den Formalismus in Kunst und Literatur, für eine fortschrittliche deutsche Kultur
Entschließung des Zentralkomitees der Sozialistischen Einheitspartei Deutschlands, angenommen auf der V. Tagung vom 15. bis 17. März 1951

[...] *Schwächen und Mängel der Kulturarbeit*
Trotz aller Erfolge hat die Entwicklung auf kulturellem Gebiet nicht mit den großen Leistungen auf wirtschaftlichem und politischem Gebiet Schritt gehalten.
Genosse Johannes R. Becher sagte auf unserem III. Parteitag:
„Es wäre ebenso unsinnig wie schädlich, es abzustreiten oder mit irgendwelchen Beschuldigungen zu beschönigen, daß wir Kulturschaffenden in unseren künstlerischen Leistungen bisher noch weit zurückgeblieben sind hinter den Forderungen des Tages, hinter den Forderungen der Epoche. Was haben wir, bis auf wenige Ausnahmen, den Erfolgen der Aktivistenbewegung entgegenzustellen?"
Die Hauptursache für das Zurückbleiben in der Kunst hinter den Forderungen der Epoche ergibt sich aus der Herrschaft des Formalismus in der Kunst sowie aus Unklarheiten über Weg und Methoden des Kunstschaffenden in der Deutschen Demokratischen Republik.
Viele der besten Vertreter der modernen deutschen Kunst stehen in ihrem Schaffen vor dem großen Widerspruch zwischen einem neuen Inhalt und den unbrauchbaren

Mitteln der formalistischen Kunst. Um einen neuen Inhalt zu gestalten, muß man den Formalismus überwinden.

Der Formalismus bedeutet Zersetzung und Zerstörung der Kunst selbst. Die Formalisten leugnen, daß die entscheidende Bedeutung im Inhalt, in der Idee, im Gedanken des Werkes liegt. Nach ihrer Auffassung besteht die Bedeutung eines Kunstwerkes nicht in seinem Inhalt, sondern in seiner Form. Überall, wo die Frage der Form selbständige Bedeutung gewinnt, verliert die Kunst ihren humanistischen und demokratischen Charakter.

Eine Formgebung in der Kunst, die nicht vom Inhalt des Kunstwerkes bestimmt wird, führt in die Abstraktion. Eine Formgebung, die der objektiven Wirklichkeit widerspricht, kann die Erkenntnis der objektiven Wirklichkeit nicht vermitteln. Wenn durch die Kunst die Erkenntnis der Wirklichkeit nicht vermittelt wird, dann erfüllt auch die Kunst ihre hohe Mission nicht, da die Kunst nach Karl Marx in allen Entwicklungsetappen der Menschheit die künstlerisch praktische Methode ist, sich die Welt anzueignen, mit anderen Worten, eine Form der Erkenntnis der Wirklichkeit ist.

Die Leugnung der grundlegenden Bedeutung des Inhalts eines Kunstwerkes ist nicht nur ein Zeichen der Rückständigkeit, mit der es für einen wahren Künstler keine Versöhnung geben kann, sondern führt zur Zerstörung der künstlerischen Form. Leugnung des Inhalts und Zerstörung der künsterischen Form – das bedeutet Zersetzung und Zerstörung der Kunst selbst.

Das wichtigste Merkmal des Formalismus besteht in dem Bestreben, unter dem Vorwand oder auch der irrigen Absicht, etwas „vollkommen Neues" zu entwickeln, den völligen Bruch mit dem klassischen Kulturerbe zu vollziehen. Das führt zur Entwurzelung der nationalen Kultur, zur Zerstörung des Nationalbewußtseins, fördert den Kosmopolitismus und bedeutet damit eine direkte Unterstützung der Kriegspolitik des amerikanischen Imperialismus.

Um die Völker der amerikanischen Satellitenstaaten darauf vorzubereiten, für die amerikanischen Imperialisten in einem dritten Weltkrieg die Kastanien aus dem Feuer zu holen und um den Widerstand der Völker, die im Lager der Demokratie und des Friedens stehen, zu lähmen, machen die Interessenvertreter der Imperialisten alle Anstrengungen, die nationale Würde und das Nationalbewußtsein der Völker zu zerstören.

Eine entscheidende ideologische Waffe des Imperialismus zur Erreichung dieses verbrecherischen Zieles ist der Kosmopolitismus. In der Kunst erfüllt in erster Linie der Formalismus in allen seinen Spielarten die Aufgabe, das Nationalbewußtsein der Völker zu unterhöhlen und zu zerstören. Es ist daher eine der wichtigsten Aufgaben des deutschen Volkes, sein nationales Kulturerbe zu wahren. Vor unseren deutschen Künstlern und Schriftstellern entsteht die Aufgabe, anknüpfend an das kulturelle Erbe eine neue deutsche demokratische Kultur zu entwickeln.

Für den Formalismus ist weiter kennzeichnend die Abkehr vom Menschlichen, von der Volkstümlichkeit der Kunst, das Verlassen des Prinzips, daß die Kunst Dienst am Volke sein muß.
[...]

Beispiele des Formalismus
Ein Beispiel für den Formalismus in der Malerei war das Wandgemälde von Horst Strempel im Bahnhof Friedrichstraße in Berlin. Den dort gemalten Personen fehlten

die charakteristischen Merkmale unserer besten, der Sache des Fortschritts treu ergebenen Menschen; sie waren dazu noch unförmig proportioniert und wirkten abstoßend.

Auch in den Arbeiten von Max Lingner treten Züge des Formalismus in Erscheinung, so z. B. im Umschlag des Volkskalenders für das Jahr 1951. Besonders auf dem Gebiete der bildenden Kunst gibt es viele zum Teil befähigte Künstler, deren Arbeiten formalistisch sind. Dazu gehört auch eine ganze Reihe von Dozenten an Kunsthoch- und -fachschulen, die die Studierenden formalistisch ausbilden.

In der Architektur, die im Rahmen des Fünfjahrplans vor großen Aufgaben steht, hindert uns am meisten der sogenannte „Bauhausstil" und die konstruktivistische, funktionalistische Grundeinstellung vieler Architekten an der Entwicklung einer Architektur, die die neuen gesellschaftlichen Verhältnisse in der Deutschen Demokratischen Republik zum Ausdruck bringt. An Bauwerken wie dem Wohnblock in der Stalinallee in Berlin, dem Wohnheim der Arbeiter- und Bauernfakultät der Technischen Hochschule in Dresden und verschiedenen Verwaltungsgebäuden zeigt sich, daß die künstlerische Idee einer mit dem Volksempfinden verbundenen Kunst verkümmert ist. Die meisten Architekten gehen abstrakt und ausschließlich von der technischen Seite des Baues aus, vernachlässigen die künstlerische Gestaltung der Bauwerke und lehnen das Anknüpfen an Vorbilder der Vergangenheit ab.

In der gleichen Lage befindet sich die Innenarchitektur der Wohnungen, Verwaltungsgebäude, Klubhäuser, Kinos und Theater. Ebenso verhält es sich mit den Entwürfen für die serienweise Herstellung von Möbeln und anderen Gebrauchsgegenständen für das tägliche Leben. Die Produktion an Steingut und Porzellan ist weder künstlerisch noch praktisch und entspricht nicht den berechtigten Anforderungen, die unser Volk an künstlerische Produktion stellt.
[...]

Realismus und klassisches Kulturerbe
Der klassischen Kunst ist Wahrhaftigkeit und Realismus eigen, sie besaß die Fähigkeit, eine Einheit von tiefem Gefühl und glänzender künstlerischer Form zu erreichen. Alle großen Künstler des klassischen Kulturerbes waren Freunde des Friedens, Realisten und Humanisten.

„Wir wissen von keiner Welt als in bezug auf den Menschen; wir wollen keine Kunst, als die ein Abdruck dieses Bezuges ist." (Johann Wolfgang von Goethe)
Es kommt vor allem darauf an, die gewaltige Bedeutung des klassischen Erbes zu erkennen, dieses zu studieren und unter neuen Bedingungen, d. h. vom Standpunkt des Kampfes für den Frieden und die demokratische Einheit Deutschlands, vom Standpunkt der Erfüllung großer Aufgaben im Rahmen des Fünfjahrplans weiterzuentwickeln, wobei eine tiefe und organische Verbundenheit mit dem Volke hergestellt werden muß.

Kritik und Selbstkritik in der Kunst
Von großer Bedeutung für die Überwindung des Zurückbleibens in der Kunst ist die verstärkte Fortsetzung der Diskussion auf allen Gebieten der Kunst und Literatur. Diese Diskussion und eine offene Aussprache über alle Fehler und Mängel wird die größte Hilfe für unsere Künstler und Schriftsteller selbst sein. Offene Diskussion, verbunden mit einer objektiven Kritik, ist eine wichtige Voraussetzung für die

Weiterentwicklung der Kunst. Wer Kritik an seiner Arbeit fürchtet, wird auch in seinem Schaffen nicht weiterkommen und seine Schwächen nicht überwinden.
[...]

Quelle: Elimar Schubbe (Hg.): Dokumente zur Kunst-, Literatur- und Kulturpolitik der SED. Stuttgart 1972, S. 178–186

13 Rudolf Herrnstadt:
Über den Baustil, den politischen Stil und den Genossen Henselmann (29. Juli 1951)

Mittwoch, am 25. Juli veranstaltete das Sekretariat der Landesleitung der SED Groß-Berlin eine Aussprache über den weiteren Aufbau Berlins, an der einige Mitglieder des Zentralkomitees und einige fortschrittliche in Berlin beschäftigte Architekten teilnahmen. Anlaß zur Aussprache war die Tatsache, daß mit der erfolgreichen Fertigstellung der Bauten für die Weltfestspiele die Möglichkeit und Notwendigkeit besteht, den Aufbau Berlins auf höherer Stufe zu entfalten, – ohne daß jedoch zur Zeit befriedigende Entwürfe für weitere Großbauten vorliegen.

Die Aussprache entzündete sich an einem Modell (Weberwiese) des Architekten Professor Paulick – desselben Architekten, der soeben in der Festspielhalle an der Stalinallee einen schönen monumentalen, die hohen Ansprüche der Werktätigen Berlins befriedigenden Bau geschaffen hat. Das vorgestellte Modell der Weberwiese war nicht neu. An seinem Beispiel (und auch an anderen Beispielen) hatte schon vor Monaten das Politbüro der SED einer Reihe von Architekten, darunter den Professoren Henselmann und Paulick, die Rückschrittlichkeit des sogenannten Bauhausstils auseinandergesetzt, sowie die fortschrittlichen Prinzipien, die für den Bau der Hauptstadt des demokratischen Deutschland maßgeblich sein müssen. Nichtsdestoweniger wurde das Modell erneut zur Diskussion gestellt – die entsprechend lebhaft, prinzipiell und fruchtbar verlief.

Worum geht es?

Die Architekten Henselmann, Paulick usw. schlugen bisher als Wohnbauten für das neue Berlin jene Heimstättenhäuser vor, wie sie in den vergangenen Jahrzehnten in allen kapitalistischen Ländern zu Tausenden und Zehntausenden gebaut wurden: Kästen mit horizontalen Fenstern, oben flach, unten ohne Sockel, Fassaden ungegliedert, als Augenauswischerei für den kleinen Mann versehen mit eintönigen Ketten von Loggien, Blumen (die er selbst kauft) und fallweise mit Farbanstrich, von dem niemand weiß, warum er in einem Falle braun, im anderen himmelblau ist. Alles an diesen Häusern ist billig: ein architektonischer Gedanke liegt ihnen nicht zugrunde, es sei denn allen derselbe; die Fassade läuft glatt wie ein Handtuch von oben nach unten und erspart dem Architekten jegliche Überlegung über ästhetisch schöne Gliederung sowie über die Gestaltung von Details (Fenster, Gesimse, Türen usw.); die Wände sind so dünn, daß sie gerade noch halten, die Haustüren so klein und niedrig, daß man gerade noch hindurchschlüpft. Die Häuser im ganzen sind für kurze Lebensdauer gebaut, was auch jeder sieht und weiß.

[...]
Diese und ähnliche Erwägungen wurden unseren Architekten vorgetragen. Wie nahmen sie sie auf? Machen wir unsere Architekten nicht schlecht und nehmen wir das Ende vorweg. Die Aussprache am 25. Juli endete wie folgt:
Die Vertreter des ZK: „Wir brauchen befriedigende Entwürfe in kurzer Frist, wann können wir sie haben?"
„In zwei Monaten."
„Zwei Monate sind zu lang."
„Wieviel Zeit geben Sie?"
„Acht Tage."
„Acht Tage, das ist unmöglich. Welches ist die äußerste Frist?"
„Acht Tage."
Stutzen. Einander ansehen, dann:
„Also gut, in acht Tagen werden die Skizzen fertig sein." (Mittwoch, am 1. August, laufen die 8 Tage ab; „Neues Deutschland" wird über das Ergebnis berichten.)
Am nächsten Tag fand, in der gleichen Zusammensetzung, eine Besichtigung der Ateliers in der Deutschen Bauakademie statt. Dort stellte sich zunächst heraus, daß Professor Paulick nicht acht Tage, sondern nur 24 Stunden gebraucht hatte, um eine Skizze zu entwerfen, die zwar noch Verbesserungen braucht, aber eindeutig auf der neuen gesunden Linie liegt. Es stellte sich ferner heraus, daß eine ganze Reihe von Architekten bereits mit beträchtlichem Erfolg an Entwürfen im neuen Geiste arbeitet. Und wieder ergab sich – im Atelier des Professor Paulick – eine bezeichnende Unterhaltung.
Die Mitglieder des ZK:
„Wie vereinbaren Sie diese fortschrittlichen Entwürfe, an denen Sie arbeiten, mit dem Eierkistenmodell, das Sie gestern vorlegten?"
Antwort: „Gar nicht..."
„Wenn wir nun gestern Ihren Eierkisten zugestimmt hätten – hätten Sie sie gebaut? Oder hätten Sie gegen Ihre eigenen Modelle protestiert?"
„Wenn die Partei beschlossen hätte, es soll gebaut werden – hätte ich gebaut."
„Verstehen Sie, daß Ihre Haltung inkonsequent ist?"
„Natürlich verstehe ich das. Aber verstehen auch Sie, daß man sich nur allmählich entwickelt, daß ich im Verlaufe des vergangenen Jahres viel gelernt habe, daß man nicht alle Eierschalen auf einmal abwirft."
„Da haben Sie recht."
Und recht haben die Architekten vor allem, wenn sie mit Nachdruck feststellen: es ist keineswegs so, daß die Schuld an der Verzögerung in der Fertigstellung der neuen fortschrittlichen Entwürfe allein sie, die Architekten, trifft. Die Aussprachen vom 25. und 26. Juli zeigten eindeutig, daß von seiten unserer Partei mit den Architekten nicht ernsthaft genug gearbeitet worden war. Wie sonst hätte sich am Ende der zweiten Aussprache folgender Dialog entwickeln können:
Der Präsident der Bauakademie, Kurt Liebknecht, im Namen der anwesenden Architekten:
„Also können wir die in diesen Unterhaltungen festgelegte und in den heute gezeigten Entwürfen bereits beschrittene Linie als die richtige Linie ansehen, auf die allein wir uns orientieren?"
„Unbedingt." Darauf Liebknecht und die anwesenden Architekten: „Das hilft uns sehr viel weiter", „Jetzt können wir richtig arbeiten", „Jetzt wissen wir, woran wir sind."

Warum erst jetzt?

Die Schuld an der überwundenen Stagnation trifft also nicht nur die Architekten, sondern auch einige unserer Parteistellen, die im Falle des Aufbaus von Berlin nicht organisiert genug arbeiteten und entscheidende Termine außer acht ließen, um am Ende in den Ruf auszubrechen: „Man hat uns nicht geholfen!" Es bleibt das Verdienst des Sekretariats der Landesleitung Berlin, durch die Einberufung der Aussprachen vom 25. und 26. Juli die rechtzeitige Liquidierung des Fehlers ermöglicht zu haben.

Und nun zum Genossen Professor Henselmann. Was hat er eigentlich Böses getan? Gar nichts Böses hat er getan. Genosse Henselmann ist ein lebhafter Mann mit burschikosen Manieren, sozusagen ein vierzigjähriger Springinsfeld. Er redet nachdrücklich und gebildet, und unklar bleibt in der Regel nur eine Kleinigkeit: ob er dafür ist oder dagegen. Er liebt auch, mit bedenklich werdendem Gesicht Anspielungen zu machen, wie etwa in der Unterhaltung am 25. Juli, in der er von diesem und jenem sprach und auch vom neuen Gebäude der Sowjetbotschaft, „das in Architektenkreisen bekanntlich unterschiedlich bewertet wird". Befragt, ober er das Gebäude ablehne (es handelt sich um ein schönes, durchkomponiertes Bauwerk), redete er noch nachdrücklicher und gebildeter, – zu einem anderen Thema, so daß die Frage offen blieb.

Also hat Henselmann doch etwas Böses begangen? Jawohl. Er hat einen Verstoß gegen den politischen Stil begangen, den wir von unseren Genossen fordern. Hältst du das Gebäude der Sowjetbotschaft oder ein beliebiges anderes Gebäude für schlecht – so sage es. Jede Auffassung kann man bei uns diskutieren, und niemand hält seine Leistungen für unübertrefflich – am wenigsten die sowjetischen Genossen, die am meisten leisten. Aber wenn du es nicht sagst, weil du fürchtest, als Ignorant entlarvt zu werden, wenn du statt dessen zweideutige Bemerkungen machst, die dem Gegner in die Hände spielen, insofern sie die saubere Atmosphäre bei uns in eine Atmosphäre der Unsauberkeit und Unaufrichtigkeit verwandeln, dann gestatte, – daß man das öffentlich ausspricht.

Und gestatte, daß wir an deinem Beispiel über eine Erscheinung sprechen, die eine ganze Kategorie von Künstlern (Maler, Dichter, Architekten) betrifft. Es geht um folgendes:

Der Imperialismus hat nicht nur in jahrzehntelanger Tätigkeit die Kunst auf allen Gebieten untergraben – aus Gründen, über die oben gesprochen wurde: das Produkt Mensch, das er erzeugen will, braucht keine Kunst, und umgekehrt, dem Menschen, der diesen Namen verdient, ist die Kunst eine Waffe im Kampf gegen den Imperialismus. Der Imperialismus hat auch, indem er die Kunst untergrub, die Fähigkeiten der Künstler bis zur Unkenntlichkeit reduziert. Verständlicherweise. Denn wenn Generationen hindurch echte künstlerische Leistungen nicht gefordert, sondern unterbunden werden, wenn auf die Auflösung der Kunst hingearbeitet wird, verliert sich das Können. Das ist der Grund, weswegen unsere Künstler heute mit verlegenem Lächeln vor der Malkunst eines Rembrandt oder der Baukunst eines Schinkel stehen. Aber das ist auch der Grund, weswegen heute viele Maler, die nicht imstande sind, ein Fliegenbein zu zeichnen, mit Zähnen und Klauen drauf beharren, daß der von ihnen gemalte Strich plus Kreis ein Gemälde namens „Auge auf Schenkel" darstellt, und weswegen so mancher Architekt darauf beharrt, daß seine wildgewordene Eierkiste ein architektonisches Meisterwerk sei. Was tun in einer solchen Lage? Die Aufgabe der Partei ist klar: den Künstlern zu helfen, das Unglück, das sie betroffen hat, zu überwinden. Die Aufgabe der fortschrittlichen Künstler aber ist gleichfalls klar: die Zusammenhänge zu erkennen und als Folge davon – bescheiden zu werden. Es zeugt aber weder von Einsicht noch von Bescheidenheit, wenn man nicht zu verteidigende „Werke" verteidigt, monate- und jahrelang gegenstandslos um den gleichen Punkt herumredet, die Aufmerksamkeit und die Energien anderer okkupiert und damit die Entwicklung hemmt. Was tut statt dessen ein Künstler, der den Anschluß verlor, aber wahrhaft fortschrittlich ist? Er zieht sich zurück, sagt im stillen an die Adresse seiner Kritiker: diesen Leuten werde ich zeigen, was eine Harke ist, arbeitet aus allen Kräften (politisch und fachlich), stellt den Anschluß her und tritt schließlich mit Werken von solcher Schönheit und Kraft hervor, daß sie den Kritikern von gestern den Atem verschlagen. In diesem Sinne, Genosse Henselmann.

Quelle: Neues Deutschland. 29. 7. 1951

14 Walter Ulbricht:
Kunst und Wissenschaft im Plan
Rede vor der Volkskammer (31. Oktober 1951)

Unsere erste Aufgabe ist der Wiederaufbau der Hauptstadt Deutschlands, Berlin, so schön und würdig, daß die Hauptstadt des künftigen einigen Deutschland zugleich das Symbol des Fortschritts sein wird. Die Sache des Wiederaufbaus unserer Hauptstadt ist eine nationale Aufgabe, an der alle deutschen Bürger interessiert sind. Solange die Einheit Deutschlands noch nicht wiederhergestellt ist, wird die Bevölkerung der Deutschen Demokratischen Republik zusammen mit der Berliner Bevölkerung gemeinsame Anstrengungen unternehmen, damit das große Werk des Neuaufbaus der Hauptstadt gut vorwärtsschreitet. Nach dem neuen Plan wird im Zentrum Berlins der Hauptplatz der Marx-Engels-Platz sein mit seinen großen Achsen und dem um das Zentrum führenden Ring. Der Plan ist aufgebaut auf den Ansprüchen der Menschen an Arbeit, Wohnung, Verkehr und Versorgung, Kultur und Erholung. Die Entwürfe der fünf Preisträger für die Gebäude an der Stalinallee zeigen, daß diese Architekten mit den alten formalistischen und konstruktivistischen Anschauungen gebrochen und verstanden haben, die Stalinallee entsprechend ihrer Bedeutung als architektonische Achse zu gestalten. Sowohl die städtebauliche Lösung als auch die Gestaltung der einzelnen Gebäudekomplexe zeigen den Versuch, sich die Methoden und Erfahrungen der sowjetischen Architektur bei der Entwicklung einer neuen deutschen Architektur zu eigen zu machen. Auch sind hier Ansätze vorhanden, wie zum Beispiel in dem Wohnhaus an der Weberwiese, an Berliner Traditionen anzuschließen. Trotzdem zeigt gerade der Wettbewerb der Stalinallee, daß sich der überwiegende Teil der Einsender noch immer im Bann formalistischer Tendenzen befindet.
  Ein gutes Beispiel für die Architektur eines zweckmäßigen und doch schönen Gebäudes, das den großen Aufgaben unserer demokratischen Sportbewegung Ausdruck verleiht, ist der Bau der Deutschen Sporthalle in der Stalinallee. Sie ist ein wichtiger architektonischer Akzent für die Neugestaltung der Stalinallee.

In Berlin ist die sowjetische Botschaft ein ausgezeichnetes Beispiel für die repräsentative Bebauung im Stadtzentrum. Die Einhaltung der Hauptgesimshöhe an den beiden Seitenflügeln hat durch das Zurückverlegen und Höherführen des Mittelteiles zu einer Steigerung in der architektonischen Wirkung geführt. Besonders hervorzuheben ist bei diesem Bau die Innengestaltung, die unseren Architekten die Anwendung nationaler Traditionen beispielhaft vor Augen führt. Außerdem hat das deutsche Handwerk in seinen Steinmetz- und Stuckarbeiten, Tischler- und Schmiedearbeiten mustergültige Leistungen gezeigt.

Demgegenüber ging der ursprüngliche Entwurf der Berliner Stadtplanung, der von einem Kollektiv unter Leitung des damaligen Stadtbaurates Prof. Scharoun ausgearbeitet wurde, von den Theorien der Städtebauer westeuropäischer kapitalistischer Länder und Amerikas aus. Der Fehler bestand in der formalistischen Konzeption einer „Bandstadt", die weder den historischen noch den natürlichen Gegebenheiten Berlins entsprach, der Überbetonung der Verkehrsfrage, der Konstruktion von sogenannten Wohnzellen mit ihrer Gleichförmigkeit, die in allen Stadtbezirken angelegt werden sollten und in Widerspruch zu dem organischen Aufbau der Stadt stehen würden, und in den unmöglichen Versuchen, Berlin in eine Gartenstadt zu verwandeln. Der Plan war ein formalistisch-funktionalistischer, der auf das bisherige Berlin wenig Rücksicht nahm und nicht den Anforderungen unserer Gesellschaftsordnung entsprach. Beim Aufbau der Hauptstadt Deutschlands und dem Wiederaufbau der zerstörten Städte wollen wir an die wertvollen Traditionen der deutschen Architektur anknüpfen und gleichzeitig eine neue deutsche Architektur entwickeln.

Die kritische Aneignung des nationalen Kulturerbes geschieht im schärfsten Kampf gegen den Formalismus und damit den Kosmopolitismus, der ein Ausdruck der Herrschaft des Monopolkapitals ist und die nationale Würde der Völker vernichten will, um ihre Widerstandskraft im Kampf um ihre nationale Unabhängigkeit zu schwächen.

Gleichzeitig mit dem Studium der nationalen Traditionen als Grundlage der Entwicklung unserer Architektur müssen wir den Bauhausstil als volksfeindliche Erscheinung klar erkennen. Es ist interessant, daß amerikanisch gelenkte Zeitungen in Westberlin sich besonders gegen die Architektur des Schönen wenden und behaupten, niemand werde in Westdeutschland auf die Idee kommen, an die Werke von Schinkel anzuknüpfen. Diese amerikanisch gelenkten Verfasser erklären, unser ideologischer Kampf gegen den Formalismus der Bauhausschule verstoße gegen die Freiheit. Wie würde aber Berlin aussehen, wenn so wie in den westdeutschen Städten jeder Kapitalist das Recht hätte, Gebäude zu bauen, wie er will, unter Verzicht auf jeden Fassadenschmuck, was zweifellos billiger ist und auch dem Mangel an Ideen mancher Architekten mehr entspricht. In Hamburg wurden am Grindelberg Wohnblockhäuser errichtet, die nichts anderes als große Kästen sind. In Frankfurt am Main wurde ein Hochhaus für das Arbeitsamt errichtet; dieser Bau verstößt gegen die historischen Traditionen Frankfurts mit seiner berühmten Silhouette vom Main aus. In Stuttgart wurde ein Hochhaus für Zwecke eines Warenhauses in einer engen Straße gebaut, ohne Abstimmung auf die städtebaulichen Verhältnisse dieses Bezirkes.

Der Bauhausstil leugnet die Notwendigkeit der schöpferischen Anwendung der fortschrittlichen Elemente des nationalen Architekturerbes, weil er behauptet, daß Ideen in der Architektur nicht gestaltet werden können, und daß in der Architektur der Zweck, die Funktion, die Baukonstruktion übergeordnet sind. Das führte so weit, daß Hannes Mayer, einer der letzten Direktoren des Bauhauses, feststellte, wir könnten nicht mehr von Baukunst sprechen, sondern nur vom Bau allgemein.

Ein typisches Beispiel für den Bauhausstil ist das Kolumbushaus am Potsdamer Platz, das, nur vom Selbstzweck ausgehend, einer Büromaschine gleicht und keinerlei Rücksicht nimmt auf gesamtstädtebauliche Lösung des Platzes. Ein weiteres schlechtes Beispiel stellt die Hufeisensiedlung in Britz dar, die ebenfalls an keinerlei Traditionen anknüpft und auch in keiner Weise der Sorge um den Menschen Rechnung trägt.

Der Bauhausstil hat auch nach 1945 einen großen Einfluß ausgeübt. Bauten wie die Laubenganghäuser in der Stalinallee oder die Wohnbauten in Ketzschendorf mit den Hühnerleitern als Eingangstreppen zeigen dies deutlich. Ein anderes schlechtes Beispiel ist die FDGB-Schule in Bernau, die ein Ausdruck kosmopolitischen Bauens ist und genau so in Amerika oder Afrika stehen könnte. Dieser Bau ist praktisch eine Verhöhnung der Interessen der Werktätigen, die dort zu Funktionären unserer demokratischen Ordnung erzogen werden sollen und von deren Geldern der Bau errichtet wurde.

In diesem Zusammenhang sei erwähnt, daß auch über MAS-Kulturhäuser vollkommen falsche Vorstellungen bestehen. Das beweist der Wettbewerb für MAS-Kulturhäuser. Die Verfasser haben absolut keine Vorstellung von der Bedeutung des Kulturhauses für das Dorf. Sie verniedlichen es. Es gibt Entwürfe, die Bauernhäusern oder Dorfschenken gleichen oder auch MAS-Werkstätten.

Das Kulturhaus auf dem Dorfe ist architektonischer Mittelpunkt und muß sowohl in seiner Kompaktheit, in seiner Höhe, in seiner Stellung innerhalb des Dorfes und in seiner Architektur besonderen Anforderungen entsprechen. In seiner Architektur müssen die nationalen Architekturformen verwendet werden, die ähnlich der Dorfkirche abgeleitet sein müssen von den großen Formen der Architektur, nicht von den kleinen Formen des Bauernhauses.

Wir haben schon schöne Beispiele der neuen Architektur. Der Entwurf für den Bau der Deutschen Hochschule für Körperkultur in Leipzig ist z. B. eine hervorragende Leistung, die sowohl in der städtebaulichen Anlage wie in der architektonischen Gestaltung eine neue Auffassung der deutschen Architektur zeigt. Dem Verfasser ist es gelungen, die Gebäude, die vielfältigen Zwecken dienen, harmonisch zu einem schönen Ganzen zu vereinen. Auch der Entwurf des Kulturhauses der Maxhütte, der an den deutschen Klassizismus anknüpft, ist ein gelungener Entwurf.

Ich möchte den Wunsch aussprechen, daß bei uns ein offener Meinungsaustausch über die Fragen des Städtebaus und der Architektur erfolgt und daß die fortschrittlichen Leistungen im Bauwesen hervorgehoben werden, damit jeder einzelne den Unterschied zu jenen Gebäuden erkennt, die nichts anderes sind als Kästen mit Löchern und die Ideenlosigkeit einiger Architekten demonstrieren.
[...]

Quelle: Aufbau. 7. 1951, S. 1071–1076

15 Hermann Henselmann:
Der reaktionäre Charakter des Konstruktivismus
(4. Dezember 1951)

Die Ruinen rings um uns sind der sinnfälligste Ausdruck unserer nationalen Katastrophe. Die Ablösung dieser Trümmer durch die Schöpfungen unserer Baukünstler werden der überzeugendste Beweis sein für die Kraft unseres Volkes, seinen Weg in eine geordnete Zukunft zu finden.

Vieles wird darauf ankommen, wie weit es den deutschen Architekten gelingt, die Welt der Ruinen und des Verfalls in ihren Köpfen und Herzen zu überwinden durch den Glauben an die ordnenden Kräfte, die der Menschheit den Frieden und ihren Bauten die Dauer verbürgen.

Angesichts dieser völlig veränderten Situation im Vergleich mit der Vergangenheit bedarf die Theorie der Architektur einer gründlichen Überprüfung. Die Konzeption der Architektur ist das schöpferische Resultat der Verschmelzung wissenschaftlich-technischen und künstlerischen Denkens, in dem sich der praktische Zweck und die künstlerische Idee des Bauwerkes in dialektischer Einheit verbinden. Die Architektur einer Verfallsepoche kennzeichnet sich durch die Zerstörung dieser Einheit. Solche Verfallsmerkmale finden wir in der deutschen Architektur seit der zweiten Hälfte des 19. Jahrhunderts, also sowohl den Eklektizismus wie auch gleichzeitig die „konstruktivistische" Richtung.

Diese konstruktivistische Richtung tritt im Gewande einer pseudo-revolutionären Theorie gegen den angeblichen Akademismus früherer Epochen auf. Sie ist ein Merkmal der Architektur der imperialistischen Phase des Kapitalismus, wo die Klassengegensätze sich immer schärfer zuspitzen. Der pseudorevolutionäre Anspruch der Konstruktivisten geht davon aus, daß die Architektur angeblich eine neue Gesellschaft und neue Menschen schaffen wird. („In diesem Haus wird es keine Ehescheidungen mehr geben", sagt Le Corbusier von seinem neuerrichteten Mietshause in Marseille.)

Für diese Richtung war in Deutschland besonders das Bauhaus charakteristisch, das wiederum eine sehr typische Entwicklung durchmacht, die – grob gesprochen – durch die Weimarer und die Dessauer Zeit gekennzeichnet wird.
[...]

Es ist notwendig, darauf hinzuweisen, daß die Architektur mehr als andere Kunstarten von der herrschenden Klasse abhängig ist durch die bedeutenden materiellen Mittel, die zu ihrer Realisierung notwendig sind. Die Architektur kann sich nicht nur auf dem Reißbrett entwickeln, sie bedarf zu ihrer Entfaltung der ständigen Realisierung in Stein, Holz, Beton, Stahl, um die neuen künstlerischen und technischen Erfahrungen zur Grundlage ihrer weiteren Entwicklung zu machen. So konnte unter der Herrschaft des Imperialismus, wie wir heute wissen, keine Architektur mit einem wirklich progressiven Charakter entstehen.

Die Renaissance als die Architektur der progressiven Epoche der Bourgeoisie konnte im Schoße des Feudalismus entstehen, weil die Bourgeoisie über entsprechende ökonomische Mittel verfügte. Anders verhält es sich bei den antagonistischen Klassengegensätzen zwischen der Bourgeoisie und dem Proletariat. Die konstruktivistische Architektur war daher ihrem ganzen Wesen nach die Architektur der Verfallsperiode des Bürgertums. Daher waren die Bestrebungen der Konstruktivisten im großen und ganzen nicht auf die Veränderung des Auftraggebers gerichtet, sondern darauf, ihn davon zu überzeugen, daß ihre Bauweise für ihn am profitabelsten sei. So wird die Wohnung auf einem internationalen Kongreß für das Existenzminimum erforscht. Man hat die Absicht, den imperialistischen Staat für die Wohnung des Existenzminimums zu interessieren, „weil die Erfahrungen gezeigt hätten, daß die Privatindustrie jede durch Architekten erzielte Verbilligung selbst einsteckt". Man schlägt als Ausweg vor, daß man die Fenster bedeutend vergrößern, vielleicht eine ganze Wand verglasen müsse, um den kleinen Räumen Luft und Licht zuzuführen, und so dem Proletariat sein Minimum an Sonne zu verschaffen.

Ihre ersten wirklichen „Erfolge" erreichten die Konstruktivisten daher dort, wo sie der Bourgeoisie Extraprofite verschaffen konnten. Das war im Fabrikbau der Fall, wo sie durch die Entwicklung gewisser konstruktiver Elemente den Fabrikationsprozeß flüssiger und übersichtlicher zu gestalten vermochten. Das war aber auch der Fall bei der Erarbeitung standardisierter Geräte, wie Beleuchtungskörper, Möbel, Stoffe und Tapeten, deren Gestehungskosten durch die Anwendung industrieller Fertigungsmethoden herabgesetzt werden konnten.

„Wenn sich die kleinbürgerliche Ideologie als sozialistisch ausgibt, ist sie unbedingt reaktionär", so lehrt Lenin. Dieser reaktionäre Charakter des Konstruktivismus äußert sich im Leugnen der Idee beim Zustandekommen eines Kunstwerkes. Das ist gleichzeitig der Ausdruck für das Leugnen gesellschaftlicher Ordnungsprinzipien überhaupt. Er äußert sich aber auch in der Leugnung der Dauer einer baukünstlerischen Aussage, da den kapitalistischen Auftraggeber nicht so sehr die künstlerische Aussage als die möglichst rasche Amortisation seines investierten Kapitals interessiert.
[...]
Die Theorie des Konstruktivismus (auch Funktionalismus genannt) führt durch die Auflösung aller jener Wertkategorien, die das Bauwerk zum Kunstwerk erheben, ganz zwangsläufig zum Kosmopolitismus hin. Die führenden Funktionalisten bekennen sich fast ausnahmslos zum antinationalen Kosmopolitismus. Das beginnt bereits bei Adolf Loos, einem der Begründer des Funktionalismus:
„Das Volk, dessen Geschmack schon längst weltbürgerlich ist, hat weder Märchen noch Sagen, sondern besucht das Kino. Der nationale Stil ist bedingt durch den Mangel an Verkehrswesen."(!)
Es gibt kaum einen Architekten unserer Generation, der nicht unter dem Einfluß dieser Theorie gestanden hätte. Ihre pseudorevolutionäre Phraseologie, ihre objektivistische Argumentation, ihre scheinbare Wissenschaftlichkeit, ihre teilweise Gegnerschaft gegen die Architektur des Faschismus – in Italien allerdings ließ Mussolini im konstruktivistischen Stil bauen! Siehe Sabaudia – sind Gründe für den Einfluß, den diese Theorie auf viele deutsche Architekten ausübte und noch ausübt.
Ich selbst habe die dringliche Aufgabe des Übernehmens des Kulturerbes und damit auch die Rolle der Sowjetarchitektur unterschätzt. Ich habe die kritische klassenmäßige Betrachtung des Konstruktivismus nicht zu Ende geführt. Es ist jedoch klar, daß wir nicht von einem Reformieren des Funktionalismus und seiner Vervollkommnung hinsichtlich der ideellen Seite sprechen können. Das Anknüpfen an die architektonischen Traditionen kann nicht in dem Sinne verstanden werden, daß einfach an die letzten Verfallserscheinungen in der Architektur der imperialistischen Epoche angeknüpft wird. Dieser Grundirrtum erzeugt eine allgemeine Unsicherheit. Auch eine

Unsicherheit insofern, als die Werke jener Architekten, die realistische Schöpfungen aufweisen, nicht zur Genüge beachtet wurden.

Wenn ein fester, kritischer Standort gewonnen ist, dann ist die Beurteilung des Gegenwartsschaffens der Baukunst sehr viel leichter möglich. Nach meiner Auffassung ist es z. B. notwendig, die realistische Verhaltensweise im Schaffen solcher Baukünstler wie Tessenow oder Pölzig, um nur einige zu nennen, nachzuweisen und ihr Schaffen einer schöpferischen Kritik zu unterziehen.

Unsere Aufgaben, die vor uns liegen, müssen uns veranlassen, klarer und kühner zu denken als bisher. Die Bauten der allernächsten Zeit sollen von jenem echten Pathos erfüllt sein, von dem Belinski sagt, daß es eine „emotionale Kraft darstellt, die den Willen zum Handeln weckt".

[...]

Quelle: Neues Deutschland. 4. 12. 1951

16 Kurt Liebknecht:
Fragen der deutschen Architektur
Referat auf dem Deutschen Architektenkongreß in Ost-Berlin (9. bis 11. Dezember 1951)

Einleitung

Die Frage der Architektur besitzt eine große Bedeutung innerhalb unserer Volkswirtschaft, da der Aufbau unserer Städte und Dörfer mit ihren verschiedenartigsten Gebäuden ungeheure Mittel erfordert.

Die Frage der deutschen Architektur spielt bei der Bewußtseinsbildung unseres Volkes eine große Rolle, denn die Architektur ist die Kunst mit dem größten gesellschaftlichen Aufwand, ist die Kunst, unsere Städte und Dörfer so zu gestalten, daß deren Straßen und Plätze, deren Architekturensemble und deren Gebäude den Optimismus unserer Gesellschaftsordnung widerspiegeln.

Diese Fragen der Architektur habe ich vorangestellt, weil noch niemals in der Geschichte des deutschen Volkes unseren Architekten Aufgaben von solcher Verantwortung und Größe gestellt wurden wie nach dem zweiten Weltkrieg.

[...]

Die Architektur der Sowjetunion

[...]

Die Stärke des sozialistischen Staates, in dem Volk und Regierung ein unzertrennliches Ganzes bilden, zeigte sich vor allem nach dem zweiten Weltkrieg, als nach den ungeheuren Opfern, die das sowjetische Volk zu bringen hatte, bald ein neuer Aufschwung auch in der Architektur begann, der in dem Wiederaufbau der zerstörten Städte, in der Errichtung neuer Untergrundbahnbauten, im Bau der Moskauer Hochhäuser und der architektonischen Anlagen der gigantischen Kanalbauten seinen Niederschlag fand.

Eine Tatsache der sowjetischen Architektur scheint mir aber besonders bemerkenswert, eine Tatsache, die im krassen Gegensatz zur Baupraxis des Westens und Amerikas steht. Sie besteht darin, daß die sowjetischen Architekten nicht nur Städte geplant, sondern auch gebaut haben, daß sie nicht nur Projekte machen, sondern sie auch ausführen, das heißt, sie haben bewiesen, daß Planen und Bauen, daß Theorie und Praxis bei ihnen eine Einheit bilden. Von wem können wir also lernen, wer kann uns Erfahrungen und Erkenntnisse auf dem Gebiete der Architektur vermitteln, welche Methoden können uns helfen bei der Entwicklung einer deutschen Architektur? Darauf gibt es nur eine Antwort: Nur von den sowjetischen Architekten können wir lernen, nur bei Anwendung der sowjetischen Methoden können wir eine deutsche Architektur entwickeln.

[...]

Die sowjetischen Methoden bei der Entwicklung einer neuen Architektur
Wie auf allen Gebieten der Kunst wurde auch der sozialistische Realismus, der die Widerspiegelung der sozialistischen Wirklichkeit darstellt, Grundlage der Entwicklung der sowjetischen Architektur. Es ist verständlich, daß gerade die Architektur, die mit ihren Bauwerken Straßen und Plätze schmückt, in hervorragendem Maße geeignet ist, die großartigen Ideen, die durch die Große Sozialistische Oktoberrevolution ausgelöst wurden, zu verkörpern. Unsere Bauten, so sagte uns seinerzeit der Präsident der Architektur-Akademie der Sowjetunion, Mordvinow, sollen die Größe und die Schönheit unseres Sowjetlandes zum Ausdruck bringen.

Den Bauwerken der Sowjetunion liegt die Idee des Humanismus, der Sorge um den Menschen, zugrunde. Auch für die Architektur trifft in vollem Maße die Definition von Genossen Stalin zu, daß sie ihrem Inhalte nach sozialistisch und ihrer Form nach national sein müsse. Die Richtigkeit dieser Definition hat die sowjetische Wirklichkeit eindeutig bewiesen.

Wenn wir vom sozialistischen Realismus als einer schöpferischen Methode sprechen, die allein die Möglichkeit gibt, die großen Ideen der sozialistischen Gesellschaft auszudrücken, so ist verständlich, daß besondere künstlerische Ausdrucksformen dazu notwendig sind. Konstantinow sagt in seiner Arbeit ‚Historischer Materialismus' im Abschnitt Kunst: „Echte Kunstschöpfungen tragen stets die eine oder die andere in künstlerischer Form verkörperte Idee in sich. Je bedeutender, erhabener und wahrhaftiger die Idee des Kunstwerkes ist und je vollkommener und angemessener diese Idee in ihrer künstlerischen Form verkörpert ist, um so höher und bedeutender ist der künstlerische Wert des Werkes."

Die kritische Aneignung wertvoller Architekturtraditionen
Die Sowjet-Architekten haben erkannt, daß ein Anknüpfen und kritisches Verarbeiten des wertvollen Kulturerbes der Vergangenheit und vor allem der nationalen Traditionen unerläßlich ist. Sie haben die wertvollen Bauwerke der Weltarchitektur studiert, vor allem die Bauwerke der humanistischen Epochen, das heißt der fortschrittlichen Epochen der Geschichte der menschlichen Gesellschaft. Sie haben sich die großen Werke Griechenlands, Roms, die Werke der Giganten der Architektur, Brunellesco, Bramante, Michelangelo, Vignola, Palladio angeeignet.

In diesen Werken ist das Beste, was die menschliche Kultur in der Architektur geschaffen hat, verkörpert. In diesen Werken sind die Gesetzmäßigkeiten der Architektur, die Grammatik der Architektur, ohne deren Wissen wirkliche Architekturschöpfungen unmöglich sind, enthalten. Dies gilt vor allem für die Anwendung der

Proportionen, des Maßstabes, der Harmonie, der Farbe, des plastischen und malerischen Schmuckes.

Die sowjetischen Architekten haben das wertvolle Architekturerbe der Vergangenheit weiterentwickelt entsprechend ihren gewaltigen Aufgaben, wie die Moskauer Metro, die großen Hochhäuser, die neuen Kanalbauten usw., die Ausdrucksformen brauchten, die nicht einfach übernommen werden konnten, sondern die kritisch verarbeitet und somit neu geschaffen werden mußten. Bei der kritischen Aneignung des wertvollen Kulturerbes der Vergangenheit spielten vor allem die vielen nationalen Bautraditionen der Sowjetvölker eine maßgebliche Rolle. Diese nationalen Traditionen sind aus den schöpferischen Kräften der Völker hervorgegangen, sie entsprechen ihrer Eigenart, sie sind ihnen verständlich, sie entsprechen ihrem Schönheitsempfinden, sie werden von ihnen geliebt.

So bauen also die sowjetischen Architekten auf auf dem Besten, was die jahrtausendalte Geschichte der Architektur und vor allem die Architektur ihrer Völker hervorgebracht hat. Und sie bauen nicht nur auf, sie entwickeln folgerichtig dieses Beste weiter, da ja nur eine Weiterentwicklung sie befähigt, die Ausdrucksformen für die Bauwerke des Volkes zu finden.

Architektur ist Kunst
Durch diese richtige marxistische Einstellung haben die sowjetischen Architekten die Architektur wieder zu einer Kunst werden lassen. Die sowjetischen Architekten haben mit Hilfe der Kommunistischen Partei der Sowjetunion und unterstützt durch die persönlichen Hinweise des Genossen Stalin einen unversöhnlichen Kampf geführt gegen jede Art des Formalismus, der eine Ausdrucksform der verfallenden bourgeoisen Kultur ist.

Wir haben schon davon gesprochen, daß das Schaffen der sowjetischen Architekten im Kampf gegen die Architekturtendenzen des Westens und Amerikas darauf gerichtet ist, den ästhetischen Bedürfnissen der Werktätigen gerecht zu werden. Das Volk war niemals von reinen Zweckbauten befriedigt, es hat das leidenschaftliche Bedürfnis nach dem Schönen, denn das Schöne erzeugt Wärme, Behaglichkeit, Freude im Leben. Das Schöne erhöht die Arbeitsfreudigkeit, es erhöht die Liebe zu seinem Hause, zu seiner Straße, zu seiner Stadt und endlich erfüllt es den Menschen mit Stolz für seine Heimat.

Keine andere Kunst begleitet ständig den Menschen von der Wiege bis zum Grabe wie die der Architektur. Zu Hause, in der Schule, auf der Universität, bei der Arbeit, im Theater, in der Stadt, auf dem Dorfe, überall dort, wo der Mensch lebt, umgibt sie ihn.

Aus diesen besonderen Forderungen an die Architektur, aus dieser besonderen Eigenart der Architektur ergibt sich, daß gerade diese Kunst eine ungeheure Bedeutung für die Bewußtseinsbildung der Menschen besitzt.
[...]

Grundsätzliche Fragen zur Entwicklung einer deutschen Architektur
Ich will versuchen, zunächst einige grundsätzliche Fragen zu klären, die unseren Architekten bei ihrer schöpferischen Arbeit helfen sollen.

Architektur und Städtebau
Jedes Bauwerk, das wir errichten, muß im Zusammenhang mit seiner Umgebung gesehen werden. Jedes Bauwerk ist ein organisches Glied der städtebaulichen Komposition. Dasselbe gilt von größeren architektonischen Einheiten, von Straßen und Plätzen und endlich von ganzen Bezirken einer Stadt. Auf Grund dieser Feststellung wird es notwendig sein, daß unsere Architekten die Städte, in denen sie bauen und für die sie bauen, studieren, daß sie die historischen Eigenarten, die natürlichen Gegebenheiten dieser Städte untersuchen. Jede Stadt hat ihr besonderes Bild, ihre besondere Silhouette, und nur bei Berücksichtigung dieser Besonderheiten dieser Städte können Bauwerke geschaffen werden, die sich organisch in das Stadtbild einfügen und dieses bereichern.

Unterscheidet sich nicht das Antlitz Berlins, der Hauptstadt Deutschlands, mit seinen Bautraditionen von anderen Städten wie Dresden oder München, die ihre charakteristischen Bauformen und Bauwerke besitzen, die das Bild dieser Städte geformt haben?

Die wertvollen Bautraditionen unseres Volkes und die Entwicklung der deutschen Architektur
Die Entwicklung der deutschen Architektur setzt das kritische Aneignen des wertvollen Kulturerbes der Menschheit und besonders der wertvollen Bautraditionen unseres eigenen Volkes voraus.

Unsere eigenen Bautraditionen schöpfen aus den Quellen der Weltarchitektur, die aus den fortschrittlichen Kulturepochen der menschlichen Gesellschaft hervorgegangen sind. Aus diesem Grunde müssen wir die Bauwerke der Weltarchitektur studieren. Es handelt sich um die Bauten Griechenlands und Roms, um die großen romanischen und gotischen Bauwerke. Einen besonderen Platz nimmt in der Architektur die Zeit der italienischen Renaissance ein, eine Zeit, in der das aufstrebende Bürgertum sich von dem Einfluß der Kirche freizumachen verstand. Diese einmaligen Leistungen müssen besonders sorgfältig studiert werden. Alle diese hervorragenden Epochen der europäischen Baugeschichte hatten einen nicht geringen Einfluß auf die Bildung und die Entwicklung unserer nationalen Bautraditionen, die aber, einmal von ihnen befruchtet, ihren eigenen Weg gingen.
[...]

Architektur und Parteilichkeit
Unsere deutsche Architektur kann nur geschaffen werden von Architekten, die sich die Ideen unserer fortschrittlichen Gesellschaftsordnung aneignen und von ihr erfüllt sind.

Der Architekt kann nicht unparteilich sein. Er hilft dem, für den er plant und baut, das heißt, er identifiziert sich mit der Politik seines Bauherrn.

Die Architekten, die die Reichskanzlei Hitlers oder andere pompöse Bauten des Nationalsozialismus gebaut haben, wurden zu Anhängern der faschistischen Ideologie.

Der amerikanische Architekt, der Pläne zu Werken für die Herstellung der Atombombe, oder der westdeutsche Architekt, der Kasernen und Rüstungsbauten entwirft, macht sich mit für die imperialistische Politik der amerikanischen Kriegshetzer verantwortlich. Deshalb muß der Architekt verstehen, was Politik ist. Er muß die Grundlagen, auf denen wir unseren neuen demokratischen Staat aufbauen, kennen und sich mit Gesellschaftswissenschaft befassen. Nur so kann er zum Mitkämpfer für unseren Fortschritt werden, der dem Frieden dient. Der Architekt muß von den Ideen unserer demokratischen Ordnung erfüllt sein, wenn er in seinen Bauten diesen Ideen zum Ausdruck verhelfen will. Außerdem muß er die volkswirtschaftlichen Zusammenhänge erkennen, da er ja selbst an der Planerfüllung der Volkswirtschaft auf seinem Gebiet mitarbeitet.

In der Sowjetunion sagte man uns, daß der Architekt ein Staatsmann sein müsse, da er die ihm vom Volke gegebenen Mittel zu verwalten und dem Willen der Nation in seinen Bauten Ausdruck zu geben habe.
[...]

Quelle: *Fragen der deutschen Architektur und des Städtebaus.* Hg. von der Deutschen Bauakademie. Berlin (Ost) 1952, S. 7–49

17 Hanns Hopp:
Das Hochhaus in Erfurt
Ein Beispiel für die Unterschätzung der nationalen Bautradition (24. Januar 1952)

Vor kurzem ist in Erfurt ein Hochhaus von 10 Geschossen vollendet und von der Landesregierung bezogen worden. Um dieses Haus ist eine breite Diskussion entstanden, in der besonders die Frage aufgeworfen wurde, wie es zu einer Zeit, in welcher der Kampf um eine deutsche Architektur auf breiter Front geführt wird, überhaupt entstehen konnte. Das schnelle Tempo unserer Entwicklung wird uns an diesem Beispiel besonders bewußt. Geplant ist der Bau 1949, zu einer Zeit, in der um die deutsche Architektur nur erste zage Diskussionen geführt wurden und Inhalt und Bedeutung von Kosmopolitismus und Formalismus von den meisten Architekten noch nicht erkannt wurden.

Heute, zur Zeit der Fertigstellung dieses materiell bedeutenden Bauwerks sind wir in der Theorie der Baukunst und ihrer praktischen Verwirklichung viel weiter. Dieses Haus bleibt ein Beispiel für jene Art von Bauten, die wir nicht nur ablehnen, sondern bekämpfen. Wir bezeichnen sie als formalistisch, als Kosmopolitismus in der Architektur.

Eine kritische Analyse kommt zwar für dieses Objekt insofern zu spät, als sie keine Änderung mehr bewirken kann. Sie wird uns aber zu einem wertvollen Lehrmittel, das Wesen des Kosmopolitismus und des Formalismus an einem Beispiel zu erkennen und dazu beitragen, bei kommenden Bauaufgaben die Gegensätze zwischen einer nationalen deutschen Baukunst und einem internationalen Allerweltsstil *vor* Lösung einer Aufgabe schärfer zu erkennen und zu beachten. Sie liefert uns den Beweis, daß der Kampf gegen den Kosmopolitismus und den Formalismus nicht allein eine politische Forderung darstellt, sondern daß er zugleich dem Streben nach einer höheren Qualität entspringt. Von einer realistischen Baukunst verlangen wir, daß sie den Ausdruck des ideologischen und des materiellen Inhaltes eines Hauses darstellt; daß also nicht nur die Kategorie des Gebäudes durch seine Gestaltung erkennbar wird, sondern daß zugleich die Idee, die ihm innewohnt, mit baukünstlerischen Mitteln sichtbar gemacht wird.

Diese baukünstlerischen Mittel müssen eine der Nation verständliche Ausdrucksweise gebrauchen. Das Bauwerk muß die charakteristischen nationalen Traditionen, wie sie sich in den vergangenen Generationen gebildet haben, aufweisen. Das kann nur dadurch geschehen, daß das Neue, das als Besonderheit unserer Epoche vorhanden ist und nach Ausdruck verlangt, aus der Wurzel der nationalen Tradition entwickelt und nicht als ein Gegensatz angesehen und gestaltet wird.

Jedes Bauwerk ist Teil eines größeren Ganzen, einer städtebaulichen Komposition. Für den Städtebau gilt die gleiche Forderung wie für das einzelne Bauwerk. Unsere schönen alten Stadtanlagen beweisen, daß alle Gebäude des Staates oder der damaligen Gesellschaft dorthin gehören, wo sich das Gemeinschaftsleben am stärksten konzentriert, also in den zentralen Kern der Stadt. Das Hochhaus in Erfurt ist „irgendwo" in einem gesichtslosen Gelände der Vorstadt erbaut. Wenn auch ein Plan für eine zusammenhängende Gruppe von Regierungsgebäuden seiner Projektierung zugrunde lag, so ist doch die Stellung des Hochhauses darin nach rein optischen, d. h. malerischen Gesichtspunkten bestimmt. Gründe, die für die Ortsbestimmung eines so wichtigen Gebäudes nicht ausreichen. Warum also hier ein Hochhaus? „Es soll die Bedeutung des Inhalts zum Ausdruck bringen." Durch die bloße Addition von Geschossen kann aber weder Würde noch besondere Bedeutung ausgedrückt werden. Die Lage des Hochhauses an dieser Stelle der Stadt bringt städtebaulich zum Ausdruck, daß die Regierung sich aus der unmittelbaren Berührung mit dem Gemeinschaftsleben dieser Stadt absetzt, das Gegenteil von dem, was wir von einer Regierung erwarten, die für das Volk arbeitet. Die Stellung des Hauses im Stadtgebiet ist also falsch. Sie widerspricht den Grundsätzen des Städtebaues.

Ein wesentliches Merkmal unserer historischen Städte war ihre Silhouette, die sich dem Zuwandernden von weitem in der Landschaft vorstellte. Kirchen- und Rathaustürme zeigten den zentralen Kern der Stadt schon von weitem an. Jede architektonische Erhöhung, jeder Turm zeigte außerdem einen besonders gestalteten Umriß, und ihr Zusammenklang ergab die charakteristische Silhouette aller Städte. Das Hochhaus in Erfurt hat keine Beziehung zu der schönen Silhouette dieser Stadt. In einer Beziehung ist das allerdings von Vorteil. Neben dem prachtvollen Umriß des Doms und der Severi-Kirche würde sich die des Hochhauses unendlich dürftig und zugleich brutal zeigen. Dieses Haus hat einfach keinen gestalteten Umriß.

Wer das Gebäude von weitem sieht (siehe Abbildung), kann ein Rätselraten nach seinem Inhalt veranstalten. Was ist das, ein Speicher, eine Mühle, vielleicht auch ein Bürohaus? Den Sitz der Landesregierung wird nie[mand] in ihm zu erkennen vermögen. Eine mit architektonischen Mitteln dargestellte Idee ist nicht vorhanden. Das nennen wir Formalismus. Wir lehnen ihn ab, wir bekämpfen ihn, weil er unseren Ansprüchen an Baukunst nicht genügen kann, weil unsere eigene Tradition uns lehrt, daß unser Volk es einmal besser verstanden hat, Ideen seiner Bauwerke in Form zu bringen. Das heißt keineswegs, daß der historische Stil oder ganze Bauwerke nachgeahmt werden.

Wodurch entsteht nun diese Indifferenz der Erscheinung, diese Ideenlosigkeit eines Bauwerkes? Betrachten wir die Einzelheiten unseres Objektes. Die zwei Seiten des Hauses, die sich zugleich zeigen, sind verschieden gebildet, jede für sich, haben keine

Beziehung zueinander, und sie entstanden aus der schematischen Wiederholung eines Motivs. Auf der einen Seite sind die gleichen sprossenlosen Fenster in gleichen Abständen das einzige Gestaltungsmotiv oder vielmehr keines. Die zwischen den Fenstern laufenden schmalen waagerechten und senkrechten Putzstreifen sind mehr ein graphisches als ein architektonisches Gestaltungsmittel. Auf der anderen Seite wiederholt sich auf der ganzen Front und in allen Geschossen die gleiche zurückgesetzte Balkontür. Es ist nicht anzunehmen, daß alle Räume hinter diesen Balkontüren von gleicher Zweckbestimmung sind und daß viele von ihnen von diesen Balkonen keinen Nutzen haben. Der reiche und differenzierte Inhalt des Gebäudes ist mit einem einzigen Motiv abgetan.

Die immer gültigen Gesetze der architektonischen Gestalt sind Rhythmus und Kontrast. Erreicht werden sie durch Aufteilung großer Körper oder Flächen durch Gliederung. Davon ist hier nichts zu spüren. Der oberste Abschluß des Hauses steht in keiner sinnvollen und ästhetischen Beziehung zu dem übrigen Baukörper. Es ergibt sich also, daß einfach aus dem Mangel an gestalterischer Intensität hier die indifferente Erscheinung des Hauses, die nichts über seinen Inhalt, weder materiell noch ideologisch aussagt, entstanden ist. Das empfindet auch der einfache Mensch, selbst dann, wenn er sich über die Gründe seiner ablehnenden Einstellung keine Rechenschaft zu geben vermag.

Quelle: Neues Deutschland. 24. 1. 1952

18 Kurt Liebknecht: Hohes oder breites Fenster? (20. März 1952)

In der lebendigen öffentlichen Diskussion über die Entwürfe zu den neuen Wohnbauten der Hauptstadt Deutschlands an der Weberwiese und an der Stalinallee, die den ersten Bauabschnitt des Nationalen Aufbauprogramms darstellen, erregte in der letzten Zeit eine Frage allgemeines Interesse, und zwar: Welche Fensterform ist für unsere Wohnhausarchitektur die geeignete, die stehende oder die liegende Rechteckform?

Am 24. Dezember 1951 setzte sich Hans Kühner aus Forst Zinna in einer Zuschrift an das „Neue Deutschland" (Nummer 52) für breite statt hohe Fenster ein. Auch in der „Täglichen Rundschau" befaßte sich Kurt Junghanns mit der gleichen Frage. Ich möchte gleich vorwegnehmen, daß manche Kritiker das breite oder liegende Fenster der größeren Lichtfülle und, wie sie sagen, der größeren Wohnlichkeit wegen für die Wohnräume bevorzugen.

Die Frage, hohes oder breites Fenster, ist keine prinzipielle Frage, sondern muß jeweils am gegebenen Bauwerk unter Berücksichtigung der konkreten Bedingungen entschieden werden. Es ist eine den schöpferischen Methoden der realistischen Architektur widersprechende Anschauung, von Formen auszugehen, welche von vornherein fixiert sind. Nur in *einer* Beziehung nehmen wir einen unumstößlichen prinzipiellen Standpunkt ein, nämlich darin, daß für die Fensterform nicht ausschließlich technische und materielle Gesichtspunkte, sondern auch künstlerische architektonische Gesichtspunkte maßgebend sind, welche beide miteinander verbunden sein müssen.

Für unsere deutsche Architektur spielt aber die Form des Fensters als eines der wichtigsten Architekturelemente unserer Bauten zweifellos eine große Rolle, und es ist notwendig, Klarheit über die Frage der Fensterform zu erlangen.

Wir bauen an der Stalinallee einen neuen Wohnhaustyp, der ein Ausdruck unserer demokratischen Ordnung ist und der entsprechend dem Namen dieser Straße ein Symbol der „Stalinschen Sorge um den Menschen" sein muß. Die Wohnhäuser an der Stalinallee mit ihren sieben bis zehn Stockwerken sind repräsentative Bauten unserer neuen Welt. Sie müssen architektonisch schön sein, sie müssen menschlich und freundlich sein. Die Architektur der Stalinallee, durch die tagein tagaus viele tausend Menschen gehen oder fahren, muß die Freude am Leben erhöhen und damit unseren Kampf für eine bessere Zukunft verstärken.

Für die Architektur der Wohnbauten an der Stalinallee, wie überhaupt für die meisten unserer neuen Bauten, werden aufwärtsstrebende Architekturformen charakteristisch sein. Die Fassadengestaltung großer Wandflächen der neuen Wohnbauten unterliegt einem Ordnungsprinzip, bei dem gerade die Proportion der Fenster in vielen Fällen ausschlaggebend für die Wirkung der Architektur sein wird.

Die besten Traditionen unserer Wohnhausarchitektur in Deutschland und vor allem in Berlin, zu denen man in keinem Falle die Wohnhäuser in Britz oder Reinickendorf aus der Weimarer Zeit zählen kann, hatten das stehende hohe (nicht schmale) Fenster, das in seiner Proportion wohl ausgewogen war und ästhetisch sowohl zur Straße als auch nach innen voll befriedigte. Diese Fenster harmonierten immer ausgezeichnet mit der Gesamtarchitektur des Hauses. Die bürgerlichen Wohnhäuser der Spätgotik oder der Renaissance waren meist ganz schmale Giebelhäuser mit einer großen Raumtiefe, die ein Aufreißen der Fassade in Fensterbänder mit vertikalen Teilungen notwendig machte, um die tiefen Räume mit Tageslicht zu versorgen. Außerdem hatten die Straßen zu jener Zeit so geringe Breiten, daß sich die Häuser gegenseitig völlig verdunkelten. Ich glaube also kaum, daß diese Giebelbauten der Spätgotik oder der Renaissance uns in dieser Frage Anknüpfungspunkte geben.

Das liegende oder breite Fenster, eine Überdimensionierung der Fensterflächen durch Auflösen der gesamten Außenwand in Glas, wie es in unseren schlechtesten jüngeren Traditionen im verfallenden Kapitalismus üblich war und von dem ich schon sprach, kommt aus dem Industriebau, in dem bei großen Gebäudetiefen und damit tiefen Räumen auch für die vom Fenster entferntest liegenden Arbeitsplätze noch ausreichende Belichtung vorhanden sein mußte. Das Nachahmen der Fenster der Industriebauten, Fabrikhallen oder Werkstätten hat bei der Architektur der Wohnbauten dazu geführt, daß Formenelemente übernommen wurden, die dem Charakter des Wohnungsbaus, der sich wesentlich von dem des Industriebaus unterscheidet, nicht entsprechen.

[...]

Damit ist erwiesen, daß aus künstlerischen und hygienischen Gründen ganz allgemein das stehende Rechteckfenster den Normaltyp für unseren Wohnungsbau darstellt. Natürlich ist damit nicht gesagt, daß nicht auch das breite vertikal aufgeteilte Fenster bei Erkern oder Loggien Anwendung finden kann und daß es für uns als architektonisch künstlerisches Element in dem gleichmäßigen Rhythmus der Fassaden keine Bedeutung besitzt. Aber wir werden nicht mehr zu den breiten liegenden Fenstern als Normaltyp zurückkehren, der unserer schlechtesten Architekturepoche angehört, unseren besten Traditionen im Wohnungsbau zuwiderläuft und das Schönheitsempfinden des deutschen Volkes verletzt. Dieses Schönheitsempfinden gehört mit zu der nationalen Eigenart unseres Volkes und muß respektiert werden.

Quelle: Neues Deutschland. 20. 3. 1952

19 Kurt Liebknecht: „Jetzt schließe ich mit den Architekten Freundschaft" (April 1953)

[...]
Kurz vor dem III. Parteitag der Sozialistischen Einheitspartei Deutschlands hatte ich den Auftrag, Genossen Ulbricht einen Bericht über einige architektonische und städtebauliche Fragen zu geben. Mit welcher Klarheit sah er die Schwerpunkte in der Planung eines neuen Berlins und wie verstand er es, seine Vorschläge für den Aufbau des Zentrums und der zentralen Achse Berlins bis in alle Einzelheiten zu begründen! Wie kleinbürgerlich und arm waren die Arbeiten einer Gruppe von Städteplanern, die aus Berlin eine Gartenstadt mit ein- und zweigeschossigen Häuschen machen wollten, gegenüber diesen kühnen Ideen. Genosse Walter Ulbricht wandte sich auch scharf gegen die neuen Wohnbauten, die Lungenheilanstalten, wie er sie nannte, an der Stalinallee, die er als undeutsch und unkünstlerisch brandmarkte. Diese Unterredung beeindruckte mich durch die Gründlichkeit, mit der Genosse Walter Ulbricht an die Probleme heranging, und durch seine Kenntnis, insbesondere auch in fachlichen Fragen. Mir wurde bewußt, wie vielseitig Genosse Walter Ulbricht ist und wie wissenschaftlich er an die Fragen des Aufbaus unserer Heimat herangeht. Das Ergebnis der umfassenden Arbeit Walter Ulbrichts war das bedeutende Referat des Initiators des Fünfjahrplans auf dem III. Parteitag, das auch für uns Architekten durch wichtige Hinweise eine neue Epoche unseres Schaffens einleitete. Darin heißt es: „Wir sind überzeugt, daß es unseren Baumeistern gelingen wird, in Berlin und in den Großstädten der Republik in monumentalen Bauten die Kraft und die Stärke des Aufbauwillens und der großen Zukunft Deutschlands zum Ausdruck zu bringen. Ein Volk, das solche gewaltige Aufgaben wie den Fünfjahrplan in Angriff nimmt, wird auch Baumeister hervorbringen, die imstande sind, in der Gestaltung der Städte diese grandiosen Ideen zum Ausdruck zu bringen."

Genosse Walter Ulbricht gab auch die grundlegenden Richtlinien für den Wiederaufbau Berlins, der Hauptstadt Deutschlands. Und seitdem scheut Genosse Walter Ulbricht weder Mühe noch Zeit, mit den Architekten zu diskutieren und ihnen bei der Entwicklung einer deutschen Architektur weiterzuhelfen, sie für das Studium unserer wertvollen nationalen Bautraditionen zu gewinnen, sie im Kampf gegen den Kosmopolitismus zu erziehen, im Kampf „gegen die amerikanischen Kästen und den hitlerschen Kasernenstil". So handelt ein marxistischer Politiker, der genau weiß, zu welchem Zeitpunkt der Kampf um Demokratie und Frieden mit aller Kraft auf die kulturelle Ebene ausgedehnt werden muß, um hier dem neuen Bewußtsein zum Durchbruch zu verhelfen. Aus der Erkenntnis heraus, daß die Architektur der Städte und ihrer Bauten ein wichtiger Faktor in der Bewußtseinsbildung unserer Menschen ist, setzte sich Walter Ulbricht für eine ihrem Inhalt nach demokratische und ihrer

Form nach nationale Baukunst ein. Genosse Walter Ulbricht führte seine Diskussion mit uns mit aller Schärfe und Parteilichkeit. Er duldet keine Kompromisse.

[...]

Historische Bedeutung hatte im Jahre 1951 für uns Architekten die Aussprache im Politbüro unserer Partei über den ersten Entwurf eines Teilabschnitts der Stalinallee. Die ersten Entwürfe der vielgeschossigen Wohnbauten riefen mit ihren einförmigen Massen, ihren formalistischen Details und ihrer tristen Farbgebung das größte Mißfallen der Genossen des Politbüros hervor. Genosse Ulbricht forderte von den Genossen Architekten, endgültig mit ihren grundfalschen Auffassungen zu brechen und zu einer folgerichtigen Anwendung der Prinzipien einer realistischen Architektur auf der Grundlage der sowjetischen Architektur überzugehen. Auf dem Tisch lag das Buch „Dreißig Jahre sowjetische Architektur", an Hand dessen uns Genosse Walter Ulbricht an einigen Beispielen seinen Standpunkt erläuterte. Als ich den Einwand machte, daß die sowjetischen Architekten, wie das Buch zeigt, auch eine lange, von vielen Widersprüchen begleitete Entwicklung durchmachen mußten, antwortete mir Genosse Ulbricht, daß wir nicht das Recht haben, das Buch von vorn anzufangen, sondern daß wir von den letzten Seiten ausgehen müssen, die den heutigen Stand der sowjetischen Architektur zeigen. Wir hätten die Pflicht, die Errungenschaften der sowjetischen Architekten bei der Schaffung unserer nationalen Architektur auszuwerten, denn wir könnten es uns nicht leisten, noch einmal von vorn anzufangen.

Diese Aussprache im Zentralkomitee, der sich dann noch Aussprachen mit einer kleineren Kommission von führenden Genossen anschlossen, war für eine ganze Anzahl von Architekten der Wendepunkt in ihrer schöpferischen Tätigkeit. Ich konnte die inneren Kämpfe unserer Genossen Professor Henselmann und Professor Hopp beobachten, bis sie durchaus von den Hinweisen der Partei und des Genossen Walter Ulbricht überzeugt waren und sich nun bemühten, diese auf ihr Schaffen zu übertragen. In dem Kampf gegen den kosmopolitischen Baustil amerikanischer Prägung wurden bei einem internen Wettbewerb für die Wohnbauten an der Weberwiese und später bei den Entwürfen einer Reihe von Architekten für das Nationale Aufbauprogramm 1952 an der Stalinallee, das einen Teil des großen Programms der Umgestaltung Berlins darstellt, die ersten Erfolge erzielt. Hier galt es, nicht mehr ein einzelnes Haus, sondern einen bedeutenden Straßenzug zu gestalten. Das Kollektiv von sechs Architekten, das in zäher Arbeit ständig seine Entwürfe verbessert hatte, durfte das Resultat seines Schaffens dem Politbüro vorlegen. Nach eingehender Aussprache, wobei jeder Autor seinen Entwurf erläutert hatte, äußerte sich Genosse Walter Ulbricht: „So, jetzt schließe ich mit den Architekten Freundschaft." Diese Worte bedeuteten viel, sehr viel bei einem Menschen, der nie ein überflüssiges Wort sagt und dem es nur darum zu tun war, die Architekten auf den richtigen Weg zu führen.

[...]

Der sozialistische Politiker und Staatsmann Walter Ulbricht hat uns Architekten ein glänzendes Beispiel der marxistischen Erkenntnis von der Einheit von Theorie und Praxis gegeben. Er hat uns ideologisch den richtigen Weg gewiesen, indem er uns immer auf die theoretischen Schwerpunktaufgaben aufmerksam machte. Aber das geschah jedesmal in Verbindung mit unseren praktischen Aufgaben des Tages. Wir sind unserem Genossen Walter Ulbricht großen Dank schuldig für seine unermüdliche Hilfe, die er uns im Interesse des Aufbaus unserer Heimat neben all seiner verantwortungsvollen politischen Arbeit zuteil werden ließ. Als Zeichen dieser Dankbarkeit und als Anerkennung seiner wissenschaftlichen Tätigkeit im Interesse der Entwicklung einer deutschen Architektur schlug das Plenum der Deutschen Bauakademie Genossen Walter Ulbricht zum Ehrenmitglied der Deutschen Bauakademie vor. In einem feierlichen Staatsakt wurde Genosse Ulbricht von dem Präsidenten der Deutschen Demokratischen Republik, unserem hochverehrten Genossen Wilhelm Pieck, zum Ehrenmitglied der Deutschen Bauakademie berufen. Damit wurde ein Mann ausgezeichnet, der wie kaum ein anderer die Baukunst gefördert hat. Die Freundschaftsbande, die die fortschrittlichen Architekten mit dem Genossen Walter Ulbricht verbinden, wurden damit noch fester geknüpft.

Quelle: Deutsche Architektur. 2. 1953, S. 156–158

20 Nikita Chruschtschow:
Besser, billiger und schneller bauen
Rede auf der Unionskonferenz der Baufachleute der UdSSR in Moskau (7. Dezember 1954)

[...]
Genossen! Der Erfolg der Industrialisierung, die Verbesserung der Qualität und die Senkung der Baukosten im Bauwesen hängen in erheblichem Maße von den Entwurfsbüros, von der Arbeit der Architekten und Konstrukteure ab.

Bei unserem umfangreichen Bau von Industriebetrieben, Wohnhäusern, Schulen, Krankenhäusern sowie kulturellen und sozialen Einrichtungen dürfen wir kein Zurückbleiben der Projektierung dulden. Unser ganzes Land stellt einen einzigen Bauplatz dar. Jedes Jahr stellt der Sowjetstaat viele Milliarden Rubel für Neubauten zur Verfügung; bei uns ist buchstäblich jeder daran interessiert, daß gut gebaut wird. Wir können nicht dulden, daß der Bauablauf häufig wegen der langsamen Arbeit der Entwurfsbüros verzögert wird und daß bisweilen an einem einfachen Gebäude zwei Jahre lang und länger herumprojektiert wird.

Die Industrialisierung des Bauwesens erfordert, daß die Arbeitsweise der Entwurfsbüros so geändert wird, daß sie in der Hauptsache Typenentwürfe anfertigen bzw. die bereits vorhandenen Typenentwürfe anwenden. Die weitgehende Anwendung von Details, zusammensetzbaren Bauelementen und Konstruktionen aus Stahlbeton, von Großblöcken, Großformatblöcken sowie von hochwertigen Baumaterialien stellt das Neue in der Bautechnik dar, was entschieden eine Loslösung von den veralteten Projektierungsmethoden erforderlich macht.

[...]
In unserer Bautätigkeit kommt es oft vor, daß Mittel verschwendet werden. Das liegt zum großen Teil an den Architekten, die eine übermäßige architektonische Ausstattung der nach individuellen Entwürfen errichteten Gebäude bevorzugen.

Solche Architekten sind zum Stein des Anstoßes auf dem Wege der Industrialisierung des Bauwesens geworden. Um erfolgreich und schnell zu bauen, muß das Bauen nach Typenentwürfen vor sich gehen. Aber anscheinend paßt das einigen Architekten nicht.

Das Referat des Genossen Mordwinow und die Ausführungen einiger Architekten auf dieser Konferenz haben gezeigt, daß sie die Fragen der Wirtschaftlichkeit im Bauwesen umgehen und sich nicht für die Kosten eines Quadratmeters Wohnfläche interessieren.

Es ist notwendig, daß sich die Architekten sowie sämtliche Bauschaffenden auf das gründlichste den Fragen der Wirtschaftlichkeit im Bauwesen zuwenden und sich eingehend mit ihnen auseinandersetzen. Man muß immer daran denken, daß die Kosten des zu errichtenden Gebäudes, die Kosten eines Quadratmeters Fläche mit zu den wichtigsten Gesichtspunkten gehören.

Der Architekt muß, wenn er mit dem Leben Schritt halten will, nicht nur architektonische Formen, Ornamente und verschiedene dekorative Elemente beherrschen und anzuwenden verstehen, sondern er muß auch neuzeitliche Baumaterialien, Stahlbetonkonstruktionen und Details kennen und sich vor allem in Fragen der Wirtschaftlichkeit im Bauwesen gut zurechtfinden. Der Genosse Mordwinow und viele seiner Kollegen sind auf der Tagung gerade deshalb kritisiert worden, weil sie bei der Projektierung von Häusern die Hauptsache – die Kosten eines Quadratmeters Fläche – vergaßen und sich einer unnötigen Verziererei der Fassaden hingaben und letztere mit überflüssigem Dekor versahen.

Die Fassaden von Wohnhäusern werden bisweilen mit vielen unnötigen Verzierungen überladen, was davon zeugt, daß es einigen Architekten an Geschmack mangelt. Für die Bauarbeiter ist es sogar in manchen Fällen schwer, diese Verzierungen anzubringen.

Großen Einfluß hatte in dieser Beziehung der Bau von Hochhäusern. Die Architekten interessierten sich bei der Projektierung von Hochhäusern hauptsächlich für die Silhouette des Hauses, ohne dabei an seine Bau- und Unterhaltungskosten zu denken. [...]

Einzelne Architekten, die für die Notwendigkeit des Kampfes gegen den Konstruktivismus eintreten, verfallen in ein anderes Extrem. Sie verzieren die Gebäudefassaden mit überflüssigen und manchmal ganz unnötigen dekorativen Elementen, die eine Vergeudung staatlicher Mittel zur Folge haben.

Gebäude, die keine Türme, Aufbauten oder Portici mit Säulen aufweisen, oder Fassaden, die nicht mit billigen Dekorationsmitteln verziert sind, werden als Kästen bezeichnet und gelten als Rückfall in den Konstruktivismus. Solche Architekten kann man wohl eher als Konstruktivisten bezeichnen, da sie „in Loslösung vom Inhalt zur ästhetischen Begeisterung an der Form" neigen.

Man darf sich nicht mehr länger mit der Tatsache abfinden, daß viele Architekten unter dem Deckmantel von Phrasen über den Kampf gegen den Konstruktivismus und über den sozialistischen Realismus in der Architektur Mittel des Volkes in unwirtschaftlicher Weise verbrauchen.

Der Kampf gegen den Konstruktivismus soll mit vernünftigen Mitteln geführt werden. Man darf sich nicht für architektonische Dekorationen und ästhetische Verzierungen begeistern und völlig unbegründet auf Gebäude Türme aufsetzen bzw. Skulpturen aufstellen. Wir sind nicht gegen Schönheit, jedoch gegen alle Arten von Überflüssigkeiten. Die Fassaden sollen ein schönes und ansprechendes Gesicht haben. Dies soll jedoch durch gute Proportionen der Fenster- und Türöffnungen, durch geschickt verteilte Balkons, durch eine richtige Wahl der Oberflächenbehandlung und Farbe des Verkleidungsmaterials und dadurch erreicht werden, daß die Wanddetails und

Konstruktionen der Großblock- und Großbauplattenhäuser ein wahrheitsgetreues Gepräge erhalten.
[...]

Quelle: N. S. Chruschtschow: Besser, billiger und schneller bauen. Berlin (Ost) 1955, S. 19, 22 f. und 28 f.

21 Fragen der deutschen Architektur
Stellungnahme des Präsidiums der Deutschen Bauakademie
(9. Juni 1955)

I.

In den letzten Monaten ist von verschiedenen Seiten an der städtebaulichen und architektonischen Gestaltung der Bauten, die in den vergangenen drei Jahren in der Deutschen Demokratischen Republik errichtet wurden, Kritik geübt worden. Soweit diese Kritik von den Errungenschaften der deutschen Architektur ausgeht, Fehler und Schwächen aufdeckt und damit den Weg für die Weiterentwicklung frei macht, ist sie wertvoll und bedarf sorgfältiger Auswertung. Es gab jedoch auch kritische Urteile, die unsere Architekturentwicklung auf einen falschen Weg zu drängen drohten, und die wir deshalb nicht anerkennen können. So wurde die richtige Kritik an der vielfach ungenügenden künstlerischen Beherrschung der Fassadengestaltung und der noch tastenden Weiterentwicklung der nationalen Architekturtraditionen zu der Behauptung überspitzt, daß unsere Bauwerke einen Rückfall in den Eklektizismus des 19. Jahrhunderts darstellen. Die Forderung, billiger zu bauen, führte zum Vorwurf, daß die Wohnbauten an den zentralen Plätzen und Magistralen unserer Großstädte generell zu aufwendig und anspruchsvoll wären und unseren materiellen Lebensverhältnissen nicht entsprechen würden. Bei der Diskussion über die Frage der nationalen Form wurden die Neubauten in der DDR als bloße Nachahmung ähnlicher sowjetischer Bauten bezeichnet. Man zog aus einzelnen Schwächen und Mängeln, die unseren Bauwerken noch anhaften, schließlich den Schluß, daß der Weg, den wir in der DDR seit der Erbauung der Berliner Stalinallee beschritten haben, ein falscher Weg sei, daß er der historischen Entwicklung zuwiderlaufe, und daß es an der Zeit sei, ihn grundsätzlich zu korrigieren.

Demgegenüber sind wir der Meinung, daß die großen Bauten an den zentralen Plätzen und Straßen unserer Aufbaustädte und in unseren Industrieschwerpunkten eine neue, historisch notwendige und fortschrittliche Entwicklungsetappe der deutschen Architektur darstellen.

Wie in der Geschichte bisher die Entstehung neuer Gesellschaftsordnungen stets zur Herausbildung neuer Architekturauffassungen geführt hat, so entwickelt sich auch aus dem Übergang zum Sozialismus in harten Auseinandersetzungen mit den überlebten Anschauungen eine entsprechende Theorie des Städtebaus und der Architektur.

Die neue Theorie des sozialistischen Realismus hat die Bedeutung der großen gesellschaftlichen Leitideen für die künstlerische Gestaltung und den gesetzmäßigen

Zusammenhang zwischen dem gesellschaftlichen Inhalt und der Volkstümlichkeit der Form unseren Architekten wieder bewußt gemacht. Auf dieser Grundlage war es möglich, den Formalismus und besonders die Einseitigkeit des Funktionalismus und des Konstruktivismus zu überwinden sowie die große gesellschaftliche Bedeutung der Architektur und des Städtebaues wiederherzustellen. Die neue Theorie hat uns eine feste Grundlage gegeben, um die Weiterentwicklung der klassischen und nationalen Bautraditionen erneut in Angriff zu nehmen, nachdem die besten Architekten sich im Kapitalismus darum vergeblich bemüht haben. Sie hat uns schließlich die Erkenntnis der untrennbaren Einheit von Städtebau und Architektur vermittelt und damit die Anwendung neuer künstlerischer Gestaltungsprinzipien auf die Planung größerer städtebaulicher Ensembles und ganzer Städte ermöglicht.

Nur von diesen grundsätzlichen theoretischen Erkenntnissen und ihrer tiefen gesellschaftlichen Bedeutung aus kann man die Entwicklung der Architektur in der DDR während der letzten Jahre verstehen und bewerten; denn aus ihnen erklärt es sich, daß bei uns Bauten geschaffen wurden, die sich nicht lediglich auf die Darstellung der funktionellen Beziehungen und konstruktiven Mittel beschränken. Aus diesen Voraussetzungen erklärt es sich ferner, daß die Bauten in der Stalinallee, in Dresden, Leipzig, Rostock, Dessau und in anderen Städten die nationalen Traditionen fortführen, die in diesen Städten lebendig sind; und schließlich erklärt es sich auch hieraus, daß städtebauliche Aufgaben in einer neuen Weise gelöst werden konnten, wie sie in den zentralen Plätzen, den Magistralen, geschlossenen Ensembles und sogar einer völlig neuen Stadt zum Ausdruck kommt.

Deshalb finden unsere besten Bauten bei der Bevölkerung Zustimmung und Anerkennung; denn in ihrem Wesen entsprechen sie sowohl den materiellen wie den kulturellen Interessen der werktätigen Menschen. Die Entwicklung unserer Architektur und unseres Städtebaues von den funktionalistischen Laubenganghäusern in der Stalinallee bis zu den Gebäuden am Bersarinplatz, von der Grunaer Straße in Dresden bis zum Altmarkt, von den Wohnbauten aus dem Jahre 1950 in Rostock bis zur Straße des Nationalen Aufbauwerkes, von den Bauten an der Straße der III. Weltfestspiele in Leipzig bis zu den Bauten am Roßplatz zeigt eindeutig die erzielten Fortschritte. Sie beweisen die prinzipielle Richtigkeit unseres Weges; denn es ist unmöglich, einen falschen Weg zu beschreiten und gleichzeitig solche in die Augen springenden Erfolge in wenigen Jahren zu erreichen.

II.
In den letzten Monaten entstand unter den Architekten der Deutschen Demokratischen Republik und auch unter den Mitarbeitern der Deutschen Bauakademie eine Diskussion über die Frage, ob unsere Fehler und Mängel in der städtebaulichen und architektonischen Entwicklung der letzten Jahre lediglich als Oberflächenerscheinungen zu bewerten sind oder ob wir Fehler begangen haben, die tiefer gehen, so daß wir von einer Verletzung von Prinzipien des sozialistischen Realismus sprechen müssen. Die Diskussion entbrannte vor allem über die Bedeutung der Rede des Ersten Sekretärs der KPdSU, N. S. Chrustschow, auf der Unions-Baukonferenz in Moskau. Auf der Deutschen Baukonferenz wie auch auf der vorangegangenen X. Plenartagung der Deutschen Bauakademie war klar zum Ausdruck gekommen, daß die Kritik, die Genosse Chrustschow an der Arbeit der sowjetischen Architekten geübt hat, von allgemeiner und prinzipieller Bedeutung ist. Einige Mitarbeiter der Deutschen Bauakademie vertraten die Auffassung, daß sich dies lediglich auf die Schlußfolgerungen

bezieht, die sich aus der Industrialisierung des Bauwesens ergeben und die sich in der Vernachlässigung der Wirtschaftlichkeit, in der Rückständigkeit der städtebaulichen Planungsarbeit, in den Mängeln des ländlichen Bauwesens und der Industriearchitektur und schließlich in der Unterschätzung der Typenprojektierung äußerten. Der grundsätzliche Charakter der Kritik Chrustschows erstreckt sich jedoch auch auf die wesentlichen Fragen der architektonischen Gestaltung. Dieser prinzipielle Charakter beruht auf der Richtigstellung des Verhältnisses zwischen der materiellen und der ideellen Seite der Architektur; vor allem auch in dieser Hinsicht hat die Rede Chrustschows volle Gültigkeit für die deutschen Architekten. Der Hauptfehler auch in unserer Entwicklung besteht in einer Überbetonung der ideellen Seite der Architektur gegenüber der materiellen Seite. Bei uns äußert sich dieser grundsätzliche Fehler zwar nicht in einer so auffälligen Weise durch dekorative Überladenheit und überflüssigen Schmuck – obwohl auch solche Fehler bei uns aufgetreten sind –, nichtsdestoweniger entspringen aber auch unsere Fehler derselben Ursache. Auch bei uns muß man davon sprechen, daß die ökonomischen, funktionellen und technisch-konstruktiven Aufgaben der Architektur vielfach in unzulässiger Weise ihren künstlerischen Aufgaben untergeordnet wurden.
[...]
III.
[...]
Die gefährlichste Auswirkung der Verletzung von Prinzipien des sozialistischen Realismus besteht darin, daß wir dadurch dem Funktionalismus und Konstruktivismus die Tore öffnen. Gerade in der letzten Zeit machten sich durch eine falsche Auslegung der Chrustschow-Rede, die durch die unzulängliche Selbstkritik in den Fragen der Architektur in unseren eigenen Reihen begünstigt wurde, Bestrebungen bemerkbar, die die Wiederherstellung der konstruktivistischen und funktionalistischen Architektur bezwecken. In Diskussionen, die kürzlich im Kulturbund in Berlin stattfanden, wurden Auffassungen vertreten, die auf eine Liquidierung unserer Errungenschaften der Architektur hinauslaufen. Diese Tatsachen beweisen, daß es eine der wichtigsten Aufgaben, insbesondere der Deutschen Bauakademie und des Bundes Deutscher Architekten ist, den Meinungsstreit über die Fragen, die durch die Industrialisierung des Bauwesens für die Architektur aufgeworfen wurden, einen wissenschaftlichen Charakter zu verleihen und sie in breitem Maße unter Teilnahme der Werktätigen zu organisieren.
[...]

Quelle: Deutsche Architektur. 4. 1955, S. 378 f.

Namensregister

Ackermann, Anton 19
Ackermann, Manfred 72
Andreas-Friedrich, Ruth 23

Barlach, Ernst 53, 55
Bartning, Otto 28
Becher, Johannes R. 19, 21
Beyme, Klaus von 57
Bolz, Lothar 40, 41, 42, 43, 56, 57, 61
Bonatz, Karl 38
Brecht, Bertolt 52
Breuer, Marcel 15
Bunin, Andrej W. 44

Chagall, Marc 37
Chruschtschow, Nikita S. 69, 70
Clemen, Paul 29
Collein, Edmund 43, 57, 64
Cremer, Fritz 55

De Fusco, Renato 10
Dessau, Paul 52
Dirks, Walter 28, 65
Dymschitz, Alexander 37

Ebert, Friedrich 47, 61
Ehrenburg, Ilja 71
Eisler, Hanns 52

Fischer, Alexander 19
Frampton, Kenneth 15
Friedrich II., der Große 48, 49
Friedrich, Walter 46

Gall, Ernst 47
Ginzuburg, Moisej 15
Girnus, Wilhelm 51, 55, 62
Goethe, Johann Wolfgang von 30, 31

Gorki, Maxim 52
Gottschall, Walter 75
Gropius, Walter 15, 32, 33, 56, 57
Grotewohl, Otto 61, 62
Grundig, Hans 52
Grundig, Lea 52

Haesler, Otto 39
Hamann, Richard 46
Harich, Wolfgang 54, 55
Häring, Hugo 23
Hartmann, Egon 62
Hassenpflug, Gustav 32
Heckmann, Hermann 67
Hempel, Eberhard 30
Henselmann, Hermann 24, 25, 26, 27, 31, 32, 34, 48, 55, 57, 58, 59, 60, 61, 62, 67, 68
Herrnstadt, Rudolf 55
Hesse, Fritz 32
Hitler, Adolf 26
Hofer, Karl 31, 37, 38
Hoffmann, Ernst 67
Hoffmann, Hubert 31, 32, 33, 36
Hopp, Hanns 42, 62

Jäger, Manfred 12, 20, 39, 67
Junghanns, Kurt 35

Kant, Hermann 58
Kantorowicz, Alfred 58, 61
Knobelsdorff, Georg Wenzeslaus von 48, 50, 63
Kollwitz, Käthe 50
Korn, Arthur 15
Kuhirt, Ullrich 60
Kühne, Günther 33, 36
Kultermann, Udo 16
Küttner, Ludwig 26, 27, 35, 36

Lampugnani, Vittorio Magnago 17
Lane, Barbara Miller 13
Le Corbusier 29, 36, 71
Lenin, Wladimir I. 68
Lenz, Robert 37
Leucht, Kurt W. 62
Liebknecht, Karl 57
Liebknecht Kurt 42, 43, 52, 53, 57, 63, 70, 71
Luckhardt, Hans 39
Luckhardt, Wassili 39
Lunatscharski, Anatoli W. 15

Mächler, Martin 26
Machule, Dittmar 56, 76
Mäckler, Hermann 65
Magritz, Kurt 55, 64, 65
Maron, Karl 24
May, Ernst 15, 39
Meyer, Hannes 14, 15, 57
Michailow, Boris P. 44
Mies van der Rohe, Ludwig 15, 36, 57
Minerwin, G. 68
Moholy-Nagy, László 32

Nerlinger, Oskar 31

Orlow, N. 50, 51, 52

Paulick, Richard 48, 49, 57, 60, 62
Pechstein, Max 31
Perényi, Imre 35
Petsch, Joachim 13, 16

Picasso, Pablo 37
Poelzig, Hans 57

Renn, Ludwig 53, 54, 55
Ruf, Sep 64

Scharfe, Siegfried 33
Scharoun, Hans 26, 28, 38, 39
Schinkel, Karl Friedrich 26, 52, 63
Schlenker, Wolfram 12, 45, 50
Schlüter, Andreas 63, 65
Schwarzbach, Toni 30
Souradny, Karl 62
Speer, Albert 30
Stalin, Jossif W. 15, 20, 45, 65, 66, 68, 69
Staritz, Dietrich 63
Stephan, Alexander 19
Stimmann, Hans 56, 76
Strauß, Gerhard 29, 30, 46, 47, 49
Streisand, Joachim 12
Stroux, Johannes 46

Taut, Bruno 13, 15
Taut, Max 24, 27, 28, 31, 39
Tessenow, Heinrich 39

Ulbricht, Walter 42, 45, 48, 51, 57, 58, 59, 61, 63, 70

Wangenheim, Inge von 34, 35
Wright, Frank Lloyd 36
Wüsten, Ernst 32

Thomas Topfstedt
Nachbetrachtungen

Eine fundierte umfassende Darstellung der Geschichte der DDR-Architektur der 1950er Jahre unter Einschluß der Nachkriegszeit gibt es noch nicht. Sie konnte nicht geschrieben werden, weil die ohnehin schwach entwickelte Baugeschichtsforschung in der DDR, soweit sie sich überhaupt mit jenem Zeitraum befaßte, auf eine möglichst problementsorgte Darstellung der Erfolge sozialistischer Baupolitik fixiert war und wenig Neigung bestand, den Blick voraussetzungslos oder gar kritisch in die eigene Vergangenheit zu lenken. So ist die Baugeschichte der DDR auf weite Strecken noch immer eine *terra incognita*, im Hinblick auf das Material mehr oder weniger unerschlossen und in ihren hochinteressanten, wenn auch sehr vermittelten Bezügen zur deutschen bzw. internationalen Architekturentwicklung der ersten Hälfte des 20. Jahrhunderts so gut wie noch gar nicht erkannt.

Um so verdienstvoller und wichtiger ist die Arbeit von Schätzke, mit der erstmals eine Auswahl von Beiträgen zur Architekturdiskussion in der Sowjetischen Besatzungszone resp. der Deutschen Demokratischen Republik 1945–1955 veröffentlicht und kommentiert wird. Sie erhellt vor allem das politische und ideologische Umfeld, in dem Architekten und Städtebauer agieren mußten. Zugleich werden die hochgespannt utopischen Erwartungen deutlich, die seitens der SED und des DDR-Staates an die Entwicklung einer genuin sozialistischen deutschen Baukunst im Zeichen der nationalen Bautraditionen und in sturer Fronstellung gegen die als bürgerlich-reaktionär verketzerte Architektur der Moderne gehegt wurden. Die Architekturdiskussion, die während der ersten Nachkriegsjahre auch in der Sowjetischen Besatzungszone ein Forum des offen und kontrovers ausgetragenen Meinungsaustausches zwischen Architekten und Städtebauern unterschiedlicher Richtungen war, ging im Verlauf des Jahres 1950 merklich zurück und wurde in der unseligen Formalismus-Kampagne des darauf folgenden Jahres vollends erstickt. Den Ton gaben nun die Funktionäre und Politiker an. Soweit sich schaffende Architekten zu Wort meldeten, hatten sie die vorgezeichneten ideologischen Raster lediglich auszufachen. Ihre in der Zeitschrift *Deutsche Architektur* (1. Jahrgang 1952), in zahlreichen Propagandabroschüren und in der Tagespresse veröffentlichten Beiträge dienten vornehmlich zwei Zwecken: der Bekräftigung der staatlich sanktionierten Architektur- und Städtebauleitbilder und der Vorstellung ihrer Arbeiten als Musterbeispielen für die „schöpferische" Umsetzung der baukünstlerischen Doktrinen.

Man muß die politisch-administrativen Voraussetzungen dieser Entwicklung kennen, um den im Vergleich zur Bundesrepublik Deutschland völlig anderen Kontext zu verstehen, in den sich die Arbeit der Architekten einzufügen hatte. Noch 1949, unmittelbar nach Gründung der DDR, entstanden die ersten volkseigenen Entwurfsbetriebe. Die unter der Leitung des Instituts für Städtebau und Hochbau des Ministeriums für Aufbau arbeitenden Einrichtungen waren angeblich geschaffen worden, um die Projektierungskosten der Großbauvorhaben verringern zu können und um zu gewährleisten, daß „der Architekt mit dem Statiker, den Ingenieuren der Haustechnik, den Bauwirtschaftlern und anderen Fachleuten zusammen mit den notwendigen Technikern und Zeichnern sich in einem ständigen schöpferischen Kontakt befinden und alle diese beim Entwurf Beschäftigten von einem auf das kleinste notwendige Maß gehaltenen Verwaltungsapparat unterstützt werden"[1] Ein flächendeckendes Netz solcher Büros war rasch installiert; hinzu kamen entsprechende Sonderbaustäbe und später die Projektierungseinrichtungen der Wohnungsbaukombinate. Die Stadt-, Kreis- und Bezirksbauämter wurden unter eine ebenso straffe staatliche Kontrolle gestellt. Zumindest in den ersten Jahren wurde streng darüber gewacht, daß nicht nur die Auflagen der Volkswirtschaftspläne, sondern auch die gestalterischen Normen einer sozialistischen Baukunst strikt befolgt wurden.

Eine solche „Architekturkontrolle" insbesondere der zentralen Bauvorhaben in den Aufbaustädten war eine wichtige Aufgabe der Deutschen Bauakademie, die am 8. Dezember 1951 in Ostberlin gegründet wurde.[2] Als wissenschaftliche Leitinstitution des DDR-Bauwesens war sie für die Ausarbeitung der Architektur- und Städtebaurichtlinien zuständig. Unter der Leitung ihres ersten Präsidenten Kurt Liebknecht wurde sie zur ideologischen Kommandozentrale im Kampf gegen den sogenannten „Formalismus in der Architektur".[3]

Am 31. Oktober 1952 wurde auch in der DDR der Bund Deutscher Architekten (BDA) aufs neue gegründet. Sein erster Präsident war Hanns Hopp. Daß es sich bei diesem Verband um keine unabhängige berufsständische Interessenvertretung handelte, wurde alsbald und unmißverständlich klargestellt: „Im BDA der Deutschen Demokratischen Republik ist nicht der BDA aus der Zeit vor 1945 wieder auferstanden. Entsprechend unseren neuen gesellschaftlichen Verhältnissen ist auch der Charakter des BDA ein vollkommen anderer. Die Architekten schließen sich in einem Bund zusammen, um gemeinsam mit der Arbeiterklasse, den werktätigen Bauern und allen anderen Geistesschaffenden die Grundlagen des Sozialismus zu schaffen. Der BDA ist keine Standesvertretung und kein Organ, dem die Lenkung der Aufträge an die Architekten obliegt. Er ist ein Verband, der um die Lösung der großen nationalen Lebensfragen unseres Volkes und für die Entwicklung der deutschen Baukunst sozialistischen Inhalts und nationaler Formensprache kämpft. [...] Die Aufgaben: 1. Verstärkung des Kampfes der Architektur für den Frieden, die Einheit Deutschlands auf demokratischer Grundlage und den Aufbau des Sozialismus. 2. Entfaltung der Kräfte der Architekten für die Erfüllung der Investitionspläne und die Verbesserung der Projektierungsarbeiten. 3. Entwicklung der deutschen Architektur sozialistischen Inhalts und nationaler Form im unversöhnlichen Kampf gegen den Formalismus, der ein Ausdruck der Ideenlosigkeit der untergehenden kapitalistischen Gesellschaft ist und die Architektur als Kunst zerstört. 4. Vertiefung des Studiums der sowjetischen Architektur-Wissenschaft und Aneignung der Erfahrungen aus dem sozialistischen Aufbau der UdSSR. 5. Anwendung und Entwicklung der Neuerer-Methoden in den volkseigenen Projektierungsinstituten und die Förderung der Neuerer-Methoden der Aktivisten und Bestarbeiter auf den Baustellen. 6. Organisierung der Qualifizierung aller Architekten, Förderung des Nachwuchses an den Hoch- und Fachschulen und aus den Reihen der Bauarbeiter und Aktivisten."[4]

Die Mitgliedschaft im BDA, der sein Organisationszentrum in Berlin hatte, seine praktische Tätigkeit aber eher auf Bezirksebene entfaltete, war ein ungeschriebenes Gesetzt für alle Architekten. Sie wurden, ähnlich wie die Schriftsteller, Musikschaffenden und bildenden Künstler, in einer eigenen Organisation zusammengefaßt (und unter Kuratel gestellt), übten aber ihren Beruf nicht mehr „freischaffend" aus, sondern waren allesamt Angestellte. Daß sich unter solchen Bedingungen kaum ein stärkeres Kritik-Potential entwickeln und auf Dauer halten konnte, liegt auf der Hand. Die tiefe mentale Schädigung, welche die Architekten in der DDR fast bis zur Selbstaufgabe ihrer beruflichen Identität hinzunehmen hatten, sind auf jene Strukturen zurückzuführen, die in den frühen fünfziger Jahren herausgebildet wurden und bis zum Herbst 1989 bestanden.

Durch die rigide Ausschaltung jeglicher Opposition und Konkurrenz bildete sich in der Architektenschaft der DDR sehr schnell ein innerer Zirkel heraus, der unmittelbaren Zugang zur Führungsspitze der SED und der Regierung hatte und durch Einnahme aller Ämter und Ehrenposten beträchtliche Macht und großen Einfluß auf das Baugeschehen gewann. Die Karriere-Weichen wurden 1950/1951 im Zusammenhang mit dem Formalismusstreit und mit dem Aufbau der neuen Leitungspyramide gestellt. Wer sich schon während der Nachkriegszeit beim Wiederaufbau verdient gemacht hatte, erhielt seine Chance, sofern er dem Neuen Bauen abschwor, die Vorbildrolle der Sowjetarchitektur anerkannte und sich für die Durchsetzung der Architekturkonzeption der nationalen Bautraditionen nachdrücklich einsetzte. Architekten wie die Bauhäusler und überzeugten Kommunisten Selman Selmanagic und Franz Ehrich verweigerten sich und wurden für viele Jahre kaltgestellt. Richard Paulick und Edmund Collein hingegen verleugneten ihre Herkunft vom Bauhaus[5] und stiegen zu höchsten Positionen auf, die sie mehr als zwei Jahrzehnte besetzt hielten. Kurt W. Leucht, der seine berufliche Laufbahn in den vierziger Jahren im Büro von Ernst Sagebiel begonnen hatte und sich gleich nach 1945 am Planungsprozeß des Dresdner Wiederaufbaus beteiligte, profilierte sich 1950 mit dem städtebaulichen Entwurf der ersten sozialistischen Wohnstadt Stalinstadt (Eisenhüttenstadt) und gehörte – wie Hanns Hopp – zu den sechs Preisträgern des 1951 durchgeführten Wettbewerbs um die Berliner Stalinallee. Die prominenteste und zugleich oszillierendste Gestalt unter den DDR-Architekten der fünfziger und sechziger Jahre aber war Herrmann Henselmann. Mit dem brennenden Ehrgeiz und der spezifischen Eitelkeit des erst spät Erfolgreichen setzte er sich rigoros an die Spitze der neuen Architekturrichtung und gab 1951 mit den Entwürfen für das Hochhaus an der Weberwiese und für die Bebauung des Strausberger Platzes die alsbald DDR-weit ausgemünzten Prägemuster der Architektur der nationalen Bautradition vor.[6]

Der architekturtheoretische Rahmen, der entsprechend der zentralistisch strukturierten DDR-Gesellschaft zugleich ein Instrument der Administration war, wurde in unmittelbarer Anlehnung an das damals gültige sowjetische Leitbild geschaffen. Zu diesem Zweck bereiste eine Regierungsdelegation, der u. a. Kurt Liebknecht, Edmund Collein und Kurt W. Leucht angehörten, vom 12. April bis zum 27. Mai 1950 Moskau, Stalingrad, Leningrad und Kiew. Die Ergebnisse dieser Reise wurden umgehend in zwei Gesetzeswerke umgesetzt und von der DDR-Volkskammer in Gestalt der „Sechzehn Grundsätze des Städtebaus" (27. Juli 1950) und des „Aufbaugesetzes" (6. September 1950) verabschiedet. Sie ermöglichten den staatlichen Zugriff auf alle Grundstücke, die in den „Aufbaustädten" und „Aufbaugebieten" für die Planung und den Bau neuer städtebaulicher Ensembles beansprucht werden sollten und waren die rechtliche Grundlage, um die wichtigsten Bauvorhaben als integralen Bestandteil der Volkswirtschaftsplanung zu realisieren. Darüber hinaus fixierten sie die fortan gültigen Normen der Baugestaltung und der Raumbildung. *Magistrale* und *Zentraler Platz, Fließ- und Standdemonstration, progressives Architekturerbe* waren neue Begriffe, die in das Vokabular der Architekten und Städtebauer Eingang fanden. Die Architektur – ihrem Inhalt nach als sozialistisch, der Form nach als national deklariert – sollte wieder erzieherische Aufgaben übernehmen und zum Fanal des Kampfes für ein zukünftig wiedervereinigtes Deutschland werden: „Unsere Architekten, Bauingenieure und Bauarbeiter haben eine sehr hohe und verantwortungsvolle Aufgabe zu lösen. [...] Sie schaffen die dauerhafte steinerne Physiognomie der im Aufbau begriffenen sozialistischen Gesellschaft. [...] Es kann kein Zweifel darüber bestehen, daß wir am Beginn einer neuen, ungeahnten Blüte der deutschen Architektur stehen. Die neuen, sozialistischen Bauten und Städte in unserer Republik werden als Leuchttürme dem kämpfenden deutschen Volk im Westen unserer Heimat den Weg zum Siege weisen."[7]

Historisch geschärfte Ohren bemerken in solchen hochtrabenden Kommentaren eine Diktion, die den bewährten populistischen Klischees der nationalsozialistischen Propaganda nicht unähnlich ist. Im Hinblick auf das Gesamtergebnis der Städtebau- und Architekturentwicklung bis zur Mitte der fünfziger Jahre ist insofern ein mit der Entwicklung der NS-Architektur durchaus vergleichbares Fazit zu ziehen, als sich ebenfalls drei parallel nebeneinander bestehende Tendenzen beobachten lassen:

Zum Ersten die in der Hierarchie der Bauaufgaben ganz oben rangierenden Zentralen Ensembles, wie z. B. die Berliner Stalinallee, die Rostocker Lange Straße oder der Dresdner Altmarkt sowie die großen Gesellschaftsbauten (Kulturhaus der Maxhütte bei Unterwellenborn, Deutsche Hochschule für Körperkultur in Leipzig), die gleichsam als Staatsbauten die exemplarischen Leistungen der Architektur der nationalen Bautraditionen darstellen und eine Synthese von Elementen der Sowjet-Architektur mit Bau- und Dekorationsformen bilden, die eindeutig dem Arsenal konservativer deutscher Architekturströmungen der zwanziger und dreißiger Jahre entstammt; zum zweiten die viel weniger ambitionierte, dafür handwerklich grundsoliden Neubauten in den Mittel- und Kleinstädten, die, mit geringfügigen regionalen Varianten, die Tradtion der deutschen Heimatschutzarchitektur fortführten (Bauten am Platz des Bergmanns in Altenberg/Erzgebirge); und schließlich der Industriebau als Reservat einer kompromißlos an funktionellen Parametern ausgerichteten Nutzarchitektur von teilweise hoher gestalterischer Qualität (Rappbode-Talsperre).

Die Architektur der nationalen Bautraditionen und das dazugehörige Theoriemodell hatte solange Gültigkeit, wie die ideologischen und auch die produktionstechnischen Bedingungen des Bauens in der DDR unverändert blieben. Der Wandel setzte 1955/1956 ein, als die Option auf eine baldige Wiedervereinigung aufgegeben wurde und damit die Forderung nach Entwicklung einer sozialistischen Baukunst mit gesamtdeutschem Anspruch ihre politische Aktualität verlor. Entscheidend aber war, daß mit der auf der Moskauer Allunionsbaukonferenz im Dezember 1954 getroffenen Entscheidung, sich rigoros von den stalinistischen Architekturdoktrinen zu trennen, nun der Weg frei war, auch das DDR-Bauwesen auf ein neues Fundament zu stellen.

Die Umstellung der Bauproduktion auf industrielle Bauverfahren nach 1955 wurde allerdings mit den gleichen Verantwortungsträgern und den gleichen dirigistischen Methoden durchgeführt wie nur wenige Jahre zuvor die Durchsetzung der Architekturkonzeption der nationalen Bautraditionen. Es war eben nur eine „Wende" im Bauwesen[8], weiter nichts. In der Tat erzielte man auf diese Weise sehr schnell höhere Zuwachsraten im Wohnungsbau, schuf aber auch ganz neue Probleme, die langfristig zum Kollaps des DDR-Bauwesens, zum landesweiten Verfall der Städte und zu einer unglaublichen Verödung der gesamten Baukultur geführt haben. Die während des Ersten Fünfjahrplanes 1951–1955 errichteten zentralen Städtebauensembles, Wohnkomplexe, Kulturhäuser und anderen Gesellschaftsbauten sind, nachdem sie etwa zwei Jahrzehnte nur als ungeliebte Relikte der Stalinära galten und als „Zuckerbäcker-Architektur" pauschal abqualifiziert worden waren, in der öffentlichen Wertschätzung längst wieder gestiegen und in den Rang von Denkmälern gehoben worden.[9] Sie vermitteln, richtig interpretiert, ein anschauliches Bild von den damaligen Zeitverhältnissen. Das vorliegende Buch schafft, indem es dem Leser einen Einblick in die Debatten jener Jahre ermöglicht, einen historisch sachgerechten Zugang zu den Bauwerken selbst.

Anmerkungen

1 Scholz, E., Die volkseigene Bauindustrie im Jahre 1950, in: Deutsche Bautagung anläßlich der Leipziger Messe im Frühjahr 1950, Leipzig 1950, S. 45 ff.
2 Die Deutsche Bauakademie entstand aus der Vereinigung des Instituts für Städtebau und Hochbau des Ministeriums für Aufbau mit dem Institut für Bauwesen der Deutschen Akademie der Wissenschaften. Sie umfaßte damals fünf Institute und drei „Meisterwerkstätten" (Hopp/Henselmann/Paulick), Gründungsmitglieder waren K. Liebknecht (Präsident), E. Collein (Vizepräsident) sowie die Ordentlichen Mitglieder K. Beyer, K. H. Clasen, O. Englberger, O. Haesler, J. Hafrang, H. Henselmann, K. W. Leucht, R. Paulick, W. Pisternik, L. Stegmann, F. Skujin und F. Bergmann. Als Ehrenmitglieder wurden im April 1952 Walter Ulbricht und der Aufbauminister Lothar Bolz berufen.
3 Siehe das aufschlußreiche Erinnerungsbuch von Kurt Liebknecht, Mein bewegtes Leben, Berlin 1986.
4 Riecke, H., Mitteilungen des Bundes Deutscher Architekten, in: Deutsche Architektur 1953, Heft 1, S. 47.
5 „Diese Repräsentation der neuen Zeit, der neuen kommenden Gesellschaft, kann nicht mit den Mitteln des „Neuen Bauens" erreicht werden, das sich um 1925 entwickelte. Diese Stilform, die aus Prinzip jede bewußte künstlerische Gestaltung aus dem Bauen verbannte, [...] war in Wirklichkeit der Ausdruck des alle nationalen Überlieferungen vernichtenden Imperialismus. Repräsentation, Lebensfreude, das Gefühl des Erhabenen können so nicht ausgedrückt werden." (Paulick, R.), Das nationale Aufbauprogramm Berlin und die neue deutsche Architektur, in: Bauzeitung 1952, Heft 6, S. 162.
6 Henselmanns Werk – seine Entwürfe, seine ausgeführten Bauten und seine recht zahlreichen Schriften – zeigt die generelle, fast tragische Verstrickung des schaffenden Architekten im stalinistischen System: Da er an exponierter Stelle bauen wollte, mußte er sich den herrschenden Anschauungen fügen. Er war in eine hochgespannte Zeit ideologischer Auseinandersetzungen hineingestellt, in der es kein Pardon für sensible Zauderer gab, wohl aber handfeste Belohnung für Linientreue in Gestalt traumhafter Bauaufträge und opulenter staatlicher Auszeichnungen. Makaber ist jedoch, daß sich Henselmann seit Beginn der achtziger Jahre auf einschlägigen Symposien und in Interviews als verhinderter Corbusier und bedauernswertes Opfer seiner damaligen „Bauherren" darzustellen versucht und dabei geflissentlich verschweigt, welch lustvoller und überzeugter Täter er war. (Siehe z. B. dazu Stadtbauwelt 84, 28. Dezember 1984, „Architekten sind keine Kinder der Niederlagen ...", S. 350 ff.).
7 Hoffmann, E., Ideologische Probleme der Architektur, in: Deutsche Architektur 1952, Heft 3, S. 138.
8 Die große Wende im Bauwesen, in: Deutsche Architektur 1956, Heft 1, S. 1 ff.
9 Siehe zum aktuellen Stand der Diskussionen: Architektur und Städtebau der fünfziger Jahre. Ergebnisse der Fachtagung in Hannover 1990 (Konzept und Redaktion: W. Durth/N. Gutschow), Schriftenreihe des Deutschen Nationalkomitees für Denkmalschutz, Band 41, Bonn 1990.

Bauwelt Fundamente

1. Ulrich Conrads (Hrsg.), Programme und Manifeste zur Architektur des 20. Jahrhunderts
2. Le Corbusier, 1922 – Ausblick auf eine Architektur
3. Werner Hegemann, 1930 – Das steinerne Berlin
4. Jane Jacobs, Tod und Leben großer amerikanischer Städte*
5. Sherman Paul, Louis H. Sullivan*
6. L. Hilberseimer, Entfaltung einer Planungsidee*
7. H. L. C. Jaffé, De Stijl 1917–1931*
8. Bruno Taut, Frühlicht 1920–1922*
9. Jürgen Pahl, Die Stadt im Aufbruch der perspektivischen Welt*
10. Adolf Behne, 1923 – Der moderne Zweckbau*
11. Julius Posener, Anfänge des Funktionalismus*
12. Le Corbusier, 1929 – Feststellungen
13. Hermann Mattern, Gras darf nicht mehr wachsen*
14. El Lissitzky, 1929 – Rußland: Architektur für eine Weltrevolution
15. Christian Norberg-Schulz, Logik der Baukunst
16. Kevin Lynch, Das Bild der Stadt
17. Günter Günschel, Große Konstrukteure 1*
18. nicht erschienen
19. Anna Teut, Architektur im Dritten Reich 1933–1945*
20. Erich Schild, Zwischen Glaspalast und Palais des Illusions
21. Ebenezer Howard, Gartenstädte von morgen*
22. Cornelius Gurlitt, Zur Befreiung der Baukunst*
23. James M. Fitch, Vier Jahrhunderte Bauen in USA*
24. Felix Schwarz und Frank Gloor (Hrsg.), „Die Form" – Stimme des Deutschen Werkbundes 1925–1934
25. Frank Lloyd Wright, Humane Architektur*
26. Herbert J. Gans, Die Levittowner. Soziographie einer »Schlafstadt«*
27. Günter Hillmann (Hrsg.), Engels: Über die Umwelt der arbeitenden Klasse*
28. Philippe Boudon, Die Siedlung Pessac – 40 Jahre*
29. Leonardo Benevolo, Die sozialen Ursprünge des modernen Städtebaus*
30. Erving Goffman, Verhalten in sozialen Strukturen*
31. John V. Lindsay, Städte brauchen mehr als Geld*

32 Mechthild Schumpp, Stadtbau-Utopien und Gesellschaft*
33 Renato De Fusco, Architektur als Massenmedium*
34 Gerhard Fehl, Mark Fester und Nikolaus Kuhnert (Hrsg.), Planung und Information*
35 David V. Canter (Hrsg.), Architekturpsychologie
36 John K. Friend und W. Neil Jessop (Hrsg.), Entscheidungsstrategie in Stadtplanung und Verwaltung
37 Josef Esser, Frieder Naschold und Werner Väth (Hrsg.), Gesellschaftsplanung in kapitalistischen und sozialistischen Systemen*
38 Rolf-Richard Grauhan (Hrsg.), Großstadt-Politik*
39 Alexander Tzonis, Das verbaute Leben
40 Bernd Hamm, Betrifft: Nachbarschaft
41 Aldo Rossi, Die Architektur der Stadt*
42 Alexander Schwab, Das Buch vom Bauen
43 Michael Trieb, Stadtgestaltung*
44 Martina Schneider (Hrsg.), Information über Gestalt
45 Jörn Barnbrock, Materialien zur Ökonomie der Stadtplanung*
46 Gerd Albers, Entwicklungslinien im Städtebau*
47 Werner Durth, Die Inszenierung der Alltagswelt
48 Thilo Hilpert, Die Funktionelle Stadt*
49 Fritz Schumacher (Hrsg.), Lesebuch für Baumeister*
50 Robert Venturi, Komplexität und Widerspruch in der Architektur
51 Rudolf Schwarz, Wegweisung der Technik und andere Schriften zum Neuen Bauen 1926–1961
52 Gerald R. Blomeyer und Barbara Tietze, In Opposition zur Moderne*
53 Robert Venturi, Denise Scott Brown und Steven Izenour, Lernen von Las Vegas
54/55 Julius Posener, Aufsätze und Vorträge 1931–1980
56 Thilo Hilpert (Hrsg.), Le Corbusiers „Charta von Athen". Texte und Dokumente. Kritische Neuausgabe
57 Max Onsell, Ausdruck und Wirklichkeit
58 Heinz Quitzsch, Gottfried Semper – Praktische Ästhetik und politischer Kampf
59 Gert Kähler, Architektur als Symbolverfall
60 Bernard Stoloff, Die Affaire Ledoux
61 Heinrich Tessenow, Geschriebenes
62 Giorgio Piccinato, Die Entstehung des Städtebaus
63 John Summerson, Die klassische Sprache der Architektur*
64 F. Fischer, L. Fromm, R. Gruber, G. Kähler und K.-D. Weiß, Abschied von der Postmoderne
65 William Hubbard, Architektur und Konvention

66 Philippe Panerai, Jean Castex und Jean-Charles Depaule, Vom Block zur Zeile
67 Gilles Barbey, WohnHaft
68 Christoph Hackelsberger, Plädoyer für eine Befreiung des Wohnens aus den Zwängen sinnloser Perfektion
69 Giulio Carlo Argan, Gropius und das Bauhaus*
70 Henry-Russell Hitchcock und Philip Johnson, Der Internationale Stil – 1932
71 Lars Lerup, Das Unfertige bauen
72 Alexander Tzonis und Liane Lefaivre, Das Klassische in der Architektur
73 Elisabeth Blum, Le Corbusiers Wege
74 Walter Schönwandt, Denkfallen beim Planen
75 Robert Seitz und Heinz Zucker (Hrsg.), Um uns die Stadt
76 Walter Ehlers, Gernot Feldhusen und Carl Steckeweh (Hrsg.), CAD: Architektur automatisch?
77 Jan Turnovský, Die Poetik eines Mauervorsprungs
78 Dieter Hoffmann-Axthelm, Wie kommt die Geschichte ins Entwerfen?
79 Christoph Hackelsberger, Beton: Stein der Weisen?
80 Georg Dehio und Alois Riegl, Konservieren, nicht restaurieren, Herausgegeben von Marion Wohlleben und Georg Mörsch
81 Stefan Polónyi, ... mit zaghafter Konsequenz
82 Klaus Jan Philipp (Hrsg.), Revolutionsarchitektur
83 Christoph Feldtkeller, Der architektonische Raum: eine Fiktion
84 Wilhelm Kücker, Die verlorene Unschuld der Architektur
85 Ueli Pfammatter, Moderne und Macht
86 Christian Kühn, Das Schöne, das Wahre und das Richtige
87 Georges Teyssot, Die Krankheit des Domizils
88 Leopold Ziegler, Florentinische Introduktion
89 Reyner Banham, Theorie und Gestaltung im Ersten Maschinenzeitalter
90 Gert Kähler (Hrsg.), Dekonstruktion? Dekonstruktivismus?
91 Christoph Hackelsberger, Hundert Jahre deutsche Wohnmisere – und kein Ende?
92 Adolf Max Vogt, Russische und französische Revolutionsarchitektur 1917 · 1789
93 Klaus Novy und Felix Zwoch (Hrsg.), Nachdenken über Städtebau
94 Mensch und Raum. Das Darmstädter Gespräch 1951
95 Andreas Schätzke, Im Inhalt: sozialistisch, der Form nach: national

---

*vergriffen

48 mal im Jahr Architektur. Vier Hefte Stadtbauwelt. Bezugsbedingungen, Probehefte, Bestellungen an Bertelsmann Fachzeitschriften GmbH, Abt. VF 1V, Postfach 66 66, 4830 Gütersloh 100